DATA ECONOMICS
数据经济学

赵昌文　戎珂 等◎著

中信出版集团｜北京

图书在版编目（CIP）数据

数据经济学 / 赵昌文等著 . -- 北京：中信出版社，2024.5
ISBN 978-7-5217-6439-0

Ⅰ . ①数… Ⅱ . ①赵… Ⅲ . ①信息经济学 Ⅳ . ① F062.5

中国国家版本馆 CIP 数据核字（2024）第 048379 号

数据经济学
著者： 赵昌文　戎珂　等
出版发行：中信出版集团股份有限公司
（北京市朝阳区东三环北路 27 号嘉铭中心　邮编　100020）
承印者： 河北鹏润印刷有限公司

开本：787mm×1092mm 1/16　　印张：20　　字数：233 千字
版次：2024 年 5 月第 1 版　　印次：2024 年 5 月第 1 次印刷
书号：ISBN 978-7-5217-6439-0
定价：79.00 元

版权所有·侵权必究
如有印刷、装订问题，本公司负责调换。
服务热线：400-600-8099
投稿邮箱：author@citicpub.com

目　录

前　言 V

第一章　数据经济学导论

第一节　什么是数据经济学　002

第二节　数据经济学对经济学的拓展和贡献　009

第三节　全球视域下数据经济学的核心研究议题　018

第二章　数据经济学的基本原理

第一节　数据要素具有非物质性　027

第二节　数据打破了资源稀缺性的假设　028

第三节　数据一定程度上仍具有特定稀缺性　030

第四节　数据具有非竞争性　032

第五节　数据在经济活动中体现出有限排他性　034

第六节　数据要素的边际收益可实现递增　035

第七节	数据产品/服务的边际成本趋于零	036
第八节	数据要素的规模报酬递增	038
第九节	数据要素价值的非独立性	041
第十节	数据要素对传统生产要素的增益	044

第三章 数据的供给

第一节	数据的来源	049
第二节	数据的权属	058
第三节	数据供给侧的成本函数	066

第四章 数据的需求

第一节	数据的应用场景	074
第二节	数据的买方异质性	081
第三节	数据需求侧的收益函数	089

第五章 数据市场类型、结构与交易模式

第一节	数据三级市场	095
第二节	数据市场结构	100
第三节	数据交易模式	108

第六章 数据市场均衡

第一节	数据市场均衡理论	121
第二节	数据一级市场定价	133

第三节　数据二级市场定价　　137
第四节　数据三级市场定价　　142

第七章　数据经济的宏观目标

第一节　数据经济与经济增长　　148
第二节　数据经济与物价稳定　　154
第三节　数据经济与充分就业　　160
第四节　数据经济与国际收支平衡　　165

第八章　数据资产核算

第一节　数据资产与数据价值链　　171
第二节　数据资产价值测度方法　　175
第三节　数据资产核算实践　　184

第九章　数据要素参与收入分配

第一节　数据要素参与收入分配的理论前提　　197
第二节　数据要素参与收入分配的难点　　205
第三节　数据要素参与收入分配的理论进路　　214

第十章　数据经济治理

第一节　数据经济治理的主要内容　　221
第二节　数据交易市场监管　　226
第三节　数据反垄断治理　　233

第十一章　数据经济的对外开放

第一节　开放条件下的数据经济　　245

第二节　开放条件下数据流动的安全性考量　　252

第三节　跨境数据流动的全球治理　　256

第十二章　数据经济学未来展望

第一节　数据经济学的综合性不断加强　　265

第二节　数据经济学的时代性日益彰显　　277

第三节　数据经济学的理论与实践融合并进　　292

前　言

新一轮数字技术革命推动下，数据以其独特属性从传统生产要素中抽离，成为除土地、劳动力、资本、技术之外的第五大生产要素。作为数字文明时代的关键生产要素，数据使得社会生产方式和生活方式的数字化、智能化、网络化趋势不断增强，程度不断加深，已经并将持续对世界经济社会发展、国家力量对比变化、全球治理体系乃至人类文明进程产生广泛而深刻的影响。在此过程中，随着经济学理论与实践前沿的不断拓展和延伸，数据经济学应运而生。

数据经济学作为时代发展的理论成果，是一个具有综合性、创新性、实践性和复杂性的新兴学科，受到国内外广泛关注。联合国政策简报《全球数字契约》指出，到2026年，全球月均数据流量预计将增长400%以上。IDC（国际数据公司）预测，全球数据圈将从2018年的33ZB（泽字节）增至2025年的175ZB。在全球数据量呈井喷式增长的同时，全球数据流动成为拉动经济增长的重要引擎。《全球数字经济白皮书（2023年）》显示，2022年，美国、中国、德国、日本、韩国等5个世界主要国家的数字经济总量为31万亿美元，占国内生产总值（GDP）比重为58%。为适应数据经济的发展，全球也在逐步建立和完善相应的制度规则。例如，欧盟于2018年通过《通用数据保护条例》（GDPR），对内促进数据流动和共享，对外维护数据主权。美国通过亚太经合组织（APEC）的跨境隐私规则（CBPR）、《韩美自由贸易协定》、《跨太平洋伙伴关系协定》（TPP）、《美国-墨西哥-加拿大协定》（USMCA）等系列跨国合作协议，促进区域性的数据流动。新加坡积极推动《数字经济伙伴关系协定》（DEPA），力图打造亚太数据中心。党的十八大以来，以习近平同志为核心的党中央着眼时代发展大势和国内国际发展大局，高度重视发展数字经济，实施网络强国战略和国家大数据战略，建设数字中国、智慧社会，推进数字产业化和产业数字化，使我国数字经济得到了快速发展并取得了显著成就。

得益于超大规模市场优势和人口规模巨大的现代化，我国已经成为全球数据量最大、数据类型最丰富的国家之一。2021年，我国数据交易规模超500亿元，预计到2025年，我国数据总量全球占比将接近30%，市场规模将超2 200亿元。贵阳大数据交易所作为中国首家挂牌运营的数据交易所，截至目前，累计入驻交易主体超过600家，累计交易额突破13亿元，服务覆盖金融、交通、气象等20多个行业领域，上架产品达到1 000多个。2021年以来，各地不断加快培育数据要素市场，陆续成立了北京国际大数据交易所、北方大数据交易中心、上海数据交易所、广州数据交易所等，有效促进了数据要素的价值释放。深圳、天津、贵州等地在数据立法、确权、交易等方面也已取得较大进展。与此同时，我国积极参与国际数字经济和数据治理合作，通过"一带一路"倡议、全球发展倡议等建立双边或多边伙伴关系。由此可见，中国乃至全球在数据经济领域已经有了一定的理论和实践基础，为我们更好地认识和理解"数据经济学"提供了思想源泉。

数据经济学是经济学的分支，由于数据要素的独特属性，数据经济学在传统经济学的研究范畴上亦有诸多突破，因此有必要系统全面深入阐释其精髓和要义，这正是本著述的增益所在。本书共分为十二章：第一章为导论，介绍了数据经济学的时代背景、基本定义、研究范畴，数据经济学对经济学理论和方法的拓展和贡献，以及当前全球视域下数据经济学的核心研究议题。第二章为数据经济学的基本原理，旨在阐释数据在经济学框架下的属性，数据要素在经济活动中呈现的规模报酬、边际收益、边际成本等特性，以及数据的价值实现等。第三章至第六章，以相对微观的视角，从数据的供给、需求、市场等维度展开具体分析，并试图建立数据供给侧的成本函数、数据需求侧的收益函数等。第七章至第九章，以相对宏观的视角，从数据经济的宏观目标、数据资产核算、数据要素参与收入分配等维度展开具体分析，包括数据如何影响宏观经济和纳入数据要素的增长模型，数据经济与物价稳定、充分就业、国际收支平衡，数据资产核算方法与实践，数据要素参与三次收入分配的原则和路径。第十章是数据经济治理，介绍了数据交易市场监管、数据反垄断治理的重点领域、核心目的和主要手段。第十一章是数据经济的对外开放，介绍了数据流动的全球化趋势和特征，跨境数据流动的安全性，以及跨境数据流动全球治理的相关国际规则。第十二章是数据经济学未来展望，探讨了数据经济学日趋丰富的研究议题及其与其他学科的交叉互动，新一轮科技革命、世界政治经济格局、数据鸿沟等时代属性在数据经济学领域的表现和影响，以及数据经济学理论与实践的融合并进。

"凡益之道，与时偕行。"数据经济学必将随时代发展而不断演进，我们也会与时俱进地为中国和全球的数字经济发展做出力所能及的贡献。

2024 年 4 月

第一章　数据经济学导论[①]

随着信息技术的飞速发展，越来越多的数据被生产、整理和分享，数据成为重要的生产要素，在经济活动中发挥着越来越重要的作用。本章将从学科构建和发展的角度，主要阐述数据经济学的三个重要问题：一是数据经济学产生的背景和意义，以及对数据在经济学范畴中的基本概念进行辨析；二是作为一门新兴学科，数据经济学对传统经济学理论和方法的拓展与贡献；三是全球视域下数据经济学的核心研究议题以及相关的研究进展评述。通过阅读本章，读者可以对数据经济学及其核心问题有一个相对全面的了解。

[①] 本章作者：赵昌文、华若筠。

第一节　什么是数据经济学

数据经济学是一门研究数据在经济活动中的作用和影响的学科。它涉及与数据的收集、加工、分析、存储和利用相关的经济学原理和方法。随着数据量的快速增长以及数据的广泛应用，数据经济学的理论和实践变得越来越重要并不断发展，这些发展也可以助力实现数据合理使用和最大化数据潜在价值的目标。

一、数据技术与数据经济

数据已成为新的生产要素和财富来源，数据经济产业迅速发展。[①]根据 IDC 的报告，全球大数据和商业分析市场的规模在 2018 年约为 1 660 亿美元。国家信息中心发布的《2020 中国大数据产业发展白皮书》显示，2019 年中国大数据产业规模达到 8 200 亿元，同比增长 15.9%。其中，大数据基础软件市场规模为 132 亿元，同比增长 41.3%；大数据硬件市场规模为 71 亿元，同比增长 41.3%；大数据服务市场规模为 8 000 亿元，同比增长 14.9%。可以看出，数据产业已经成为经济活动的一个重要组成部分，对经济增长起到了巨大的推动作用。

---

① OECD. Data-driven innovation: Big data for growth and well-being [M]. OECD Publishing, 2015.

近年来，中共中央、国务院多次强调，要加快培育数据要素市场。在互联网经济时代，数据是新的生产要素，是基础性资源和战略性资源，也是重要生产力。要构建以数据为关键要素的数字经济。2019年10月，党的十九届四中全会通过的《中共中央关于坚持和完善中国特色社会主义制度 推进国家治理体系和治理能力现代化若干重大问题的决定》提出，要"健全劳动、资本、土地、知识、技术、管理、数据等生产要素由市场评价贡献、按贡献决定报酬的机制"。在此背景下，数据经济应运而生，成为国内外学术界和产业界的研究热点。

数据经济是指以数据为基础的经济体系，包括数据的生产、加工、流通和使用等环节。数据经济的研究可以追溯到20世纪90年代，一些学者开始讨论信息经济和知识产权问题。卡尔·夏皮罗（Carl Shapiro）和哈尔·R. 瓦里安（Hal R. Varian）于1998年出版了《信息规则：网络经济的策略指导》一书，分析了信息商品的特征和竞争策略，并探讨了产权、定价和监管等问题。这本书提出，网络经济中，数据的重要性日益凸显，数据分析和挖掘成为企业竞争的核心能力。[1] 此后，越来越多的学者对信息数据相关的经济问题进行研究。其中，维克托·迈尔-舍恩伯格（Viktor Mayer-Schönberger）和肯尼思·库克耶（Kenneth Cukier）所著的《大数据时代：生活、工作与思维的大变革》是比较有影响力的。他们指出，由于数据量的爆炸式增长，以及计算机技术的不断进步和

---

[1] SHAPIRO C, VARIAN H R. Information rules: A strategic guide to the network economy [M]. Harvard Business Review Press, 1998.

成本的下降，大数据将越来越多地应用于包括商业、医疗、政府、教育、媒体等在内的各个领域。大数据的产生是一场技术革命，它将给我们的生活、工作和思考带来深刻的影响和变革，同时我们也需要在数据应用过程中注意隐私和安全等问题，建立更加高效精准的数据管理和分析方法，推动数据的可解释性和透明度，实现更加公正开放的数据共享和使用机制。①

数据经济正在成为经济学研究重要的新领域。瓦里安是第一位提出"数据经济学"这一术语的学者，他指出了数据在经济活动中的重要性。②此后，许多学者对数据经济学进行了发展和丰富。③2020年，《经济学人》杂志发布的数据经济特别报告强调："在某些方面，数据是一种自然资源，就像石油一样，可以拥有和交易，数据是当今世界上最有价值的资源。但数据也具有公共产品的特征，应该尽可能广泛地使用，以最大限度地创造财富。必须建立新的机构来反映这种紧张关系，就像知识产权一样。"数据已成为经济学必须研究的问题。

数据要素对经济活动和生产范式全方位、深层次的改变将引发一系列理论创新。从生产力和生产关系原理看，数据革命首先是生产力革命，但同时也必将带来生产关系的变革，这是人类社

---

① MAYER-SCHÖNBERGER V, CUKIER K. Big data: A revolution that will transform how we live, work, and think[M]. Houghton Mifflin Harcourt, 2013.

② VARIAN H R. Big data: New tricks for econometrics[J]. Journal of Economic Perspectives, 2014, 28(2): 3-28.

③ BRYNJOLFSSON E, MCAFEE A. The second machine age: Work, progress, and prosperity in a time of brilliant technologies[M]. W.W. Norton & Company, 2014.

会在经历原始经济、农业经济、工业经济、知识经济后，进入数据经济的新阶段。从技术-经济范式理论看，人类历史上共出现5次技术和产业革命，相应伴随着5种技术-经济范式，分别是机械革命及其带来的早期机械化工业范式、蒸汽动力革命及其带来的蒸汽动力和铁路范式、电力革命及其带来的电气和重型工程范式、石油革命及其带来的福特制大规模生产范式、信息革命及其带来的数字经济范式。因此，研究数据带来的经济活动及生产范式的转变，以及由此引发的一系列经济实践及理论创新，对经济学乃至整个社会科学的进步与发展都具有十分重要的价值。

二、数据的基本定义

当今时代，我们已经感到数据无处不在、源源不断，生产和生活的方方面面都会产生数据。尽管大家都在讨论数据，但到底数据是什么，并没有一个共识。数据更像是石油或阳光，这样的比喻受到追捧。因此，从经济学基本原理出发，对数据特别是数据要素进行相对准确的定义是构建数据经济学的基础。

从词源历史发展的角度来看，data（数据）在拉丁文中是datum的复数形式。《新牛津美语词典》（NOAD）将数据定义为"由计算机对其进行操作，以电信号的形式被存储和传输，并记录在磁、光或机械记录介质上的数量、字符或符号"。《新华词典》将数据作为计算机加工处理的对象。当前不断发展的人工智能将数据作为人机对话的基础语言,数据成为计算机结构化形式的基础。

迄今为止,数据并没有一个统一的定义,但从已有的专业机构定义和文献研究看,主要覆盖三方面:**一是数据是对现实世界的抽象,是现实世界的"模型"。**例如,国际数据管理协会(DAMA)将数据定义为"以文本、数字、图形、图像、声音和视频等格式对事实进行表现"。根据结构、格式等方面的差别,数据可被分为结构化数据和非结构化数据,比如数字是结构化数据,而文本、图像、音频、视频等则均属于非结构化数据。[①]美国质量学会(ASQ)将数据定义为"收集的一组事实","是对真实世界的对象、事件和概念的被选择的属性的抽象表示,通过可明确定义的约定,对其含义、采集和存储进行表达和理解"。[②]从这个意义上说,数据就是现实世界的"模型"。**二是数据本质上是一种表示方式,要遵循特定的规范和标准。**例如,国际标准化组织(ISO)将数据定义为"以适合于通信、解释或处理的正规方式来表示的可重新解释的信息"。这种定义认为,数据本质上是一种表示方式,是它所代表的对象的解释,同时又需要被解释。因此,为了确保数据对事物的表达和解释方式是权威、通用的,必须围绕数据制定一系列标准。**三是数据可支持分析、推理、计算和决策,真实、准确是对数据的基本要求。**《新牛津美语词典》将数据定义为"收

[①] DAMA International. DAMA 数据管理知识体系指南[M]. 马欢,刘晨等,译. 北京:清华大学出版社,2016.

[②] 劳拉·塞巴斯蒂安-科尔曼. 数据质量测量的持续改进[M]. 卢涛,李颖,译. 北京:机械工业出版社,2016.

集在一起的用于参考和分析的事实"。17世纪的哲学家用数据来表示"作为推理或计算基础的已知或假定为事实的事物"。以上两种定义意味着，数据可支持分析、推理、计算和决策。事实也确实如此，在科学领域，数据可以用来建立知识、检验假说、推进思路；企业等其他营利性组织可以通过使用数据来提供更好的产品和服务，以提高自身利润、降低运营成本和控制风险；政府、教育和其他相关机构中，数据则可以被用来提供更好的公共服务，指导制定发展战略和政策。

已有文献对两组与数据相关的概念做了有意义的区分。**一是区分了数据与信息。**马修·韦斯特（Matthew West）在《开发高质量的数据模型》一书中指出，当我们越来越依赖信息的电子储存时，我们已经改变了保存信息的方式，其趋势是将信息作为数据来保存，因为这能够增加计算机支持。这里对信息和数据进行了有效的区分。**数据是信息的基本构成单元，而信息则是对数据进行加工处理后所得到的有意义的结果。**具体来说，数据是指未经加工、处理或组织的原始事实或数字表示。例如，一组数字、一个文本文件或一个图像都可以是数据。数据本身并没有意义，它只是一种原始的、无序的信息形式。而信息是有用的、有组织的数据，具有一定的含义和价值。例如，在一个销售数据库中，一份报告可以将数据组织成图或表格形式，以便更好地帮助了解销售趋势和销售表现。在实践中，人们通常使用技术和工具，对数据进行收集、存储、处理、组织和呈现，以便从中获取有用的信息，并用来支持决策和行动。**二是区分了数据与想法。**想法和数据都是信息的类型，但是想法是一个生产函数，而数据是一个生产要素。例如，一千万个以狗、女人、杯子等标记为主要内容的图像，或者一万个人的每小时脉搏样本或语音样本，这样的数据对训练机器学习算法非常有用，但这些标记的图像和样本显然不是想法。按照保罗·罗默（Paul Romer）的说法，一个想法是一组指令，用于制造经济商品，其中可能包括其他想法。[1] 数据是表示其余形式的信息。它相当于驾驶数据、医疗记录和位置数据这样的东西，其本身不是制造商品的指令，但在生产过程中仍然可能是有用的。再比如，一个成功的自动驾驶汽车算法——一种计算机程序，是一个想法——本质上是使用数据估计非线性模型的参数而得出的预测规则，而各种传感器（包括相机、激光雷达、GPS等）的数据和专业驾驶员将采取的行动是数据。也就是说，软件算法是嵌入未来自动驾驶汽车中的想法，数据是用于产生这个想法的基础要素输入。区分数据和想法的经济学意义在于对数据的排他性程度的认定。一方面，传输数据比传输想法在技术上更容易。数据可以在按下按钮后通过互联网发送，而我们却不得不投入许多资源来学习想法。另一方面，数据可以加密。特别是在数据很"大"时，可能更容易被监控并被制成高度排他性的。在自动驾驶汽车领域，机器学习的"想法"是公开的，而输入机器学习算法的驾驶数据是保密的，每个公司都在收集自己的数据，导致了数据的有限排他性。

---

[1] ROMER P M. Endogenous technological change [J]. Journal of Political Economy, 1990.

第二节　数据经济学对经济学的拓展和贡献

对于作为生产要素的数据的引入，拓展了传统经济学理论的研究范畴。数据的非竞争性和有限排他性等特征虽然给传统经济学的经典假设带来了一定程度的挑战，但也为建立和发展数字经济时代的经济学理论带来了重要契机。

一、对经济学理论的拓展和贡献

（一）增长理论

自美国经济学家罗伯特·默顿·索洛（Robert Merton Solow）（1957）提出 $Y=A\cdot F(K,L)$ 的生产函数以来[1]，经济学界提出的各种增长理论及相应的模型主要是对生产函数表达形式的细化、改进和再阐释，区别主要在于对生产函数中解释变量设定的内生化、外生化程度及具体内涵的重新界定。数据由于非竞争性、有限排他性等不同于其他要素的特质，其参与经济活动的性质、渠道与传统的劳动、资本、技术等要素存在一些差异。因此，数据出现后，国内外不少学者对古典增长模型也进行了调整和修正。例如，有学者强调数据是可用于减少预测误差的信息，暗示了数

---

[1] SOLOW R M. Technical change and the aggregate production function[J]. The Review of Economics and Statistics, 1957, 39(3): 312-320.

据是回报有界的生产函数[①]；也有学者认为"数据即劳动力"，即数据是许多科技公司的关键输入[②]。张才明等通过将资本、劳动、技术分为信息类和非信息类，构造了包括新的信息技术的经济增长模型。[③]杜秦川构建了包含数据要素的经济增长模型的生产函数。[④]徐翔将传统生产函数中的资本部分做了进一步分类，从原有部分中专门划分出一块作为单独的数据资本，进而与非数据资本的其他资本、劳动要素结合建立经济增长模型，总体上还是保留了传统经济增长理论中生产函数的基本形式。[⑤]但该模型忽略了数据要素与劳动、资本要素在经济性质方面的差异，并且没有考虑到数据要素对劳动力要素的提升作用，忽略了数据通过制度、规则、决策、协调等发挥的促进作用。

也有不少学者提出数据要素是对内生增长理论模型的拓展。基于知识资本是一种非减少性资源，可以通过投资和创新来积累、增加，而技术进步也可以促进知识资本的积累和增加，从而推动经济增长的思想，罗默建立了一个数学模型，用来描述技

[①] VELDKAMP L, FARBOODI M, MIHET R, PHILIPPON T. Big data and firm dynamics [J]. AEA Papers and Proceedings, 2019.
[②] POSNER E A, WEYL E G. Radical markets[M]. Princeton University Press, 2018.
[③] 张才明，汪向东，姜奇平. 开展信息技术经济研究丰富技术经济学科 [J]. 技术经济与管理研究，2010（6）.
[④] 杜秦川. 包含数据要素的经济增长模型初探 [J]. 中国物价，2021（5）.
[⑤] 徐翔，赵墨非. 数据资本与经济增长路径 [J]. 经济研究，2020（10）.

术进步[1]、创新[2]和知识资本[3]等驱动因素对经济增长的影响。表达式为：

$$Y = A \cdot F(K, H)$$

其中，Y代表GDP，K代表物质资本，H代表知识资本，A代表全要素生产率，F表示生产函数。

然而，数据驱动的经济具有"普遍的信息不对称"、通过人工智能学习产业化、赢家通吃导致的"超级巨星"公司的增加、未被传统经济会计系统捕捉价值的新形式的贸易和交换以及由信息基础设施的漏洞而导致的系统性风险这几个结构性特征，这使它成为普遍内生增长模型的一个特例。例如，人工智能将通过有效的图灵测试，这标志着机器智能与人类智能相匹配的时刻的到来，也意味着人力资本价值的贬值，"机器知识资本"存量，既是人力资本的补充，也是替代品。

（二）信息不对称理论

完全竞争市场假设是传统经济学的研究基础。完全竞争市场假设所包含的条件就是信息完全性假设，即在任何情形下，信息对

---

[1] ROMER P M. Endogenous technological change[J]. Journal of Political Economy, 1990.

[2] AGHION P, HOWITT P. A model of growth through creative destruction[J]. Econometrica, 1992, 60(2).

[3] ROBERT E, LUCAS Jr. On the mechanics of economic development[J]. Journal of Monetary Economics, 1988, 22(1): 3-42.

称且确定，交易双方的信息占有量完全相同且相等，并且获取信息的成本为零。但是在市场经济条件下，信息具有分散性，这大大削弱了新古典经济学的理论基础。在此之后发展起来的信息经济学，则在很大程度上弥补了传统经济学对信息要素重视不够的问题，阿克洛夫、斯彭斯和斯蒂格利茨等人分别提出了逆向选择和道德风险，成为经济学研究信息不对称和信息不确定性的理论基础。但由于机制设计理论尚处于起步阶段，信息不对称理论并不能解决市场中的所有问题。

信息不对称作为一种由信息匮乏导致的客观经济现象，表现为人类面对海量信息资源时不对称地拥有和管理以及在经济活动中产生的信息壁垒。而在大数据时代，随着数据获取、存储、分析等技术的发展，大量数据交叉聚合所形成的突变效应变得越发明显，信息（数据）已经从完全竞争市场的假设中脱离出来，成为一个新的生产要素，并参与到价值创造过程中去。信息不对称的形式也将发生改变，成为数据不对称。

一方面，数据减少了信息不对称的情况，降低了信息的搜索成本。艾伦·格林斯潘认为，信息与通讯技术（ICT）革命将降低商业周期带来的严重影响。金融市场[1]、劳动力市场[2]和零售市场都较

---

[1] BARBER B M, ODEAN T. Boys will be boys: Gender, overconfidence, and common stock investment [J]. The Quarterly Journal of Economics, 2001, 116(1): 261-292.

[2] AUTOR D H. Why do temporary help firms provide free general skills training?[J]. The Quarterly Journal of Economics, 2001, 116(4): 1409-1448.

为关注低搜索成本所带来的影响[1]。低搜索成本相关论文中的想法源于早期将搜索成本建模为收集信息成本的文献。[2][3][4]

另一方面，数据也引发了新型的信息不对称。这既包括人类和机器之间的信息不对称，也包括企业间和国家间的信息不对称。数据驱动经济模型与知识型经济模型的基本区别在于，即使知识在一段时间内是可以被创新企业垄断的，但从长期来看，它是所有人都可以获取的潜在资源。然而，"大数据"所提取的信息并非如此。对于人类大脑来说，大数据是毫无意义的噪声；而对于计算机来说，它是一个信息矿。正是计算机从这些噪声中提取系统信息的能力，构成了大数据以及建于其上的算法的价值主张的基础。因此，人类和机器之间的信息不对称是数据驱动经济的基础，也使其容易受到市场失灵的影响。由于利用大数据需要巨额的资本投资，因此信息不对称往往存在于企业之间；鉴于数字鸿沟的存在，它也存在于不同国家之间。信息不对称以及由此产生的市场失灵是数据经济所带来的经济增长源泉的根源，也是它的"原罪"。

---

[1] BAKOS Y. The emerging landscape for retail e-commerce [J]. The Journal of Economic Perspectives, 2001, 15(1): 69-80.

[2] STIGLER G J. The economics of information[J]. Journal of Political Economy, 1961, 69(3): 213-225.

[3] DIAMOND P A. A model of price adjustment [J]. Journal of Economic Theory, 1971, 3(2): 156-168.

[4] VARIAN H R. A model of sales [J]. The American Economic Review, 1980, 70(4): 651-659.

（三）交易成本理论

数据经济的发展引发了交易成本理论变革。在传统经济模式中，市场存在信息不对称、合约不完备、道德风险等问题，会导致交易的不确定性和风险，从而需要企业为保护自身利益而承担交易成本，包括搜索成本、谈判成本、监督成本、合规成本等。但是，数据要素的出现为交易成本理论带来了重要的挑战和发展。它不仅降低了传统交易的成本，还促进了新型交易模式和渠道的出现。戈德法布等指出，数字技术的出现降低了经济活动中的搜索成本、复制成本、运输成本、跟踪成本和验证成本。[1]

具体而言，**一是增加了信息的透明度和可获取性**。在过去，买卖双方之间存在信息不对称的情况，因而交易成本得以存在。但现在，信息可以通过互联网和其他数字技术快速传递和共享，这降低了信息不对称的程度，进而降低了交易成本。**二是增加了交易的速度和效率**。传统的交易需要人工介入，而数字技术可以自动优化交易过程，这使得交易成本得到降低，同时也提高了交易的可靠性和准确性。**三是促进了新型交易模式和渠道的出现**。例如，电子商务、虚拟货币和区块链等新型交易模式不仅降低了交易成本，还提供了更加安全和透明的交易环境。在线交易平台、社交媒体和移动应用程序等新的交易渠道提供了更多的选择和灵活性，使得交易更加便利和高效。**四是推动了生产组织方式的变化，促使企业边界扩大**。传统意义上，企业规模取决于内部交易

---

[1] GOLDFARB A, TUCKER C. Digital economics [J]. Journal of Economic Literature, 2019, 57(1): 3-43.

成本与外部交易成本之间的平衡，而且企业能够比市场更有效地促进交易。而数据要素具有非竞争性等特征，这为生产过程模块化、生产组织平台化和网络化创造了条件。例如，互联网、大数据、云计算、人工智能等技术支持使劳动力资源得以在全球范围内形成虚拟集聚和协同。数字资源的新属性降低了内外部交易成本，促使企业边界扩大。数字连接提升了各类生产主体间的连通性，因此涌现出众包、外包、在线创新社区等平台化、网络化的生产组织形式，为共享经济、零工经济的发展提供了可能，促使生产主体更加多元化、微粒化。①

总的来说，数据要素的引入可以为拓展现有经济学理论提供新的重要的试验场景。同时，传统经济学理论中不能够适用和解释数据要素带来的经济学现象的部分也激发了经济学新理论的构建。但目前在国际上还未形成公认的数据经济理论体系，亟须更多学者共同投入其中。

二、对经济学研究方法的拓展和贡献

大数据的可获得性和机器学习的应用，引发了经济学实证研究范式与研究方法的变化。著名计算机科学家詹姆斯·格雷（2007）在美国国家科学研究委员会发表演讲时指出："科学研究经历了从

---

① 魏江，刘嘉玲，刘洋. 数字经济学：内涵、理论基础与重要研究议题 [J]. 科技进步与对策，2021, 38(21): 7.

实验科学到理论科学，再从理论科学到计算科学和模拟复杂现象等几个阶段，未来将进入数据探索阶段，届时人们将转向将理论科学、实验科学和模拟复杂现象相互融合在一起的新科学，理论研究和应用可以实时融合，从而实现人类科学研究范式的跨越。"

过去几十年中，经济学研究范式的一个重大变革是实证革命。也就是说，实证革命是将数据作为基础，以计量经济学为主要方法来研究并解释经济变量之间的逻辑关系，特别是因果关系的研究范式革命。如果我们看 1963—2011 年发表在经济学顶级期刊的论文，会发现 20 世纪 80 年代中期以前大部分论文都是理论性的，而从 80 年代中期以来，实证研究论文比例攀升到超过 70%。[1] 著名经济学家安格里斯特指出，从 1980 年到 2015 年，国际顶尖与主流经济学期刊以数据为基础的实证研究论文数量从不到 35% 上升到 55% 左右，而理论性论文数量则从近 60% 下降到不到 40%，实证研究成为现代经济学主流的研究范式。[2] 40 多年来，中国经济学的研究范式也经历了显著转变，从以定性研究为主逐渐转变为以定量实证研究为主。[3][4] 然而，美国未来学学者帕特里克·塔克尔在《赤裸裸的未来》一书中强调，在传统经济社会中，当我们已经形

---

[1] HAMERMESH D S. Six decades of top economics publishing: Who and how? [J]. Journal of Economic Literature, 2013, 51(1): 162-172.

[2] ANGRIST J, AZOULAY P, ELLISON G, HILL R, LU S F. Economic research evolves: Fields and styles [J]. The American Economic Review, 2017, 107(5): 293-297.

[3] 李子奈，霍玲. 从《经济研究》与 AER 发文比较分析看计量经济学教学与研究 [C]. 中国数量经济学会 2005 年年会.

[4] 洪永淼，汪寿阳. 大数据如何改变经济学研究范式？[J]. 管理世界，2021，37(10): 19.

成了具有倾向性的结论或者正准备提出某个意见的时候，会下意识地选择支撑这一结论的论据和事实。最终，我们会发现即使错得离谱，仍然能够找到某些数据支撑，过度拟合存在于我们的天性当中。[①]而拟合恰恰是统计学和计量经济学的核心理念，因此，传统的统计理论亟须被修正，大数据面向总体的数据分析方法则能够很好地解决人们在观点研究过程中的数据获取问题。

维克托·迈尔-舍恩伯格和肯尼思·库克耶在《大数据时代：生活、工作与思维的大变革》中指出，大数据时代的研究方法将引发三方面变革。一是分析问题的时候可集中全体数据，而不是样本数据，大数据使得数据全体成为研究对象。二是要乐于接受纷繁复杂的数据，而不再去追求简单的精确性。因此，基于假设检验的研究也不是大数据所必需的。三是大数据时代不再探索难以捉摸的因果关系，而更加注重相关关系，因为传统的因果关系有时候很难验证，相关关系则相对来说比较容易捕捉。[②]

海量数据的可及性和广泛应用拓展了传统计量经济学的研究方法。大数据分析和计量经济学的差异主要包括两方面：**一是处理的数据类型不同**。计量经济学一般只能处理结构化数据，数据类型主要包括截面数据、时间序列数据和面板数据，且数据具有清晰的经济学含义。而大数据分析的数据类型除了结构化数据，还

---

① TUCKER P. The naked future: What happens in a world that anticipates your every move? [M]. Penguin, 2014.
② MAYER-SCHÖNBERGER V, CUKIER K. Big data: A revolution that will transform how we live, work, and think[M]. Houghton Mifflin Harcourt, 2013.

包括许多非结构化数据，如文档、视频和图像等，一般难以用通常的可视化形式来表达。**二是分析的侧重点不同。**计量经济学的分析重点是数理统计中的假设检验，核心理念与波普尔的证伪主义非常接近。计量经济学通过某个假设检验来证伪或者证实某个经济理论。相比之下，"预测"在大数据分析中扮演着更重要的角色，对预测效果的后评估也是大数据分析的重要内容。

需要指出的是，在经济学研究方法和范式转型中，经济学家也将面临一系列挑战。其中，包括访问数据、发展处理大规模数据集所需的数据管理和编程能力。[①] 最重要的是，思考创造性的方法来总结、描述和分析这些数据中包含的信息。[②] 总的来说，数据不能替代常识、经济理论或严谨的研究设计，数据推动的经济学研究方法和范式转型还需要更多更深入的研究和学界的共同推进。

第三节　全球视域下数据经济学的核心研究议题

数据经济学是一门试图解释在数据要素参与条件中产品和服务的生产、交换、分配、消费等经济运行全过程的经济学。同时，

[①] LAZER D, PENTLAND A, ADAMIC L, ARAL S, BARABÁSI A L, BREWER D, CHRISTAKIS N, CONTRACTOR N, FOWLER J, GUTMANN M, JEBARA T, KING G, MACY M, et al. Computational social science [J]. Science, 2009(323): 721–723.

[②] 参见"Beyond big data"，载于 http://people.ischool.berkeley.edu/~hal/Papers/2013/Beyond-BigDataPaperFINAL.pdf。

数据经济学也是一门以计算机科学、法学、管理学、经济学等多学科为基础的跨学科的交叉科学。当前已有的数据经济学的相关研究议题主要集中在三大领域，包括数据产权、数据监管和数据隐私。

一、数据产权

关于数据产权的研究主要集中在数据是否应该有所有权、单一产权还是多重产权、产权赋予谁这三方面问题上。

对于数据是否应该有所有权，德国马克斯·普朗克创新与竞争研究所曾经声明反对数据所有权，认为所有权会形成壁垒而阻碍数据的可获得性。[①] 其认为，完全所有权相当于授予对数据使用的专有垄断权，可能导致数据市场的扭曲。

当前学术界的大部分研究认为数据应该被赋予所有权，并在此基础上进一步讨论是单一产权还是多重产权，以及产权应该赋予个人、企业还是政府等问题。

对于单一还是多重产权，学术界存在较大争议。有学者提出，基于数据的有限排他性，应单独创设一项具有限制性的数据财产

---

① Position Statement of the Max Planck Institute for Innovation and Competition on the European Commission's "Public Consultation on Building the European Data Economy"，2017.

权——数据生产者权[1]，类似于著作权、专利权，此权利作为一种新型的独立财产权利，可以通过数据相关的专门立法来保障。

也有学者提出了双重数据所有权结构的观点，即企业与个人双重拥有数据的所有权，其中个人拥有名义数据所有权，企业拥有实际数据所有权。[2] 但也有学者批评这种双重所有权不仅没有清晰的权利归属，反而会制造权利纷争，进而提出了建立"所有权＋用益权"的协同格局。根据不同主体对数据形成的贡献来源和程度不同，有学者设定了数据原发者拥有数据所有权与数据处理者拥有数据用益权的二元权利结构，以实现用户与企业之间数据财产权益的均衡配置。[3]

对于产权应归属哪一方，学者们也未达成一致。有些学者认为政府应当拥有数据产权，以保障公共利益和公平竞争；另一些学者则主张企业和个人应当拥有数据产权，以激励创新和保护隐私。基于科斯定理在研究数据使用产权方面的失败，有学者提出，公司或消费者哪个拥有数据更好，取决于对公司的整体价值或消费者而言可以在多大程度上将其数据货币化。[4] 基于数据是非竞争性的假设，有学者建立了一个理论模型，发现：（1）当公司拥有数据时，出于利益驱动，很可能会过度使用数据，且不能充分尊重消费者的

---

[1] YU P K. Data producer's right and the protection of machine-generated data [J]. Tul. L. Rev., 2018, 93: 859.
[2] 冯果，薛亦飒. 从"权利规范模式"走向"行为控制模式"的数据信托——数据主体权利保护机制构建的另一种思路 [J]. 法学评论，2020, 38(3): 13.
[3] 申卫星. 论数据用益权 [J]. 中国社会科学，2020 (11): 23.
[4] DOSIS A, SAND-ZANTMAN W. The ownership of data [R]. ESSEC Working Paper, 2020.

隐私；（2）出于对创造性破坏的担心，企业不愿出售数据，因为限制使用非竞争性数据所产生的福利成本可能很大；（3）出于保护隐私的考虑，政府会限制或完全禁止出售数据，这样的行为特别有害，而给予消费者数据产权可以实现接近最优数据分配。[1]

二、数据监管

政府数据监管是治理隐私信息市场失灵问题的重要途径。在监管问题上，核心需要解决两个问题：一是在何种情况下需要监管；二是什么样的政策能够实现监管目标。[2]

对于在何种情况下需要监管的问题，不少学者提出了监管有害的观点，认为过度的隐私保护会扭曲数据市场竞争，阻碍数据驱动的创新并因此阻碍数据经济发展，隐私保护监管会影响再分配。例如，不管是对消费者还是对数字商务企业，政府隐私保护的成本要远高于侵犯隐私所带来的成本[3]；在某些情况下隐私监管会阻碍创新，因此应更多地关注事前监管[4]。一些实证研究也证明了相

---

[1] JONES C I, TONETTI C. Nonrivalry and the economics of data [J]. The American Economic Review, 2020, 110(9): 2819-2858.
[2] HERMALIN B E, KATZ M L. Privacy, property rights and efficiency: The economics of privacy as secrecy [J]. Quantitative Marketing and Economics, 2006(3): 209-239.
[3] RUBIN P H, LENARD T M. Privacy and the commercial use of personal information [M]. Springer, 2002.
[4] CAVE J, BODEA G, KOOL K, et al. Does it help or hinder? Promotion of innovation on the internet and citizens' right to privacy[R]. European Parliament, 2011.

似的结论。例如，通过对美国信用卡行业的经验分析，学者发现，关于金融机构获取和交易借款人和申请人信息的严格的隐私保护法律会阻碍金融机构对消费者的甄别，并带来高抵押价格、低被拒率和高违约率。[①]有学者就欧盟实施《隐私与电子商务指令》对在线广告行业产生的影响进行实证分析，发现隐私保护政策的实施明显降低了在线广告市场的有效性，对行业造成严重破坏性影响，尤其是对小规模平台和业务单一平台的负面影响更为突出。[②]

在设计最优的隐私信息保护监管制度方面，已有研究主要提出以下两大思路。

一是突出强调私人规制的基础性作用。私人规制机制能够强化网络空间的声誉机制，并增加消费者的信任。[③]有学者研究了三种隐私保护政策，包括买家自行注意政策、政府实施强制标准、第三方机构认证（隐私图章），并发现在任何情况下，政府实施强制的隐私标准都不会带来社会福利最大化的结果，而商家通过隐私政策的私人规制（买家自行注意）以及行业自律的第三方认证，则能够提高信任度和社会福利。[④]

---

① BARRON J M, STATEN M. The value of comprehensive credit reports: Lessons from the U.S. experience [J]. Credit Reporting Systems and the International Economy, 2023(8): 273-310.

② GOLDFARB A, TUCKER C E. Privacy regulation and online advertising[J]. Management Science, 2011, 57(1): 57-71.

③ HAHN R W, LAYNE-FARRAR A. The benefits and costs of online privacy legislation [J]. Admin. L. Rev., 2002(54): 85.

④ TANG Z, HU Y U, SMITH M D. Gaining trust through online privacy protection: Self-regulation, mandatory standards, or caveat emptor [J]. Journal of Management Information Systems, 2008, 24(4): 153-173.

二是隐私监管需要综合运用多种机制。例如，有学者指出隐私监管的三种方式：政府监管、行业私人规制和技术性解决方案。① 有研究认为，市场机制、技术方案、私人规制和政府监管之间并不是替代关系而是互补关系，应建立数据隐私的共同监管框架。在此框架下的政府监管，既发挥了市场自我修正的基础作用，又结合了行业或平台的私人规制、消费者责任、技术方案等政策手段。只有在其他治理机制不能正确发挥作用并且政府监管政策收益明显高于成本的情况下，政府监管才是必要的。②

三、数据隐私

数据隐私问题存在于数据采集、存储和加工的各个环节。隐私成本包含直接成本和间接成本两部分。直接成本来自个人对私人生活安宁和私密性的主观偏好，以及由个人信息使用所引发的直接的经济损失。间接成本则来自隐私所诱发的策略性行为。③ 例如，当消费者向多产品的卖家披露信息时，卖家便可以从中了解

---

① CULNAN M J, BIES R J. Consumer privacy: Balancing economic and justice considerations [J]. Journal of Social Issues, 2003, 59(2): 323-342.
② HIRSCH D D. The law and policy of online privacy: Regulation, self-regulation, or co-regulation [J]. Seattle UL Rev., 2010, 34(2): 439.
③ 刘小鲁，王泰茗. 数据要素市场中的确权与规制：研究综述 [J]. 中国人民大学学报，2022，36(5): 14.

到消费者的偏好，并利用这些信息进行价格歧视。[①]有学者通过进一步研究发现，隐私问题对于不同类型数据的影响不同。例如，对健康或社交媒体信息的影响非常大，而对语音识别或驾驶数据（只要数据可以充分匿名并且没有不利影响）等类型的数据影响较小。[②]

当前学术界对隐私的研究存在法学层面的"隐私人格权"和经济学层面的"隐私经济品属性"两种思路。**法学理论家通常遵循隐私人格权思路，将隐私看作一项基本的人权，认为隐私就是个人享有的一种自由和安静，侵犯隐私就是对私人空间和个人自由的一种侵犯。**这种思路下的研究主要集中在如下三个核心问题：一是对隐私法律属性的界定。二是针对隐私保护法律政策的制定，特别是针对欧盟《通用数据保护条例》的研究。三是关于中国隐私保护法律立法问题的研究。总体来说，关于隐私的法学研究主要关注隐私作为一种人格权的法律保护，认为隐私保护本质上是如何确立私人空间和公共空间的边界，个人隐私保护的核心是保证个人对其数据信息的自决权，隐私立法的核心是增强个人对其数据隐私的控制。

经济学对隐私问题的关注主要基于个人数据是一种重要生产要素，对隐私问题的关注点在于如何在实现个人数据信息最大化开

[①] ICHIHASHI S. Online privacy and information disclosure by consumers [J]. The American Economic Review, 2020, 110(2): 569-595.

[②] JONES C I, TONETTI C. Nonrivalry and the economics of data [J]. The American Economic Review, 2020 110(9): 2819-2858.

发利用的同时实现有效的个人隐私保护，并且认为市场化的个人数据交易机制可以同时实现有效的隐私保护和数据开发利用。因此，经济学家对隐私问题的关注主要集中在保护个人数据隐私和促进个人数据信息共享的权衡问题上。在经济学家的视野中，隐私保护并不是追求绝对的保护，而是适度的保护，从而使效率或社会总福利最大化。

总体来说，经济学家对隐私的研究主要关注隐私信息的经济属性，认为隐私保护问题实际上是确定数据信息边界的问题，即个人信息封闭和信息披露之间的最优边界，并重点探讨经济激励机制在促进最优隐私保护中的独特作用。①

---

① 唐要家，汪露娜. 数据隐私保护理论研究综述 [J]. 产业经济评论，2020(5):95-108.

第二章　数据经济学的基本原理[①]

　　数字经济被认为是继农业经济和工业经济之后一种新的经济形态，其重要特征就是数据成为新的生产要素。农业经济时代，劳动力和土地为主要生产要素；工业经济时代，资本和技术成为新的生产要素。随着信息技术的飞速发展和生产生活的数字化，数据正逐渐成为关键生产要素。与传统的土地、劳动力、资本等生产要素相比，数据表现出广泛存在、可复制、可共享、可无限增长的特性，似乎改变了经济学研究的底层逻辑，即稀缺性约束条件下的最优资源配置问题。本章试图从数据本身的特质、数据的经济属性、数据的赋能属性等方面展开，探索数据经济学的基本原理。

---

① 本章作者：赵昌文、蒋希蘅、华若筠、刘常瑜、戎珂、黄成。

第一节　数据要素具有非物质性

生产要素具有实体和虚拟两种形态。传统的生产要素中土地和劳动力都是实体性的生产要素。资本要素则是虚实兼有，既有固定资产、金属货币等实体形态，也有数字货币、金融产品等虚拟形态。技术要素也是虚实兼有，科技产品和服务既可能是虚拟性的，也可能是实体性的。与这些相比，数据要素主要是虚拟性的，这是数据要素与传统生产要素的关键差异之一。

数据作为一种非物质性的要素，主要是以数字、符号等形式存在于计算机存储器中。回顾人类认识和定义数据的历史，我们可以看到，数据的内涵、外延和应用随着数据生成和加工使用工具的发展而不断发展。自然界中的运动变化和人类活动都是给定的客观事实，它们会产生痕迹，对这些运动和活动的观察与记录会产生数据。当记录方式从手工纸质时代过渡到计算机时代再到大数据时代，数据量呈现几何式增长，数据的形式不断丰富，数据的含义已不再局限于计算机领域，而是泛指所有定性或定量的描述。在今天的大数据时代，原始数据的表现形式不仅仅是最简单、最常用的数字，也可以是文字、图像、声音等。

具体来说，数据的非物质性体现在以下四个方面。

一是数据要素无法以独立的要素形态存在而需要依附现代信

息网络等载体。[1][2] 数据的非物质性使其很难成为传统物权的客体，这是导致数据资源难以遵循传统物权的主要原因。

二是数据资源不会发生有形损耗。因此，数据可以被他人近乎零成本、快速、无次数限制地复制，可以跨越时空限制而被共享和共用。

三是数据的非物质性使其具有可变性。数据资源在流通过程中可能形成新的数据，对既有数据进行替换、迭代更新。

四是非物质形态的数据要素仍需与劳动力和技术等其他生产要素结合才能发挥其对经济增长的作用。这决定了数字经济的一个重要特征就是对数据等非物质性要素的依赖，当然，数字经济发展也需要与制造业、服务业的实体经济部门等相结合。

第二节　数据打破了资源稀缺性的假设

经济学理论中，"稀缺"通常被用来描述资源的相对有限性。一般来说，传统要素会在使用过程中出现数量减少或质量下降的情况。比如，自然状态下，土壤肥力下降或者污染会导致土

---

[1] MUELLER M, GRINDAL K. Data flows and the digital economy: Information as a mobile factor of production [J]. Digital Policy, Regulation and Governance, 2019, 21(1):71-87.

[2] JONES C I, TONETTI C. Nonrivalry and the economics of data [J]. The American Economic Review, 2020, 110(9): 2819-2858.

地要素生产力损耗；货币和金融产品对于同一个人而言是无法重复使用的，工业厂房和机器在生产过程中使用价值会因折旧而减损；相对于社会和个人的无限需要和愿望而言，劳动力也是稀缺的，劳动力资源的稀缺性表现为消费劳动力资源的生产能力、支付手段的稀缺性。总之，传统生产要素都是基于有限的资源，其数量和质量、价值和稀缺性在特定时间和地点是相对固定的。

不同于传统生产要素，数据广泛存在，只要有自然和人类活动，数据量就会持续不断地增长。根据未来侦察战略与分析公司为美国陆军负责研究与技术的副部长助理撰写的《2016—2045年新兴科技趋势》，全球新产生的数据量大约每两年翻一番。这堪称"大数据摩尔定律"，数据大爆炸是必然的。[①] 也就是说，**数据要素具有可再生性，这使得数据有了非稀缺性的属性**。数据可以被复制、共享和加工再生。例如，数据库可以通过复制和备份生成多份完全相同的副本，这些副本具有相同的数据结构、内容和质量。这种可复制性意味着数据的价值和稀缺性是相对可控的，可以通过有效的数据管理和分析来增加其价值和降低其稀缺性。数据也可以通过交换、集成、协作分析等方式产生新的数据资源，这些共享和合作可以使不同的数据资源相互补充和增强。数据还可以加工再生，如根据实际情况和需要新增、删除、修改数据记录等，这些更新和修订可以使数据更加准确、完整和实时。数据也可以通过清洗、预处理、统计分析、机器学习等多种数据处理和分析

---

① 参见 https://defenseinnovationmarketplace.dtic.mil/wp-content/uploads/2018/02/2016_SciTechReport_16June2016.pdf。

技术进行加工和转化。这些技术有利于从原始数据中提取出更多的信息和知识，从而产生新的数据资源。

总之，数据不会因使用而耗尽，反而会因使用而产生，在不断被使用的过程中会越来越多，即可以通过持续地收集和更新，得到新的数据。可以说，数据量将无限增长，这在一定意义上打破了数据资源具有稀缺性的说法。

第三节　数据一定程度上仍具有特定稀缺性

从上一节中我们看到，数据看似可以无限供给，似乎是不稀缺的，但人们往往发现，具有特定使用价值的数据资源仍然稀缺。**因此，在一定程度上，数据要素在使用过程中仍然具有特定稀缺性**。现实中我们总是感到缺少所需要的数据，为了实现某个特定目标或者任务，往往需要专门去生产或购买数据。这说明有用的数据或者作为生产要素的数据仍然具有稀缺性，这种稀缺性来自数据产生和使用过程中的约束条件。

如前文分析，数据存在于对事实观察、抽象、表示、记录的过程。显然，数字作为结构化数据，其抽象化的程度要高于图像、声音、视频等数据形式，因此，制定抽象化规则和掌握规则的人的因素就对数字化数据的质量或者说数据可信度有更大影响。只有在特定的条件下，符合完整性、及时性、准确性等一系列要求的数据，才可以表现特定事实。因此，数据是事实的表现，但不等于事实，而是对事实的某种程度的抽象。至于要对事实的哪些特征进行抽象，以怎样的方式进行抽象，往往需要预先确定规则，而这些规则将为创建和解读数据提供重要指导。可以说，记录、处理"事实"的工具和方式成为数据表现形式和数据量的约束条件。如经济学中用到的数据是指用于描述经济现象或经济行为的数字、事实或统计量，通常是通过统计学方法收集、整理和分析而来的。

因此，本质上讲，数据要素是有人和计算机等设备参与生产的一种刻画"事实"的初级产品，这种初级产品的生产有三个制约因素，也可以说，**在一定程度上，数据要素的稀缺性体现在：一是受制于算力**。数据的产生依赖算力，而算力需要相应的物质基础来支持，尤其是数字基础设施如数据中心等。这一稀缺性与资本的稀缺性相关联。依靠数据中心等数字基础设施，实现数据存储、交互和使用，是银行业、信息业等各类行业商业模式的基础。以数据中心为例，近10年来，世界对数据中心服务的需求增长强劲。根据国际能源署（IEA）等机构的研究，2010—2020年全球互联网流量增长了近16倍，数据中心计算负荷增长了8.4倍；数据中心能源消耗增加13%~65%，约占全球电力需求的0.9%~1.3%。[1]**二是受制于算法**。数据要素的开发依赖算法，也就是数据记录和

---

[1] 参见"Global trends in internet traffic, data centres workloads and data centre energy use, 2010—2020"，载于 https://www.iea.org/data-and-statistics/charts/global-trends-in-internet-traffic-data-centres-workloads-and-data-centre-energy-use-2010-2020。

处理工具。算法开发的技术门槛高，合格劳动力稀缺，也就是说，数据开发与劳动力和技术的稀缺性相关联。由于算力和算法有稀缺性，会对数据的可获得性、质量以及准确性、时效性等方面产生影响，因此数据资源也就有了稀缺性。三是受制于个人隐私保护规则。与人相关的数据采集和使用受隐私保护法规的限制，这也造成了数据资源的稀缺性。

第四节 数据具有非竞争性

竞争性是指一个人使用某种物品将会减少（限制或避免）其他人对该物品的使用。[1] 消费者对其使用的增加会引起生产成本的增加，每多提供一件或一种该物品，都要增加生产成本，这是判断经济学中物品是否具备竞争性的一种标准。经济学中的大多数商品都是具有竞争性的，例如我们日常穿的衣服、开的汽车、用的文具，这些物品一旦一个人使用，则别人就不能同时使用。反之，非竞争性是指在消费过程中一些人对某一产品的消费不会影响另一些人对这一产品的消费，受益者之间不存在利益冲突。

与传统生产要素相比，**数据是无限可用的**，现有数据可以同时被任意数量的经济主体使用，而不会导致其数量减少或者价值降

---

[1] 高鸿业. 西方经济学（微观部分）[M]. 北京：中国人民大学出版社, 2021.

低。例如，100万个标记图像的集合或1万辆汽车行驶1万英里[①]所生成的数据可以被任意数量的公司、个人或者机器学习算法同时使用，而不会导致其他任何人可用数据量的减少。从边际成本角度来看，数据生产和传输过程中，每增加一单位的数据，其边际成本就越接近于零。也就是说，与传统的物理产品不同，数据可以被无限制地复制和传播，而不会导致成本的显著增加。例如，一首歌曲、一部电影或者一本书可以通过数字化的方式被无限次地复制和传播，一组软件代码可以被无限次地复制和使用，而不会增加额外的成本。**因此，数据具有非竞争性。**

数据的这种特殊性质使信息技术应用的成本和门槛降低，为信息技术应用带来了更多的机会和创新。[②] 同时，该特征使得数据的使用和共享变得更加容易和便宜，从而促进了数字产品和服务的创新和发展。[③] 例如，在广告营销中，数据可以帮助企业更好地了解消费者的需求和行为，从而使企业更有效地推广产品和服务。在医疗保健领域，数据可以帮助医生更好地诊断和治疗疾病，有助于提供更加个性化的医疗服务。但是，数据的边际成本趋近于零也带来了一些问题和挑战。例如，数据的无限复制和传播可能导致数据的质量下降和隐私泄露的风险增加。

[①] 1英里=1.609 344千米。——编者注

[②] VARIAN H R, FARRELL J, SHAOIRO C. The economics of information technology: An introduction [M]. Cambridge University Press, 2005.

[③] BRYNJOLFSSON E, MCAFEE A. The second machine age: Work, progress, and prosperity in a time of brilliant technologies[M]. W.W. Norton & Company, 2014.

第五节　数据在经济活动中体现出有限排他性

排他性是指一种商品或服务只能被一个消费者或一组消费者使用或享用，而其他消费者无法使用或享用。[1] 这通常是由于受到该商品或服务的所有权或许可证的限制。一个常见的例子是专利，它是一种排他性的权利，即授予发明者对其发明的独占权利，以防止他人在特定期限内制造、使用或销售该发明产品。这种排他性权利可以促进创新和技术进步，但也可能导致垄断和高价格。

数据本身是非排他性的，即多个经济主体可以同时使用同一组数据而不会相互产生干扰。[2] 这意味着，数据的使用不会像传统要素一样出现互斥的情况。例如，在劳动力市场领域，多个雇主可以共同使用同一组劳动力统计数据，以便更好地了解市场需求和供给情况，并制定更加有效的人力资源策略。但是，数据的这种非竞争性将导致边际成本趋近于零，压低了数据的交易价格，使得企业具有收集、囤积数据而减少交易的动因。同时，从数据安全角度来看，一旦发生数据泄露，将导致免费数据泛滥、数据市场交易愈加不足，这使得数据被某些平台企业收集、拥有并控制，从而把其他竞争对手排斥在外，导致了数据的有限排他性。[3]

---

[1] 高鸿业. 西方经济学（微观部分）[M]. 北京：中国人民大学出版社, 2021.
[2] 蔡跃洲, 马文君. 数据要素对高质量发展影响与数据流动制约 [J]. 数量经济技术经济研究, 2021(3):64-83.
[3] 崔国斌. 大数据有限排他权的基础理论 [J]. 法学研究, 2019, 41(5): 22.

第六节　数据要素的边际收益可实现递增

生产要素的边际收益是指在技术水平不变的情况下，增加任何一种要素的投入，当该要素投入数量达到一定程度后，再增加单位该要素所带来的产量的增加量。[①] 传统经济学中，除了技术以外，传统生产要素通常存在边际收益递减规律，即在技术水平不变的情况下，当一种可变的生产要素与一种或几种不变的生产要素相结合时，最初这种生产要素的增加会使产量增加，但当其超过一定限度时，增加的产量就会递减，最终还会使产量绝对减少。

从新增一单位数据要素获得的收益来看，投入不同的数据要素量，收益也不同。第一阶段：当投入的数据要素量较低时，数据在训练模型、提升知识质量等方面难以发挥作用，创造的价值量较低，甚至会出现由数据量不足导致的模型结果偏误较大、误导创新等，进而带来负价值效应。例如，大语言模型 ChatGPT 由于缺少中文数据，其在回答特定的中文问题时错误百出。第二阶段：当投入的数据要素量达到一定量级后，数据在训练模型、提升知识质量等方面的价值凸显，创造的价值量将急剧增加。根据 InfoQ 研究中心发布的《大语言模型综合能力测评报告（2023）》，具备国际领先水平的大语言模型参数规模量级须达到 5 万亿。[②] 第三阶

[①] 高鸿业.西方经济学（微观部分）[M].北京：中国人民大学出版社，2021.

[②] 参见 InfoQ 研究中心发布的《大语言模型综合能力测评报告(2023)》，载于 https://mp.weixin.qq.com/s/0h7aFRnAozCTXTPFIRcevg。

段：当投入的数据要素量继续增加时，由于依靠数据驱动的模型训练已经相对完备，知识质量也已经达到一定高度，继续提高的空间不大，因此新增的价值较低。总的来看，新增一单位数据要素获得的收益先呈"J"形变化，后逐渐平缓，整体上呈现"S"形变化特征，这与传统生产要素的边际收益变化特征类似。[①][②]

值得关注的是，数据创造收益的过程具有其独特的价值属性，即虽然单个数据可能价值不大，但当它与其他相关数据结合时，其价值可以迅速成倍增加。[③]因此，数据要素的边际收益还取决于数据的连接性。数据规模越大、种类越多，越能焕发出强大的生产力，也就是说，数据资源有边际收益递增的效果。[④]

第七节　数据产品／服务的边际成本趋于零

在经济学中，边际成本指每一单位新增生产的产品（或者购买的产品）带来的总成本的增量。[⑤]这个概念说明，每一单位产品的

---

① 徐翔，厉克奥博，田晓轩. 数据生产要素研究进展[J]. 经济学动态，2021(4): 142-158.
② FARBOODI M, VELDKAMP L. A growth model of the data economy[R]. ESSEC Working Paper, 2020.
③ 参见"Data Economy: Path to prosperity or a dystopian future?"，载于 https://www.un.org/development/desa/en/news/policy/data-economy.html。
④ 参见陆铭的文章《数据资源有边际报酬递增效果》，载于 https://theory.gmw.cn/2022-07/18/content_35890387.htm。
⑤ 高鸿业. 西方经济学（微观部分）[M]. 北京：中国人民大学出版社，2021.

成本与总产品量有关。当边际成本为零时，表示在不增加总生产成本的情况下可以生产额外单位的产品。在数据产业中，**从新增一单位数据要素付出的成本来看，不同阶段的成本几乎相同，数据产品／服务的边际成本趋于零**。

数据产品／服务的边际成本趋于零的特点体现在诸多方面。在生活中，计算能力的边际成本逐渐趋向于零，例如大部分人几乎免费从互联网获取和分享信息、新闻和知识。生产过程中，从基础设施的视角来看，云计算的边际成本无限趋近于零，通过提供云服务搭建数据交互的平台，同时这一平台又会带来源源不断的数据，回馈于云的进一步丰富发展。物联网基础设施将为每个联网企业提供持续的大数据流，然后利用高级分析方法处理这些数据，从而极大地提高其生产力，并将整个价值链的边际成本降低到接近于零的水平。数字化的产品／服务由于具有边际成本趋近于零的特点，也适合应用于大多数非竞争性和非排他性公共产品。在民生领域，新型基础设施中的数字基础设施弱化了空间限制，通过新技术促进区域间均衡发展、完善社会公平保障体系，使优质医疗、教育等民生供给实现均衡化。[①]

也必须承认的是，数据具有非均质性、非竞争性、负外部性、安全性和敏感性等特点，这些新特点导致其在加工和分析过程中的不确定性较强。这既对市场主体的技术能力有较高要求，也对

---

① 参见《"十四五"新型基础设施建设专家谈之三：积极打造网络化、智能化、服务化、协同化的融合基础设施体系》，载于 https://www.ndrc.gov.cn/fzggw/jgsj/zys/sjtd/2021/12/t2021/2/7_1308508_ext.html。

相互之间的信任有较高要求。所以，尽管数据产品/服务的边际成本趋于零，但在某些情况下，每新增一单位数据要素也可能要付出一定的成本。此外，数据要素还具有时效性特征，即随着时间推移，数据中所包含的信息可能会逐渐地过时、失效[1]，导致数据要素质量下降。这种情况可以类比技术进步带来的资产折旧，导致新增数据要素仍要付出一定的成本。

第八节　数据要素的规模报酬递增

生产函数的规模报酬是指在其他条件不变的前提下，企业内部要素投入（除技术外）按相同比例变化时所带来的产出的变化。[2]对于传统生产要素而言，随着生产要素数量的增加，生产过程中的其他因素（如工厂的空间、设备的效率等）会成为限制因素。当其他因素保持不变时，增加一种生产要素（如劳动力、资本等）的数量，对产出的边际贡献将随着该要素数量的增加而递减。

保罗·罗默研究表示，非竞争性生产要素的生产和积累能够

---

[1] 李默涵，李建中，高宏. 数据时效性判定问题的求解算法[J]. 计算机学报，2012，35(11): 2348-2360.
[2] 高鸿业. 西方经济学（微观部分）[M]. 北京：中国人民大学出版社，2021.

推动经济增长，也能够与劳动力结合产生规模报酬递增效应。[1]对于数据这种非竞争性的要素而言，随着规模的扩大、种类的丰富，其所蕴含的信息就越多，不同信息之间形成互补，使我们从中挖掘的关联、模式和洞察就越多，从而可以更好地支持决策优化。[2]所以，数据在不断增加的过程中，其价值和潜力也随之成倍增长，推动总产出的增长幅度超过数据要素投入的增长幅度。[3]也就是说，**数据要素具有规模报酬递增效应**。

关于数据要素规模报酬递增效应的理论逻辑大体可以分为两类：一类是平均成本效应，其核心思想是数据要素投入的固定成本较高，但随着数据规模的扩大，平均成本将逐渐降低，从而实现规模报酬递增；另一类是网络效应，即数据要素天然适合共享，因此互联网平台企业能够在采集、存储、分析数据等方面实现规模效应，进而降低行业的平均成本，实现规模报酬递增。[4]例如，在金融领域的数据分析中，如果只有一些简单的交易数据，那么我们只能得出一些最基本的结论，如哪些交易量最大、哪些交易时段最活跃等。但如果有数百万条或者数千万条交易数据，就可以对数据进行更深入的分析，如检测欺诈交易、预测未来市场趋

---

[1] ROMER M. Endogenous technological change [J]. Journal of Political Economy, 1990.
[2] MAYER-SCHÖNBERGER V, CUKIER K. Big data: A revolution that will transform how we live, work, and think[M]. Houghton Mifflin Harcourt, 2013.
[3] 徐翔，厉克奥博，田晓轩. 数据生产要素研究进展 [J]. 经济学动态，2021(4).
[4] VARIAN H. Artificial intelligence, economics, and industrial organization[C]// The economics of artificial intelligence: An agenda, Cambridge: National Bureau of Economic Research, 2018.

势等。^①然而，要充分实现数据的规模报酬递增，还需要关注数据质量、隐私和伦理等方面的问题。^②**数据要素的规模报酬递增和网络效应意味着在价值创造方面可以实现"1+1＞2"的效果。**因此，我们应该促进数据、技术、场景在实体经济中的深度融合，通过数据要素的放大、叠加、倍增作用赋能传统产业转型升级，催生新产业、新业态、新模式，提高全要素生产率。^③

此外，数据还具有非消耗性、易复制性特征，这些特征使其天然适合共享经济，因此在数字平台企业的加持下更能激发网络效应。同样的逻辑，在网络效应的作用下，由于数据的多维属性能发挥更大的价值，不同维度的数据在不同的应用场景下具有不同的价值，因此其在投入生产函数时更能体现出规模报酬递增的规律。以云计算为例，云使用的规模越大越广泛，边际成本越会降低，最终才能实现无限趋近于零。这意味着，在大数据时代，数据产品/服务可在边际成本递减的情况下实现规模报酬递增。

---

① BAJARI P, CHERNOZHUKOV V, HORTAÇSU A, SUZUKI J. The impact of big data on firm performance: An empirical investigation [J]. AEA Papers and Proceedings, 2019(109):33-37.

② BUHL H U, RÖGLINGER M, MOSER F, HEIDEMANN J. Big data: A fashionable topic with (out) sustainable relevance for research and practice? [J]. Business & Information Systems Engineering, 2013(5):65-69.

③ 参见《〈"十四五"数字经济发展规划〉解读｜加快推进数据要素市场化建设 充分发挥数据要素作用》，载于 https://www.ndrc.gov.cn/xxgk/jd/jd202201/t20220121_1312584.html。

第九节　数据要素价值的非独立性

在当今社会，有一种说法是，"数据是新的石油"。这种说法既表达了数据的重要性，也指出了数据的一个特点，即如原油一样，没有经过提炼加工的数据没有实用价值。当然，这种说法也不完全准确。因为数据本身的价值相比传统资源更加模糊，它的价值并不取决于数据的数量，而是取决于我们能够从数据驱动的经济活动中提取的价值。当数据不与其他生产要素结合时，其自身价值难以实现，也难以衡量。因此，数据要素的价值实现及其价值实现的程度具有非独立性。

数据要素的价值大小取决于科技应用范围。正如传统经济以商品和服务的生产和消费为基础，数据经济以数据的生成、使用和再利用为基础。[1]数据的价值大小，取决于不同对象对其使用或者重新使用的程度。所以，对数据价值的评估也是相对主观的，因为相同的数据对不同的人可能具有不同的价值。[2]

以负责任的方式利用新兴技术，从相关数据中获取价值，构

---

[1] 参见世界经济论坛 2021 年 8 月发布的白皮书《面向数据经济的数据交换框架》，载于 https://www.weforum.org/publications/towards-a-data-economy-an-enabling-framework/。

[2] 参见 "Everything you need to know about the data economy"，载于 https://business.adobe.com/blog/basics/data-analytics。

成了数据经济的基石。①随着大数据赋能产业的作用逐渐凸显，全社会对数字产业的需求逐年增加，硬、软、云、网等基础设施建设速度加快，IaaS（基础设施即服务）、PaaS（平台即服务）、SaaS（软件即服务）等数字化服务需求增长迅速，共享经济等新产业、新业态不断涌现，这些推动形成了新分工、新市场、新模式、新财富，为经济增长注入新的动力和活力的同时，数据的价值也不断地被挖掘。

目前，运用数据的一些高科技领域包括基于个性化推荐的电子商务、智能交通管理、医疗诊断和治疗、农业精准种植等。电子商务平台利用大数据和机器学习算法分析用户的购买历史、兴趣和行为模式，从而能够向用户提供个性化的产品推荐。城市交通管理部门可以利用实时收集的交通数据，如交通流量、道路拥堵情况和车辆定位信息，通过智能算法优化交通信号灯的配时，实现交通拥堵的减少和出行效率的提升。医疗行业利用大数据和人工智能技术，对患者的病历、症状和医学图像进行分析，从而提供更准确的诊断和个性化的治疗方案。农业领域利用传感器技术和大数据分析，实现精准农业管理。通过收集土壤湿度、温度、气候条件等数据，农民可以精准决定何时浇水、施肥和采摘，从而提高作物的产量和质量。还有更多的实践展示了数据如何通过科技应用实现价值。随着科技的进一步发展，从市场的角度来看，

---

① 参见世界经济论坛 2021 年 8 月发布的白皮书《面向数据经济的数据交换框架》，载于 https://www.weforum.org/publications/towards-a-data-economy-an-enabling-framework/。

数据将在世界经济中发挥更大的价值。

数据要素的价值实现依赖于数字基础设施。 数字基础设施在数据要素的价值实现中扮演着重要角色。作为一种宝贵的经济资源，数据要素的获取、存储、传输和处理需要可靠和强大的数字基础设施支持，具体表现为如下四个方面。

第一，数据收集和存储。数字基础设施提供了数据收集和存储的基础设施。通过传感器、物联网设备和其他数据采集技术，大量的数据可以被收集并存储在云平台或数据中心中。数字基础设施的稳定性和可扩展性确保了数据的安全存储和高效管理，为后续的数据分析和利用奠定了基础。

第二，数据传输和连接。数据的价值实现需要数据的传输和连接。数字基础设施提供了高速的网络连接和通信基础设施，使数据能够在不同地点和系统之间进行传输和共享。例如，云计算和边缘计算技术通过数字基础设施实现了快速的数据传输和实时的数据处理，为数据的实时分析和决策支持提供了基础。

第三，数据安全和隐私保护。数据的价值实现必然伴随着数据的安全和隐私保护。数字基础设施提供了强大的数据安全和隐私保护机制，包括加密技术、身份验证和访问控制等，以保护数据的机密性、完整性和可用性。数据安全和隐私保护的有效实施，使企业和组织能够放心地利用数据，并建立可信赖的数据交换和共享机制。

第四，数据处理和分析。数据的价值实现需要对数据进行处理和分析，提取有用的信息和洞察。数字基础设施提供了强大的计算和数据分析能力，如云计算、大数据技术和人工智能算法等，使企业和组织能够对大规模的数据进行高效的处理和分析。通过数字基础设施的支持，数据可以被转化为有意义的洞察，为业务决策和创新提供重要支持。

第十节　数据要素对传统生产要素的增益

从经济形态的更迭来看，不同经济时代的发展差异主要归因于生产要素的积累和升级机制的不同。农业经济时代，以劳动力和土地为主要生产要素。工业经济时代，资本和技术成为新的生产要素，这些新的要素在不同程度上对已有的要素形成增益，推动产业的升级、迭代和经济的发展。

随着数据应用范围的扩大和数字基础设施的快速发展，数据成为愈发关键的生产要素，其价值也被充分发掘和利用。这是因为数据要素对经济活动的价值贡献，由其非排他性、非竞争性、可再生性、价值非独立性等属性所决定。**在大数据时代，数据要素对资本、劳动力、土地、技术等生产要素均给予赋能，对于提高每一种资源的配置效率具有明显的增益效应。如果用生产函数来表示，则表现为对各传统要素的乘数效应。**

数据的应用有助于减少信息不对称，降低市场失灵的风险。通过数据分析，企业可以实时了解市场需求和消费者行为，预测需求变化，调整产品定价，降低库存积压和缺货风险，从而优化供应链管理，提高生产和交付效率，降低损失。同时，通过使用数据分析和智能技术，企业可以实现生产流程的优化和自动化。数据驱动的技术和机器学习算法使得企业能够更好地预测需求、管理供应链、优化生产和提高产品质量，从而能够更有效地利用资本和其他要素资源，减少因信息不对称带来的福利损失。

数据的应用能够不断提高资源要素的使用率。例如，数字农业使土地的产出大幅提高，同时减少水、化肥、农药等物资的投入；数字化机械设备的应用使劳动力的产出和效率提高数倍，同时降低劳动强度；对数据的实时监控和分析使企业能够及时发现生产运行中的问题，优化生产流程，减少生产线停机时间，提高设备利用率和生产效率；在交通领域，数字平台的应用可以显著提高道路通行效率和车辆使用率。

数据的应用可以揭示消费者未被满足的需求，从而通过增加供给增进消费者福利。随着大数据的广泛应用，更多的消费者的偏好和需求被揭示出来，从而使企业能够更好地了解消费者需求，实施个性化生产，并提供符合其需求的产品和服务。数据对于产业创新和新产品开发至关重要。通过对市场数据、消费者反馈和竞争情报的分析，企业更容易发现新的机会和创新方向。数据的洞察力可以帮助企业发现消费者未被满足的需求，从而推动企业研发和创新，并迅速将新产品引入市场。此外，数据的应用还可以监测产品性能和用户体验，促使企业不断改进产品质量和功能，从而提高消费者福利。

　　数据的应用使技术创新的速度更快。在医药领域，研究表明，人工智能可以助力新药的研发，大幅提高研发速度和精准度。[①] 通过机器学习、深度学习等方式，人工智能技术可以赋能药物靶点发现、化合物筛选等环节，大大提升了新药研发的效率，为降本增效提供了可能。[②] 应用人工智能技术，可缩短约一半的前期研发时间，这使新药研发的成功率从当前的 12% 提高到 14%，每年为全球节约化合物筛选和临床试验费用约 550 亿美元。[③]

[①] 参见 "AI lends speed and precision in the urgent search for new drugs"，载于 https://www.nature.com/articles/d42473-020-00093-0。

[②] 刘伯炎，王群，徐俐颖，褚淑贞. 人工智能技术在医药研发中的应用 [J]. 中国新药杂志，2020, 29(17): 1979-1986.

[③] WONG C H, SIAH K W, LO A W. Estimation of clinical trial success rates and related parameters[J]. Biostatistics, 2019, 20(2): 273-286.

第三章　数据的供给[1]

数据作为新型生产要素,是数字化、网络化、智能化的基础,已快速融入生产、分配、流通、消费和社会服务管理等各个环节,深刻改变着生产方式、生活方式和社会治理方式。[2]数字化和信息化给日常生产生活带来了巨大的改变,不仅为人们提供了便利,让人们通过一部手机和一个二维码在中国大地上畅行,还在经济社会发展中不断重塑经济基础和社会阶层。海量的数据汇集形成包含丰富知识和信息的资源,这些数据可以通过处理和凝练转化

---

[1] 本章作者:戎珂、王恩泽。
[2] 参见《中共中央 国务院关于构建数据基础制度更好发挥数据要素作用的意见》,载于 https://www.gov.cn/zhengce/2022-12/19/content_5732695.htm?eqid=88deb8210076c7580000000664604b16。

为有价值的知识，进而参与生产、创新等一系列经济活动。

然而，数据要素与传统的四大要素存在本质区别。首先，从数据的产生过程来看，数据是通过数字化和信息化技术生成的，不同于土地、劳动力、资本和技术这些传统要素。它是通过各种数字设备和传感器收集、生成和传输的，包括但不限于互联网、物联网、传感器、社交媒体等。随着数字化和信息化技术的不断发展和普及，数据的产生呈现出规模化、高速化和多样化的特点，这为经济社会活动提供了丰富的数据资源。

其次，数据要素的权属划分问题也需要明确。在数据经济时代，数据的产生、传输和使用涉及众多参与者，包括个人、企业、政府等。由于数据的特殊性质，其权属划分涉及数据生成者、数据持有者、数据使用者等不同主体之间的权益关系。数据要素的权属划分涉及数据的产权、使用权、收益权等多个维度，这需要建立合理的法律法规和政策机制，明确数据要素的权属关系，以保护数据产权人的权益，促进数据的合理流通和利用。

最后，数据要素如何参与生产并成为第五大生产要素也是一个重要问题。作为一种新型要素资源，数据要素参与生产过程的方式和底层逻辑需要明确。数据要素参与生产的方式主要包括数据的融合、分析和应用。

本章将通过三个小节来介绍数据的供给这一问题，分别从数据如何产生、数据在产生之后的权属划分，以及数据如何参与生产并成为新的生产要素及其作用三个方面进行探讨。

第一节　数据的来源

进入大数据时代，区块链、人工智能、云计算等以数据为核心的新经济模式不断创新和发展，信息化、数字化成为社会快速发展、技术进一步变革的重要驱动力。随着大量数据汇集和开发利用，数据在经济社会发展中发挥着越来越重要的作用。

探究数据来源的意义在于，充分认识数据作为一种生产要素的重要地位，以及它可能给经济和社会发展带来的新机遇和新挑战。合理、规范、创新地利用数据要素，将对推动经济社会发展、技术变革和社会的良性互动产生积极作用。本节将从数据的生产过程、数据产生的方式以及数据的分类三方面来解构数据由何而来。

一、数据的生产过程

在传统的经济模式中，数据并不是生产要素。生产者和消费者在市场上主要通过价格机制进行互相交流、产生知识和获取信息。通过价格，消费者能够大致获得商品的成本等一系列关于生产者的信息，生产者也能够通过支付意愿来了解消费者的工资、预算约束等一系列信息。数据作为生产要素后，不仅改变了生产者和消费者之间的交流方式，还对传统经济模式产生了深远影响。接下来我们将从信息科学和经济学两个方面探讨数据的生产过程。

（一）信息科学角度中数据的生产过程

数据的生产并不是一个简单、单向的从终端到云端的过程，从学术界已有的研究来看，数据的生产实际上是一个循环迭代的过程。在这个过程中，数据不断地以指数级生成并最终形成能够进一步参与生产的大样本数据。从技术的角度来看，数据的产生包含如下几个步骤。

数据的生产通常先从数据采集开始。这涉及从不同的来源收集数据，如传感器、应用程序、网站、数据库等。数据采集可以通过各种方式进行，包括手动输入、自动化的数据提取和传感器数据收集等。数据采集是产生数据的基础步骤，在数字化时代，生产过程和消费过程中的活动都会以数字的形式记录下来。

采集到的原始数据可能包含错误、缺失、重复、不一致等问题，此时就需要对数据进行清洗。数据清洗是将原始数据进行处理，去除其中的噪声、错误和不一致性，以确保数据的质量和一致性。清洗后的数据一般需要被存储在合适的数据存储介质中，例如数据库、数据仓库、云存储等。

数据存储通常需要考虑数据的结构化与非结构化、介质的容量、安全性、备份和灾难恢复等因素。一旦数据被存储在合适的介质中，就可以对其进行处理，包括数据的转换、集成、分析、挖掘和建模等操作。在此之后，数据便可被解读、凝练、漂洗出知识和信息，进而参与到如创新活动或应用活动等生产过程中。

（二）经济学角度中数据的生产过程

量变引起质变，数据参与经济活动并最终成为第五大生产要素，是通过技术的积累一步步实现的。随着信息化和数字化的普及，基础软件的不断升级以及硬、软、云、网等一系列能够支撑数字技术发展的设施的出现，经济生活中产生的各种数字信息可以得到保存。技术的进步给人类带来了保存和处理大样本数据，并从数据中提取信息的能力。

在此基础上，样本规模随着储存能力的提升而增大，数据也在量变引起质变的过程中逐渐展现出对生产、生活的作用，这一作用通过数据从分散状态逐步演变为汇聚、聚集和聚合的过程中不断得到增强。新一代信息技术如云计算、大数据、物联网和人工智能等正在逐渐演化为社会经济活动的"新基建"。同时，对传统基础设施的数字化改造升级，相当于打通了经济社会发展的信息"大动脉"，使数据从感知到采集、传输，再到存储、计算、分析，最后到应用，逐步实现了向数据要素的转化。

二、数据产生的方式

在现代经济中，数据作为生产要素和经济增长的驱动力得到了广泛认可。现有的研究往往侧重于数据是如何被使用的，但数据是如何产生的却并没有得到充分的重视。学术界往往认为数据是外生的，也就是说数据作为生产要素是可以被直接使用的。实际上，数据的来源和产生的方式多种多样。在创新领域（如研发部门），数据的应用不仅发挥着积极作用，而且产生的研究数据也可以直接推动经济增长。应当强调的是，数据的应用和产生是密不可分的。例如，数据密集型产业通过处理大量数据来直接改善其产品和服务，如利用自动驾驶技术和虚拟现实技术，在此基础上改进的产品又会进一步产生大量数据，为创新部门持续开发和改进下一代产品提供了基础；同时，大学、行业研究机构和开源项目也在推进数据科学相关的基础研究，这一过程增加了人们对人工智能和自动化等通用技术的理解，并为创新和发展提供了支持。

数据在参与生产的过程中会不断地生成。技术对生产方式的改进可以提高生产效率、优化资源配置、提升产品和服务质量，进一步产生对创新活动有价值的数据，推动经济的长期增长。以制造业为例，遵循着数据的产生过程，我们可以将制造业中数据产生的方式作为一种数据在生产过程中生成的典型模式。

首先，数据的采集可以作为一种生产要素的投入，类似于生产过程中其他要素的投入。例如，在自动化生产线中，各种传感器用于监测设备的运行状态、产品的质量和生产的效率等，从而为生产过程提供实时的数据支持。这些传感器数据的采集可以被视为一种生产要素的投入，用于支持制造业的生产活动。

其次，传感器数据的采集也可以被看作一种创新要素的生成过程。制造业中的数据采集可以促使企业创新并改进产品和生产进程。例如，通过采集和分析传感器数据，制造业企业可以实时监测产品的性能和质量，并根据数据结果进行改进和优化。这种数据驱动的创新可以提高产品的竞争力，促使企业在市场上获得更好的地位。

数据在消费过程中也会不断地产生。在消费过程中，数据通过各种方式被创造和产生。例如，在用户与数字产品或服务进行互动的过程中，用户行为产生了大量的数据，包括搜索记录、点击行为、购买记录、评论等。此外，在传感器、设备和物联网技术的应用下，大量的数据可以从物理世界转移到数字世界，如传感器收集的气象数据、交通数据、环境数据等。

这些数据经过清洗、加工、分析和建模等处理过程，可以被提取出有用的信息。例如，通过数据挖掘、机器学习、人工智能等技术，对大量的消费数据进行处理和分析，可以识别出用户的消费偏好、行为模式、需求趋势等信息，从而为企业和市场决策提供参考。这些处理过的数据为消费过程中的个性化推荐、定价策略、市场营销等提供了数据支持。然而，信息茧房、算法牢笼等一系列问题也随之而来，并引起了广泛讨论。

此外，数据的产生带来的快速迭代也促进了创新的加速。数据包含的信息和知识随着数据量的增加而产生质变，为企业和研究机构提供了更丰富的信息和洞察，有助于实现科技突破和挖掘新的商业机会。

传统的生产要素如土地，其参与生产的总量是一定的，无法通过投入生产而进一步增加。与之不同，数据拥有自我迭代的效应，它在不断积累和演化的过程中，通过自身的迭代和反馈循环逐步提升其质量、丰富性和价值。这种自我迭代过程可以在多个层面发生，包括数据的生成、收集、存储、处理和应用等方面。

在数据的生成阶段，数据可以通过自我迭代不断提升其质量和丰富性。例如，在数据的采集过程中，随着技术的不断发展和升级，数据采集设备可以支持更高精度、更丰富多样的数据，从而使得生成的数据更具价值和应用潜力。同时，通过不断的反馈循环和数据质量管理，数据生成的过程也可以不断优化，减少错误和噪声，从而提升数据的可靠性和准确性。

随着算力的提升和算法的优化，数据的自我迭代成为数据的自我产生方式，这是数据与传统生产要素之间存在的独特的区别。例如，数据堂（Datatang）的数据众包方式依赖大量的众包工人，这些工人可以在平台上接受不同类型的任务，如图像识别、语音识别、问卷调查等，并在完成任务后获得相应的酬劳。这些平台在数据处理任务的众包和酬劳分配方面提供了一定的灵活性，同时又产生了大量的新的数据。

此外，大学、行业研究机构和开源项目在共享和利用大量数据的基础上，推动了人工智能、机器学习和自动化等领域的前沿研究。例如，ChatGPT 是具有划时代意义的人工智能语言工具，其是基于 1 700 亿参数训练后的 GPT-3.5 模型研发的，在应用上产生了万亿级的数据，并在短时间内就迭代出更为强大的 GPT-4。这种快速的数据迭代为科技创新提供了有力支持。

三、数据的分类

数据分类是数据管理和数据分析领域的重要研究方向。随着数据的快速增长和广泛应用，数据的分类已成为进一步开发数据以及在经济学中更好地利用数据要素参与生产，从而推动经济社会进一步发展的重要议题。

从数据产生的过程来看，数据是由不同的行为主体在经济活动中产生的，不同的产生主体的特性也导致了数据在应用中有不同的种类。此外，随着大数据时代的到来，数据分类的方法和技术不断丰富和发展，包括传统的基于规则、统计、机器学习等的方法，以及近年来兴起的深度学习、自然语言处理等技术在数据分类中的应用。这些技术的发展也使得数据的分类不断细化和精确化。根据数据产生的不同来源，可以将数据分为个人数据、企业数据和政府/公共数据。这种分类方式主要基于数据的产生和管理主体不同，以及数据在实际应用中有着不同的管理和法律法规要求。

个人数据是指在微观层面上属于个人、与个人生产生活相关的数据，包括但不限于个人身份数据、健康数据等一系列与个人密切相关的数据。个人数据通常由个人提供给不同的组织或平台，在人们进行交易、社交、健康管理等活动时产生。个人数据通常包含个人隐私和权益，在收集、存储、处理个人数据时需要遵循相关法律法规，并保护个人数据的安全和隐私。

为了保护个人数据的安全和隐私，许多国家和地区制定了相关的法律法规，如欧盟的《通用数据保护条例》和美国加利福尼亚州的《加利福尼亚州消费者隐私法案》(CCPA)。这些法律法规要求企业和组织在收集、存储和使用个人数据时必须遵循一定的原则，包括合法合规、透明公正、目的明确、数据最小化、安全保护以及权利保障等。同时，个人也应该加强自我保护意识，谨慎地对待个人数据的披露和共享，注意个人隐私设置，并定期监测个人数据的使用情况。

个人数据并不完全是指个人生产生活中的所有数据，还包括个人参与集体或企业相关活动所产生的数据以及个人使用政府提供的公共物品等相关公共活动产生的数据。个人数据在不同的地区、国家和不同的法律体系中的界定是不同的。例如，在新冠肺炎疫情期间，个人的 IP 地址、行踪等数据便不再属于个人数据的范畴，尽管它是由个人的私人生活的行程所决定的，但是为了公共利益和疫情防控的需要，这些个人数据都被要求公开并且提供给公共部门，成为公共数据。

企业数据是指在中观层面上属于企业或组织，是与企业经营状况、运营收支等相关的数据的集合，包括但不限于企业的财务信息、销售数据、生产数据、员工信息、客户信息等。企业数据通常由企业自身产生、管理和使用，用于支持企业的运营决策、市场营销、客户关系管理、供应链管理等。企业数据通常受到企业内部的数据管理政策和规定的管控，以确保数据的可靠性、完整性和安全性。

企业数据的来源主要包括企业内部产生的各类业务数据、市场数据、客户数据等，以及外部采集的行业数据、市场调研数据、竞争对手数据等。这些数据可以通过企业内部的业务系统、市场调研、数据采集工具等途径获得。

企业数据在利用过程中也面临一些问题。一是企业数据可能存在质量问题，包括数据的准确性、完整性、一致性等，这可能对数据的分析和决策产生负面影响。二是企业数据可能面临数据安全和隐私保护的挑战，包括数据泄露、数据滥用等风险，需要采取相应的措施进行规避。三是企业数据可能存在数据孤岛和数据集成难题，导致数据利用受限。四是数据合规和法律法规的要求也对企业在数据采集、处理和使用方面提出了挑战。

政府/公共数据是指与国家和政府相关的数据，一般是从宏观层面上生成、统计和获取的数据。这些数据通常产生于国家和地区政府的统计机构，这些机构一般会定期发布国家和地区层面的宏观统计数据，用于支持政府的政策制定、社会管理、公共服务等领域。政府/公共数据通常受国家和地区法律法规的监管，以保护公众的权益和隐私，同时也可以作为公共资源对外开放，促进社会和谐稳定发展。

政府数据不仅面临着企业层面存在的数据质量、数据泄露问题，还面临着数据治理的挑战。数据能否真正投入生产、创新领域，需要能够解读数据的人进行解读。然而，在解读的过程中，委托-代理人结构容易引发数据的扭曲和操纵问题，使得通过数据解读的信息无法被有效利用。

第二节 数据的权属

数据权属是指数据的合法所有权和控制权。在数字化时代，数据作为一种重要资源，其权属问题变得越来越重要，数据权属对于数据的合法使用和价值实现具有重要意义。企业和个人拥有数据权属，可以保护其在数据产生、采集、处理和利用过程中的合法权益。合法的数据权属可以确保数据的合法使用，包括数据的共享、交易、授权等，从而促进数据的合理利用和创新。此外，数据权属对于数据隐私和安全保护具有重要作用。拥有合法的数据权属可以确保数据的安全和隐私得到合理保护，避免数据被滥用、泄露或未经授权的访问。明确数据权属有助于规范数据的处理和传输，保护数据主体的合法权益，促进数据的安全管理。

数据权属的确立通常通过合同、法律法规、知识产权等方式进行。在商业场景中，数据权属通常会通过合同和协议来约定，例如数据使用协议、数据授权协议等。在法律法规层面，一些国家和地区已经制定了相关的数据保护法律法规，明确了数据权属的规定。专利、商标、著作权等知识产权也涉及数据权属的保护。然而，随着数据复杂性和跨境流动性的增加，数据权属的界定和保护面临一些挑战和争议。例如，在多方参与的数据合作、跨国数据流动、人工智能生成数据等情况下，数据权属和管理可能变得更加复杂和模糊。因此，数据权属的规定和保护需要从法律、技术、政策等多方面进行综合考虑，以促进合理、公平、安全、高效的数据管理和利用。本节将围绕如何确定数据权属以及数据的分级授权问题进行探讨。

一、数据的确权

数据要素的独特性质使得数据确权无法直接借用其他要素的确权方法，因此在数据产权的界定上存在不同的观点和方案。随着数据在经济中创造价值的作用日益凸显，许多学者主张将数据权利视为一种财产权，或者至少承认数据具有财产权属性，但在数据产权归属问题上仍然存在较大分歧。

以用户数据为例，目前存在三种典型的数据确权方案：

第一，企业拥有数据产权。这种观点认为，用户数据是企业在提供服务的过程中产生的资产，因此企业应该拥有对这些数据的产权。企业可以基于用户数据进行商业活动，包括数据分析、营销等，从而获得经济利益。

第二，个人拥有数据产权。这种观点认为，用户数据是用户个人在使用服务时产生的个人信息，因此个人应该拥有对这些数据的产权。个人应该有权决定如何使用自己的数据，包括是否分享、如何分享以及是否从中获得经济利益。

第三，"模糊"数据产权。这种观点认为，数据产权应该是一种模糊的概念，不完全属于企业或个人，而是应该在二者之间达成一种平衡。这种观点主张，在数据产权的界定上兼顾企业和个人的权益，通过合同和协议来合理协调双方的权利。与此同时，在实际应用中，不同国家和地区关于数据产权的法律法规和政策也存在差异，尚未形成一种全球性的统一标准。

数据是一种生成品而非天然存在的禀赋。数据生成涉及信息提供者和数据采集者两个角色，因此在数据权属确定的过程中，数据的初始产权应该在参与数据创造的各方之间进行分配。考虑到生成场景的多元性和场景性公正原则，自上而下的确权方案并不合理，因此数据初始产权的确立应该是一个分散化的、各参与方基于一定规则进行协商从而缔结契约的结果。从方法论看，数据合约的协商可以看作一个合作博弈的过程。在这个过程中，需要根据各方的贡献、估值以及谈判地位来实现数据确权。然而，数据产权协商过程可能存在高昂的协商成本和监管成本。因此，基于生成品确权的原则，可采用分级授权机制、合同标准化和经济学模型等方法，为数据的产权确立提供科学、合理的解决方案，从而推动数据确权研究和实践的发展。

数据生成场景的复杂性和多元性导致了不同利益主体在数据权益上有不同的诉求和期望。通常情况下，数据采集方是科研人员、企业和政府，其主体和目的相对清晰。然而，信息提供方的情况可能更加复杂，因为信息的提供可能是无意识的，并且信息提供方通常是数据要素负外部性的主要承受者。信息提供方可以是个人、企业等各种实体，甚至一切客观存在的事物都可以成为信息提供方，但为了界定数据产权，我们可以根据这些事物的归属找到一个利益主体作为原始信息的所有者。

在不同类型的数据生成场景下，关于数据权益的关键争议也是不同的。例如，个人数据涉及个人隐私保护和人格权争议，企业和组织数据可能涉及商业秘密或组织机密信息保护，公共数据则面临公共信息安全风险。在特定社会时空下交互并形成数据的过程中，不同利益主体可能有不同的利益诉求。例如，对于个人数据的生成而言，隐私敏感程度较低的个人可能愿意提供更多的信息以换取平台提供更优质的附加服务，而对于隐私敏感程度较高的个人则可能不希望平台在必要范围外收集和使用自己的任何信息。对于同一个个体而言，他在使用社交平台时可能不希望自己的地理位置被显示，但在使用导航软件时会主动提供位置信息。再比如，对于公共数据的生成而言，个人出于兴趣或者企业出于商业用途收集城市的交通信息，这一般是被允许的，但当数据累积、采集量较大而涉及公共安全时，作为公共信息代表的政府可能会对这类信息的采集以及交易等活动予以限制。

数据生成场景的复杂性和多元性导致对数据权益分配的公正性也有不同的要求。康奈尔大学教授海伦·尼森鲍姆（Helen Nissenbaum）于 2004 年首次提出了"场景一致性"（contextual integrity）的概念。在讨论隐私和个人信息披露时，她认为隐私的内涵在不同情境中有不同的表现，应该在信息传播的具体情境中讨论个人信息使用的适当性标准和信息流动规范。[1]

因此，为了解决数据产权的确定问题，学术界提出了数据产

---

[1] NISSENBAUM H. Privacy as contextual integrity[J].Wash.L.Rev., 2004(79):119.

权初始合约这一解决方案。所谓初始合约，是指在数据生成之前，由信息提供者和数据采集者通过协商对信息的采集范围、数据产权划分等进行明确规定的合约。数据产权初始合约的形成是数据后续进入市场流通至关重要的前提和基础。在数据产权初始合约中，可以将数据产权整体上按比例在各主体间进行分割，也可将数据产权这一权利进一步细分为后续对数据施加具体处理措施（如使用、转让等）的各项权利，并将这些具体的权利进行分配。例如，合约可以允许某一方在后续具有利用数据进行研发的权利，但不允许其拥有转让数据的权利。这一协商分配过程可以理解为各参与方对某一方就某些权利进行了授权，因此初始合约的形成是产权划分和授权的统一。借鉴合作博弈的分析框架可以帮助我们理解初始合约的形成过程，也可以确保合约的合理性和公平性。

二、数据的授权

数据确权对于数据要素市场发展至关重要。中央全面深化改革委员会第二十六次会议指出，要建立数据产权制度，推进公共数据、企业数据、个人数据分类分级确权授权使用，建立数据资源持有权、数据加工使用权、数据产品经营权等分置的产权运行机制，健全数据要素权益保护制度。

不同应用场景下，数据权利的差异性导致很难有一个统一的标准对所有数据衍生出的权利进行明确的权属界定。因此，我们提出了通过数据分级授权机制来解决数据确权问题,让用户和平台企业可以基于市场原则达成不同级别的数据授权协议。

数据分级授权机制可以使平台企业无须考虑平台上数据衍生出的复杂权利和相关权属问题,而是通过市场化的授权协议来合理、合法地使用数据要素,并且可以根据不同的数据要素和应用场景进行灵活设计,从而降低数据要素市场的交易成本。例如,可以将数据分为不同的等级,如基础数据、衍生数据和派生数据等,并为每个等级设定相应的授权规则和权利限制。用户和平台企业可以根据自身需求和数据价值,自主选择不同级别的数据授权协议,从而实现数据的灵活授权和交易。这种机制可以让数据权利的界定更加清晰,并且在数据授权过程中充分考虑到不同参与方的权益,从而促进数据要素市场的健康发展。

通过数据分级授权机制,用户和平台企业可以在遵循法律法规和伦理道德的前提下,自主选择数据授权方式,并根据实际情况进行灵活调整。这有助于减少数据授权过程中的法律纠纷和争端,并促进数据要素市场合规运作。此外,数据分级授权机制还可以促进数据的共享和流通,激发数据创新和应用,从而推动数字经济的发展。

基于以上逻辑,数据分级授权机制对数据在经济中的整个运行活动十分重要。研究结果显示,政府需要建立有效的数据分级授权机制,以便平台企业能够自主地选择符合市场原则的数据授权级别。在分级授权后,选择授权全部数据的用户数量可能会下降,而选择授权部分数据的用户数量会上升,这会使平台企业获得的数据要素总量增加。这样，平台企业在数据采集过程中既遵循了最小必要原则，又提高了数字服务的普惠性。与此同时，用户福利和社会福利也会得到提升，这说明分级授权有利于整个市场的健康发展。因此，设计一个合理且可行的数据分级授权机制，可以更好地促进市场的发展。

根据契约理论，对于大众市场中交易量大且低价值的交易而言，标准化的协议或条款可以极大地降低交易过程中的协商成本，包括商家起草合约的成本以及消费者理解条款并进行决策的成本。当标准化合约得到广泛使用后，其条款的具体含义将成为共识，进而可以降低司法裁决过程中的不确定性，也让后续参与缔约过程的主体对协议的价值产生预期。在信息时代，标准化条款在各类协议中被广泛应用，尤其是在电商交易合同、网站服务条款以及软件授权协议等方面。

同样，以数据确权为目的的协商可以借鉴协议条款标准化的思想，对相关权利通过分级进行明确界定。根据前述关于数据要素特性的讨论，数据要素确权协商过程中的关键矛盾在于如何处理未来数据使用对相关主体可能带来的负外部性，而负外部性的大小和数据后续流动的广度和深度密切相关。因此，数据要素分级授权的基本思路应从后续对数据使用与交易的权限出发，对其内容和程度进行标准化分级，从而方便各参与方在有限的选项中进行选择，形成初始产权合约和完成对后续数据实际控制者的授权。其中，后续对数据使用和交易的权限越大，数据授权级别越高。

基于该思路，数据授权内容可以从"拒绝授权"到"完全授权"划分为若干级别，其中"拒绝授权"意味着信息提供者禁止其他方收集其信息，而"完全授权"表示各参与方认可数据控制方对数据拥有完整的产权，包括对数据进行使用以及交易的权利。这样的标准化分级授权可以降低数据确权协商过程中的不确定性，减少协商成本，促使各方形成共识，并为后续对数据交易和使用提供明确的规则和框架。

可以说，分级授权机制较好地实现了基于场景分散化的数据初始产权协商方案，这种机制能有效降低协商成本。一对一协商虽然符合分散化的要求，但需要与每一个信息提供方进行独立的协商，因此协商成本较高且不具备可行性。而单一授权的标准化协议虽然能够降低协商成本，但可能牺牲了协商结果的多元性，对相关主体参与数据生成的激励不足。分级授权机制综合了这两类方案的优点，采用协议标准化的思路将协议划分为多个级别，并为每个级别设定了相应的补偿条件。这样，信息提供方可以根据合约中各级别对应的补偿条件来决定是否授权，如果条件不如预期，他们可以选择不授权，并可以考虑与其他采集者达成合约。同理，数据采集者可以根据市场动态来调整协议中各级授权所对应的补偿条件。这种分级授权机制既保留了分散化协商的特点，又降低了协商成本，具备较好的可行性。同时，它也促使相关主体在协商过程中考虑市场因素，提高数据生成的激励，从而更好地实现市场化协商原则。因此，分级授权机制是一种有效的数据初始产权协商方案，它能够在保障各方权益的基础上促进数据的合理生成和使用。

第三节　数据供给侧的成本函数

数据如何参与生产，以及参与生产的绩效如何，在探讨这些具体的问题之前，我们应当明确数据的成本构成。本节将从不同视角阐释数据的成本构成，并据此构建数据供给侧的成本函数。

一、数据的成本构成

从数据的产生过程来看，数据的成本构成包括获取、处理、存储和传输数据的成本。数据获取的成本取决于数据收集的方法，例如聘请测量员、使用传感器或从第三方供应商处购买数据等。数据处理成本取决于从数据中提取有效信息的技术成本。数据存储成本取决于数据量、所需的安全级别和使用的存储介质类型。数据传输成本取决于数据的目的地、覆盖的距离、所需的带宽和使用的协议类型。影响数据成本的因素包括数据质量、所需的准确性水平、数据源的可靠性、基础设施的可用性以及分析和解释数据所需的技能。企业可以通过数据压缩、重复数据删除、数据去标识化和数据虚拟化等节约成本的策略来降低数据的成本。此外，基于云的数据存储和处理服务为企业提供了可扩展且价格合理的解决方案，帮助企业更好地管理数据。

从经济学视角看，数据的成本构成由数据包含的信息价值以及数据相关的基础设施技术水平决定。从技术本质角度来看，数据是由字符和字节堆叠排列起来的集合，这种不同排列序列的组合方式构成了数据的特殊性和多样性。每一条数据都有不同的内容，多种不同的数据构成了多样的数据空间。在经济学意义上，数据不仅在生产过程中具有意义，还是第五大生产要素。除此之外，数据具有特有的规范性，能将不同类型的信息转化成同一种形式的资源，并将信息纳入其中。例如，用户在微博平台评论所表达的情绪以及宏观经济指标对学术界的研究和科技创新都有重要的意义，但二者的表现形式完全不同，前者是依靠文字进行表达，后者依赖于各种指标反映的绩效来体现。而数据是能将二者规范统一的技术手段。随着数据基础设施建设水平的不断提高，我们获得了更大样本量的数据，这能有效提升研发创新、调研分析等活动的质量。

因此，数据要素的成本一方面由数据包含的信息量所决定，学术界称之为数据的质量；另一方面数据基础设施建设水平也会影响数据的成本，收集、存储和分析数据的成本是数据成本构成的重要部分。

根据诺贝尔经济学奖得主罗纳德·哈里·科斯（Ronald H. Coase）的观点，我们可以将数据交易过程中产生的交易成本认为是，为达成交易，在全部成本中除去传统的生产成本以外的间接的时间和货币成本。诺贝尔经济学奖得主奥利弗·E.威廉姆森（Oliver E. Williamson）将数据成本划分为搜索成本、信息成本、议价成本、决策成本和监督成本。这些成本包括寻找交易对象、查询交易对方的需求和资质、签订合同和预防"投机主义"产生违约行为等各种情况产生的成本。

可见，数据成本包括企业对数据的获取、传递、表达、储存、搜索、处理等直接或间接的支出与费用。随着云计算的兴起和大数据时代的来临，数据成本逐渐成为整个经济与社会的主要成本核心。此外，最低粒度的数据可能是没有价值的，它们通常需要被组合、聚合在一起才能体现价值，这同时也增加了数据交易成本。

根据以上观点，学术界将数据成本解构为四个部分。

第一部分是生产成本，涉及数据采集、数据加工、数据存储和数据移交等环节，这些环节维持着数据作为产品的基础性运转。

第二部分是搜索查询成本，指为找到符合要求或具备市场最低价的数据集而付出的各种费用、时间、精力及承担的各种风险的总和。比如，数据交易平台本身就大大减少了买卖双方的搜索成本，而数据市场的建设则提高了交易效率。

第三部分是议价成本，它涉及双方在未达成共识以及直至达成共识并签订合同阶段的各项细节开销。

第四部分是监督成本，包括双方人员正确履行义务以及应对数据泄露等多种违约行为的约束成本。

除此之外，还有接近于零的复制成本，以及用于广告精准推广的追踪验证成本，等等。相对于实体商品而言，降低成本是信息商品的核心。因此，数据产品的成本分析与信息商品的成本分析有一定程度的相似性。

尽管如此，对于数据成本的界定仍然存在许多争议。数据具有独特的非竞争性特征，这使其与传统生产要素有所不同。由于数据可以被无限制地分享和复制，它们在很大程度上具有非竞争性，即使用者数量增加而不会影响其价值。在少数情况下，数据的共享可能会给数据所有者带来竞争劣势（如与商业竞争相关）。当数据资产的复制没有物理成本且不损害个人或企业福利，甚至可能为分享者创造收入时，防止用户将数据资产进行二次转售将成为一项挑战。另外，数据包含的信息价值在买方与卖方之间也存在信息不对称的问题，买方希望了解全部信息而卖方希望隐瞒事实，这将导致卖方通过对数据的操纵或者与解读者合谋隐藏信息来诱导买方。此外，数据资产在成本和价格公开方面也与普通资产有所不同。数据的整合过程包括大量的人工干预、翻译和融合来自不同系统的数据信息，因此，数据产品的初始创作成本较高。但根据摩尔定律，随着大数据技术的发展，数据资产的整合和存储等成本将不断降低，从而使数据产品的初始创作成本降低。与此同时，数据资产的再生产边际成本将接近于零。由于数据资产还存在价格外部性，数据价格的公开可能会泄露数据的价值。

总之，数据的成本构成是复杂的、多方面的。在构建数据成本函数时，应当对各种成本构成和相关因素进行综合考量。

二、数据的成本函数

基于学术界已有研究以及上述数据成本构成的底层逻辑，我们构建了关于数据的成本函数，并对其进行了进一步解释。已有对于数据定价的研究集中于数据交易这一过程，其中数据量、数据使用权和所有权是数据产品交易的主要内容。从本质上说，数据定价的关键在于对数据包含的信息内容的定价。

从现有的经济学框架来看，柯布-道格拉斯生产函数与数据要素结合进行定价，仍然是学术界主流的数据成本的表现形式。[1][2] 关于数据所包含的信息价值成本的讨论颇多，尤其集中在对数据的界权和数据促进内生增长的相关讨论中。在基础的设定中，我们认为数据是参与生产的重要因素，尤其是在创新领域。直观地说，数据已经作为一种生产要素参与生产，并在经过收集、整理、处理并分析等过程之后凝练成信息和知识，这些信息和知识进而参与生产过程。在此前提下，假定社会总数据量不变，成本函数可以简要地表达为：

$$Y = L \cdot D^{\eta}$$

$$P(D) = \frac{\partial Y}{\partial D} = \eta \cdot \frac{L}{D^{1-\eta}}$$

公式中，Y 代表社会的总产出，L 代表劳动力，P 代表数据的供给价格。由于数据能够驱动技术创新，在生产函数中，技术进

---

[1] JONES C I, TONETTI C. Nonrivalry and the economics of data [J]. The American Economic Review, 2020, 110(9): 2819-2858.

[2] CONG L W, XIE D, ZHANG L. Knowledge accumulation, privacy, and growth in a data economy[J].Management Science, 2020, 67(10): 5969-6627.

步与数据驱动划归为同一变量 D。参数 η 是一个在（0，1）区间均匀分布的变量，它直观地反映了数据要素转化为知识和信息的效率。在完全竞争市场中，数据的边际成本与数据的边际收益，即数据的价格相等。根据琼斯和托内蒂的研究，数据要素可以参与创新过程，但是数据并没有被定价，这是因为数据参与内生增长的过程是企业应用中自动内生生成的数据的过程。[1] 在丛林等学者构建的模型中，动态均衡的数据既参与了生产，又参与了创新过程。[2] 尽管在基于信息熵的数据定价模型中包含了对数据成本的叙述，但目前的研究对数据成本依然没有准确的描述，更多的是为了描述定价过程而将数据成本简化为固定的外生变量 c。实际上，在这个过程中，边际生产率与数据要素的边际成本构成了数据成本。

因此，数据成本的评估和确定存在一定的困难。尽管"数据作为一种无形资产"这一说法已在业界形成广泛共识，但评估数据质量仍然是一个开放性问题。数据来源众多、收集方法不同，导致数据格式不一致、内容差异很大。而现有的无形资产价值评估方法，如重置成本法、收益现值法和市场比较法，很难准确量化数据资产的真正价值。缺乏统一或广泛认可的数据价值评估标准，使得数据提供者和数据购买者无法对交易数据集的价值做出合理

---

[1] JONES C I, TONETTI C. Nonrivalry and the economics of data [J]. The American Economic Review, 2020, 110(9): 2819-2858.

[2] CONG L W, XIE D, et al. Endogenous growth under multiple uses of data[J]. Journal of Economic Dynamics & Control, 2022.

且双方均认可的评估结果。虽然国内外的数据交易平台已经从多个角度提出了一些价值度量技术，如数据质量指标、数据效用指标以及数据历史成交价指标等定价方法，但这些方法尚未被广泛认可。除此之外，还有一些其他成本函数，诸如 CES 函数，其作为柯布-道格拉斯函数的推广版本，也被用于研究数据成本。

  本节提供了一个可供参考的数据成本函数的框架，定义了数据成本构成的两个大类和四个小类，这也延续了关于数据的产生过程和数据成本构成的已有探讨。随着大数据和人工智能技术的发展，以及对数据价值评估方法的不断探索和完善，未来的研究和实践将使我们能够更准确地衡量数据资产的价值，从而推动数据交易市场的进一步发展。

第四章　数据的需求[①]

　　根据需求主体的差异，数据需求方主要分为消费者（消耗）与企业（再生产）两种。就前者而言，其通过消费数据产品或服务以获取自身效用提升。就后者而言，数据则是其重要生产要素，通过投入数据以创造各类产品与服务。本章将聚焦于数据的需求，对数据应用场景、买方异质性、收益函数等问题展开分析，并在第三节中分别对企业端数据需求和消费者数据需求展开分析。

[①] 本章作者：戎珂、田晓轩。

第一节 数据的应用场景

作为数字经济时代新的"石油",数据已在经济社会各方面展现出强劲力量。在此基础上,一个值得讨论的问题是,数据究竟以何种渠道、方式促进经济增长,或者说,数据可以在哪些场景中应用,从而创造出经济社会价值。

在回答这一问题之前,我们可以先思考另一个看起来没那么深奥的问题:人们为什么会沉迷于短视频?在智能手机普及率越来越高的时代,短视频成为人们碎片化时间中的热门消遣。一个有趣的现象是,随着人们在短视频上投入时间的增多,用户所看到的视频也似乎越来越合乎其自身"口味",从而更加沉迷于短视频。这也导致这一最初只想用来打发闲暇时间的行为,逐渐演变甚至可能恶化到影响正常工作和生活。在这一现象背后,是短视频平台在对用户行为捕捉后,通过相关数据与算法的结合最终形成了对具体用户的精准匹配。对短视频平台而言,流量意味着强网络效应与相应的巨额广告收入,在不考虑用户工作效率损失的负外部性的情况下,数据要素显然在这一过程中最大化了平台收益。

当然,数据的应用场景绝不仅限于此。从产业链的视角来看,数据要素可以在产品或服务的研发创新、生产制造与市场匹配的每一个环节中都起到不尽相同但却同样至关重要的作用。接下来,我们将分别从产业链的三个环节来介绍数据的应用场景。

一、数据在研发创新中的应用

对任一经济体而言，代际的创新突破都是经济增长的重要驱动力。创新活动能够直接提高生产效率，降低生产成本，改善产品或服务的品质进而提升其附加值。在这一过程中，企业会实现由低附加值向高附加值的产业转型升级，并以点带面推动经济的高质量发展。颠覆式创新则会创造新的需求，进而形成全新的企业甚至整个产业，在此过程中需求与供给同步扩大，经济总量和福利水平得到提升。因此，创新驱动是实现经济增长和高质量发展的重要因素。然而，创新的实现绝非易事。

阿格拉沃尔等（2018）[1]指出，创新的本质是在高度复杂的知识空间中发现既有知识的全新组合，是利用并结合现有知识产生新知识的结果。这一机制的实际运行过程相当复杂。在不同阶段，知识积累程度对创新起到完全不同的作用。在初期，随着一个行业或领域中的技术不断成熟，相关的知识开始不断积累，知识积累水平的提升将有助于科研人员进行排列组合，以形成新的知识。然而，当知识积累到一定程度后，也可能成为创新的"负担"，使得创新变得越发困难。因为已有的知识空间已经高度膨胀，研发人员想从中找出能够促成创新的知识组合，需要付出的学习成本和时间成本已上升到难以想象的程度。事实上，在基因学、材料学、药学和粒子物理学等广泛的创新前沿领域，这一情况普遍存

---

[1] AGRAWAL A, MCHALE J, OETTL A. Finding needles in haystacks: Artificial intelligence and recombinant growth[R]. NBER Working Paper, 2018.

在。在海量的知识组合可能性中，发现有用组合的难度无异于大海捞针，这也是为什么每一个突破性创新的推进都那么来之不易与激动人心。而数据要素的积累和利用，极大提高了这一发现过程的效率。通过驱动人工智能技术的发展和运行，数据要素能够帮助显示哪些知识组合具有最高的发展潜力，从而提升预测有用知识组合的准确性，进一步提高创新发现率并随之促进经济增长。

此外，考虑到创新本身是一个试错的过程，研发过程中的失败尝试所形成的大量数据和信息对企业而言也具有重要意义。[①] **如果在研发过程中企业之间不能进行数据共享，那么研究的时间和资源就很可能浪费在其他企业已经发现毫无结果的项目上，从而造成经济长期停滞于这一低效率状态。** 我们可以考虑一种"赢家通吃"情况下的动态模型，在该模型中存在两家相互竞争的企业，它们起初都采取高利润但也同时具有高风险的研发路线，即可能发现根本性的创新，一次性取得高额收益；但也可能在投入大量成本后，最终发觉该研发路线只是一条死胡同，得不到任何回报。为了不让竞争对手获得"少走弯路"的信息，企业有强烈的动机保护自己失败的实验数据不为竞争对手所知。在研发进入死胡同的情况下，企业可以秘密地转向利润较低的安全研发路线，即对现有产品进行渐进式的改进。这类研发虽然回报率低，却也几乎没有不确定性。最终，该模型所描绘的分散环境下的均衡，必然会由于企业无谓地重复而步入死胡同，或是导致大家提前放弃风险研发的信息外部性

---

① AKCIGIT U, LIU Q. The role of information in innovation and competition[J].Journal of the European Economic Association, 2016, 14(4): 828-870.

（information externality）①，最终引发显著的效率损失。

二、数据在生产制造中的应用

在企业数字化转型过程中，数据要素作为企业的一种资产，具有提高生产、决策和管理效率的关键作用。首先，通过收集和分析生产数据，企业可以发现生产过程中存在的瓶颈和不足，从而针对分析中暴露出的薄弱环节进行优化，提高整个生产流程的效率；其次，在工业4.0时代的新生产制造活动中，物联网等技术的应用可以保证各类传感器自动捕捉和传输数据，从而使企业能够实时监测生产过程中的关键参数，如温度、湿度、压力等，以确保产品符合质量标准；最后，这些实时生成的数据还能够对生产设备和安全风险起到监测的作用，从而实现设备的及时维护和人员的安全保障，保证生产安全持续进行。

具体来看，数据在企业生产制造中将通过两条路径发挥作用。首先，数据要素就像机器等资本一样可以不断积累，类比传统的资本积累公式，可以得出：

$$D_{t+1} = I_{t+1} + (1-\delta)D_t$$

---

① 一家企业自己没有发现任何成果，同时也没有观察到竞争对手有成果的产出，那么即使该风险研发路线最终并不会导致步入一条死胡同，企业仍然可能会感到灰心，从而转向安全的研发路线，导致整个社会错失了最终可能实现的突破式创新。

假设数据的时效性会导致数据的折旧，公式中 D 表示资本积累，I 表示投资额，δ 表示折旧率，t 表示时期。

投资数据要素就像投资传统物质资本和 ICT 资本一样，能够直接助力企业生产。其次，与传统生产要素不同的是，数据要素还可以通过促进企业的生产要素配置，间接提升社会生产效率，这一点体现在数据要素的两重创新性特征上。第一，数据要素能够促进企业生产效率的提升（例如，实时交通数据能够通过与计算机系统相结合，改进自动驾驶算法，从而推动交通运输行业的技术进步）。第二，数据要素的使用还可以提升其本身的积累效率，即通过不断地循环和迭代，提升数据的分析和处理能力，使得同样规模的数据能够形成更多的数据资本。穆勒等（2018）[1]则通过实证计量的方法，验证了大数据分析资产对企业绩效的影响。通过对 2008—2014 年 814 家企业的信息与财务绩效数据进行分析，他们发现，拥有大数据分析资产会使企业的生产率平均提高 4.1%；而具体到信息技术密集型这样高度依赖数据要素的行业，这一生产率则更是大幅度提高到了 6.7%。

此外，3D 技术也是现代企业中不可或缺的一部分。当然，这里的 3D 并不是指三维立体建模技术，也不是指我们熟悉的 3D 打印技术，而是"数据驱动型决策"（data-driven decision making，简称 DDD）。从字面意义上理解，数据驱动型决策就是要求企业或

---

[1] MÜLLER O, FAY M, BROCKE J V. The effect of big data and analytics on firm performance: An econometric analysis considering industry characteristics[J].Journal of Management Information Systems, 2018, 35(2): 488-509.

组织中的每一个相关成员以数据要素为基础、以数据要素中挖掘出的模式和洞见为准绳进行决策。这种方式减少了生产经营决策对个体管理者的经验直觉的依赖，有效提高了决策的科学性和时效性。从实证角度来看，布莱恩约弗森等（2011）[①]利用美国179家上市公司的调查数据及公开信息，测度了企业围绕外部和内部数据开展的收集和分析活动的现实影响，发现DDD模式在2005—2009年为美国企业贡献了5%~6%的产出和生产力增长。麦卡菲等（2012）[②]通过对北美330家公共企业的管理实践和业绩数据进行调查与分析，发现企业越多使用数据驱动型决策，其在财务和运营结果上的表现就越好。具体来说，在一个行业中使用数据驱动型决策占比最高的三家企业，其平均生产效率会比其他竞争对手高5%左右，利润率则高出6%左右。

三、数据在市场匹配中的应用

生活在数字经济时代的我们，对"大数据杀熟"这一词一定不会陌生。简而言之，大数据杀熟就是指企业通过分析用户的个人信息、历史交易记录、行为偏好等数据，将用户分为不同的类别，

[①] BRYNJOLFSSON E, HITT L M, KIM H H. Strength in numbers: How does data-driven decision-making affect firm performance[R]. SSRN Working Paper, 2011.

[②] MCAFEE A, BRYNJOLFSSON E. Big data: The management revolution[J].Harvard Business Review, 2012, 90(10):60-68.

然后针对不同类别的用户进行价格和服务歧视。例如，使用A品牌手机的用户与使用H品牌手机的用户相比，在呼叫网约车时会被平台收取更高的费用，这背后就是用户数据在市场匹配中的应用。在本节一开始我们所介绍的短视频"成瘾"的例子，也是类似机制的体现。

当然，上述示例或多或少会造成一定的负面影响（如价格歧视行为、侵犯用户隐私等），但不得不承认的是，数据在市场匹配这一最终环节中，帮助平台或企业最大化了自己的收益。从更一般化的角度来说，在事前，数据分析可以帮助企业了解目标用户的人口特征、购买行为、偏好和需求等信息，从而更准确地了解目标用户和市场趋势，制定更有效的营销策略。例如，某社交软件平台借助其掌握的大量用户画像和地理定位数据，帮助快餐厅选定最优的开店地址。再比如，在金融市场上，保险公司可以利用脱敏后的个人信息数据、医疗记录数据以及财务状况数据来识别并评估客户的风险等级，从而针对不同的风险等级设计不同的保险产品和定价方案，以最大程度地控制风险并提高业务效率。在事后，企业可以通过分析用户的行为和反馈数据来了解用户对产品和服务的喜好和痛点，从而优化产品设计和服务体验，提高用户的满意度和忠诚度。以德国汽车制造商宝马为例，通过分析来自样车试驾、车间报告和其他来源的数据，宝马可以快速发现潜在的问题和漏洞，并在新车型推出之前将其消除。IBM（国际商业机器公司）通过大数据分析技术的应用，更是将这一分析过程所需的时间从数月缩短到几天，从而有效地优化了产品设计及其维修和养护服务，提高了用户满意度。[①]

当数据与人工智能等先进数字技术相结合时，其在市场营销过程中的应用就会更加灵活。例如，为了提高销售人员的服务质量进而提升销售业绩，某汽车4S店专门引入语音识别的人工智能技术来采集店内销售人员的谈话数据。基于将销售人员与用户的交谈音频转化为文字数据，结合算法模型和机器学习技术，整套数据分析系统能够自动且实时地为销售人员的每次销售服务进行评分，从而有效提高市场营销环节的管理和服务效率。

第二节　数据的买方异质性

不难发现，在数据的各种应用场景中，数据本身可以在多个方面表现出异质性。数据的来源不同，使用目的不同，在规模、质量、频率和时间跨度等方面都具有显著差异。同时，不同种类的数据又可以满足不同的需求，最终表现为不同企业在数据类型上的买方异质性。值得注意的是，同样一份数据在不同的企业中能够创造的价值不尽相同，这也是买方异质性的体现，并且这一异质性将直接表现在数据价格上。下面，我们将对数据的这两类买方异质性进行分析。

[①] KSHETRI N.Big data's impact on privacy, security and consumer welfare[J].Telecommunications Policy, 2014, 38(11):1134-1145.

一、数据需求的性质差异

（一）实时数据与历史数据

数字经济时代，企业间的竞争变得空前激烈。企业只有在正确的时间掌握正确的数据，才能在这样的环境中更好地生存下来。换句话说，取得竞争优势的机会往往稍纵即逝，对企业而言，最新最快的数据是价值最高的，也是需求最迫切的。

其中最为典型的是金融业。金融业是一个信息高度密集型的行业。无论是对投资行为还是对监管行为而言，快速和准确的决策都需要依赖最及时的数据。从投资的角度来看，金融市场瞬息万变，市场调整随时都会发生。因此，金融机构需要实时的市场数据（包括金融产品的交易量和成交价等）来监控市场动态和分析发展走向，以便及时调整交易策略。从监管的角度来看，金融机构需要实时数据来监控交易活动，以便识别金融交易中的风险客户和风险行为，并及时采取措施。同时，实时数据中所反映出的信息可以用来对金融活动的合法性进行监测，从而有效防止信用卡欺诈、洗钱等违法犯罪活动的发生。

交通运输业也是一个需要大规模实时数据的行业。随着智能驾驶、车路协同等技术的不断成熟，"车"与"路、人、网"等都能够进行高频率的实时数据交互，从而保证行车的安全和效率。具体来说，道路上需要建设各类智能基础设施来捕捉和生成实时路况数据，这些智能基础设施通过与车辆的互动，可以实现事故预警和提供车速建议等。

此外，公共部门的决策也越来越依赖实时数据。有了实时的大数据分析，政府在设计和实施政策、计划时就可以在每一个阶段对政策措施的效果进行评估，并及时制订替代方案，这将有助于提高政策制定的效率和灵活性。与此同时，越来越多的实时反馈渠道不断涌现，大数据分析能够在政策周期的每一个阶段更好地利用公众的广泛参与，从而实现更充分的集思广益。

与实时数据相对的，是历史数据。经济学中的时间序列分析方法正是利用历史数据效用的直接表现，这种分析方法利用的是在不同时间节点所收集的历史数据，从而反映某一事物、现象等随时间变化的状态或程度。大量的科研机构以及金融、政府部门等都对历史数据有很大的需求，用以进行各类现象之间的因果关系验证，以及经济、政策等的趋势预测。

另一个历史数据的需求大户是互联网平台，我们以美国的网飞为例。网飞是一家提供流媒体服务的公司，成立于1997年，最初为用户在线提供实体光盘的租赁服务，如今其核心业务已经转为提供在线观看电影和电视节目等服务。为了提高用户体验、增加用户留存率，网飞使用历史数据预测用户的观看偏好和行为，以此为用户推荐个性化的内容。具体而言，通过其开发的Cinematch算法，用户对视频做出的任何举动，包括搜索、点击、播放、暂停、快进、回放、退出、收藏、评分等，都会被收录进用户的历史数据库。经过20多年的积累，网飞已经拥有竞争对手难以匹敌的历史数据优势。这些数据与机器学习技术相结合，成为网飞的核心竞争力之一，帮助其实现了最为精准的内容推荐，并在全球俘获了 2.3 亿订阅用户。① 从某种角度来说，平台积累的用户历史数据的时间跨度越长，其用户画像的描绘就越丰富、准确，内容推送也就越符合用户的需求。

（二）专有数据与公共数据

人工智能在过去 10 年经历了飞速的发展，蕴含着促进人类生产力和经济增长的潜力。不断更新迭代的人工智能产品与服务，一方面有助于提高生产活动的效率，另一方面可以为消费者创造更高质量和更现代化的消费品。然而，无论算力和算法多么强大，其基础始终是作为"燃料"的数据要素。企业开发人工智能产品的一个关键性投入就是数据，这些数据可以用来训练人工智能之下的算法。那么对于与人工智能相关企业的发展来说，什么类型的数据是最重要的？答案是"专有数据"（proprietary data）。②

所谓专有数据，就是一家企业单独所有，并可以阻止其他企业使用的数据。企业如果只依赖公开数据（如政府发布的大型数据集），那么就无法排除他人获取和使用这些数据的可能性。而专有数据则为企业提供了排他性的权利，使企业能够阻止他人将数据作为其生产的投入。企业通过使用排他性数据集来训练其独有的算法，而算法所生成的数据又成为下一次迭代训练的投入。最终，使用专有的训练数据可以使企业利用生产中可替代性较低的投入

---

① 参见 www.statista.com。
② BESSEN J, IMPINK S M, REICHENSPERGER L, SEAMANS R.The role of data for AI startup growth[J].Research Policy, 2022, 51(5).

（专有数据）来开发人工智能产品，使其产品更难复制、更独特，因此也更具价值。拥有更好产品的企业会吸引更多的消费者，从而生成更多的用户数据作为未来生产的投入，由此形成了"数据反馈循环"（data feedback loop）[①]（见图4-1）。如此往复，专有数据这一天然壁垒优势将帮助企业建立起产品服务的竞争优势。

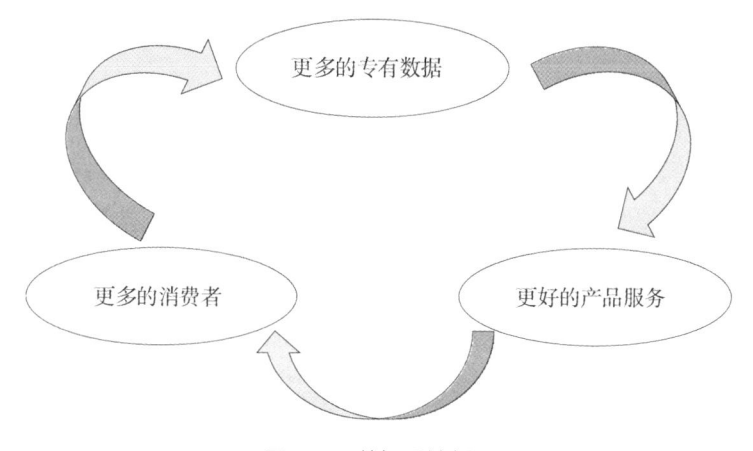

图4-1 数据反馈循环

总而言之，专有数据是生产中不可完全替代的投入。只利用公共数据这一可替代投入的企业，可能无法通过训练独有算法创造出更多的差异化产品，进而限制了企业从其原创产品中获取额外收益的能力。相比之下，利用专有数据的企业所开发出来的产品，其可模仿性和可替代性都较低。因此，这些企业可以创造出需求弹性较小、差异化较大的产品，容易在竞争中占据有利地位。那么，这是否意味着公共数据，或者数据共享的政策没有意义？答

[①] FARBOODI M, VELDKAMP L. A growth model of the data economy[R]. ESSEC Working Paper, 2020.

案当然是否定的。

举一个最为简单的例子，实证研究方向的经济学家在说明经济现象和评估政策效应时，往往会对公共数据有大量的需求。中国国家统计局、美国劳工统计局等，都是提供大规模优质公共数据的典型机构，其提供的数据涵盖各级地区，并在时间维度上细分为月度、季度和年度等，为社会科学的研究提供了无限可能性。

除了科研用途，公共数据也有其现实需求。早在 2012 年，美国纽约市就通过了《开放数据法案》，将政府数据大规模开放纳入立法。根据该法案，到 2018 年，除涉及安全和隐私的数据之外，纽约市政府及其分支机构所拥有的数据必须对公众开放。政府可以基于公共数据识别城市面临的问题和风险，实时感知城市的交通、卫生和治安状况；企业可以基于公开的数据开发手机应用和交互式地图等商业解决方案，为用户提供最优交通线路推荐、犯罪事件多发地区预警等服务；消费者则可以通过公开数据接口实时掌握城市服务状态，轻松查找和获取城市信息，以及更清楚地了解城市问题和城市状况。[①]由此，便可以基于公共数据建立起一个智慧城市生态系统。

二、相同数据的需求异质性

市场均衡价格是怎样产生的？答案是需求曲线与供给曲线的交

---

① 张燎，李文钊. 智慧城市治理的美国镜鉴 [J]. 人民论坛，2023(3).

点决定了商品均衡数量和均衡价格。但是数据要素却很难像矿泉水一样，根据一般的市场规律将其标注一个统一的"建议零售价"，原因在于数据是一种高度非标准化的"商品"，其背后潜藏的、需要经过挖掘才能暴露出的信息，往往包含着丰富的行业 know-how（专门知识），这在不同行业间差异巨大。这也意味着，同样一份数据在不同需求方处的价值会具有显著的差异性。非常值得注意的是，大规模的数据存储需要高昂的成本，如果一份数据无法为某家企业创造价值，那么莫论购买，仅仅是保留这份数据对于企业来说都是"有毒"的。**因此，数据提供商往往会通过谈判、拍卖或垄断定价等不同的形式对不同的数据需求方实行价格歧视。**

假设有一家数据提供商，它的手里有英格兰足球超级联赛中所有足球运动员的比赛详细数据，并打算将这份数据卖给三个需求方：

- 需求方 A 以 10 万英镑的价格购买了一份数据；
- 需求方 B 以 5 000 英镑的价格购买了同样的数据；
- 需求方 C 不愿意为这份数据支付哪怕一分钱。

这三个需求方分别可能是谁呢？需求方 A 大概率是某支参赛俱乐部的数据分析团队，他们需要通过分析球员和比赛的详细数据来协助教练组制定比赛策略，以赢取更多的联赛积分。在数据驱动型决策越来越普及的竞争环境中，这些数据对于球队来说无疑是"刚需"。需求方 B 可能是某个狂热的球迷，他的一大业余爱好就是看比赛和分析比赛，并乐此不疲地将自己对比赛的洞见上传到网络论坛里，与大家热烈讨论以此获得社区球迷的喜爱。此时，比赛数据就是他的"得力助手"，虽然讨论比赛只是他生活中的一小部分。需求方C（或者只能说客户C）可能是一个对足球毫无兴趣的咖啡店老板，他需要的是每款咖啡销售情况的数据，而不是将与他毫无关系的球员数据塞满自己的电脑硬盘。

在这个例子中，同一份数据被不同的需求方以不同的价格购买，这些价格的差异反映了同一份数据对不同需求方的价值差异。数据提供商如果在不同客户间以不同价格销售同样的数据，则需要考虑不同客户的需求和承受能力，同时也需要平衡价格和利润之间的关系。面对这种情况，数据提供商可能会根据数据本身的特点、客户的类型、订购量、与买家的谈判情况等因素制定不同的价格策略，以便在保证盈利的前提下满足客户的需求。

首先，客户的需求可能因数据质量的不同而存在差异，这种差异一般体现在数据精度和更新频率等因素上，质量更高的数据通常价格更高。其次，有些买方可能拥有更强大的购买力，可以承担更高的价格（比如上个例子中的需求方A）。最后，不同买家对数据的需求范围不同。有些买家可能只需要使用数据的一部分，而有些买家则需要使用全部数据（例如，上个例子中的球迷可能只会购买自己支持的球队的比赛数据，而对于球队来说，则需要对联赛中的每个对手都了如指掌）。

第三节　数据需求侧的收益函数

前文表明，数据需求方主要分为两种。当作为生产要素时，数据会被用于企业的生产过程，用于生产各类产品和提供各种服务，继而为企业创造收益；而当作为数据产品或服务时，数据则会被用来满足消费者的需求，为用户创造价值，进而体现为消费者的效用，即消费者从产品或服务中获得的收益。

一、企业收益函数

企业使用数据要素进行生产，进而形成各类产品和服务，并最终通过销售环节转化为收益。企业的收益 R 可以表示为：

$$R = P \cdot Y$$

如果处于完全竞争的市场中，每一家企业都是均衡价格 P 的接受者，那么数据要素如何影响产量 Y 就变成问题的关键。

传统的经济学生产模型并没有将数据生产要素纳入其中。因此，需要回答的一个关键问题就是，数据这一新兴生产要素如何进入经济系统，特别是如何进入生产过程。目前，大多数理论研究的做法是将数据要素加入知识生产环节，使其促进"新知识"产生，最终影响经济增长。①

基于对数据要素经济特征的认识与分析，结合现有的研究成果，以及联系社会现实，我们可以发现，数据要素加入生产过程的方式主要有以下三种。

方式一：数据要素作为独立的生产要素，可用如下生产函数表示：

$$Y = AK^{\alpha}D^{\beta}L^{1-\alpha-\beta}$$

这是经典的柯布-道格拉斯生产函数形式。其中，A 代表技术水平，K 代表资本要素，L 代表劳动力要素，D 代表数据要素。α、β 以及（$1-\alpha-\beta$）分别代表各要素产出在总产出中所占的份额。在这种形式中，数据要素被看作同传统生产函数中资本 K 和劳动力 L 并列的生产要素，并在生产函数中独立地发挥作用。

方式二：数据要素作为资本等要素互补（或替代）的生产要素，可用如下生产函数表示：

$$Y = A(\mu K^{\alpha} + D^{\alpha})^{\beta/\alpha}L^{1-\beta}$$

在这种方式中，数据要素与资本 K 密切相关，根据 α 和 β 参数取值关系的不同，它们之间存在着互补或替代的关系。例如，当数据与算力结合时，才能最高效并最大程度地挖掘出其所蕴藏

---

① AGRAWAL A, MCHALE J, OETTL A. Finding needles in haystacks: Artificial intelligence and recombinant growth[R]. NBER Working Paper, 2018.

的潜在价值。当算力资本水平不高时，生产效率就会大打折扣；而当数据量不足时，则会造成"巧妇难为无米之炊"的局面。

方式一与方式二的区别在于，在方式一中，数据要素是独立的，对最终产出至关重要，当数据要素的投入为零时，整个经济系统不会有产出；而在方式二中，数据要素作为产出的一种共同投入品，是资本等要素的互补（或替代）要素，当数据要素投入为零时，可能会影响最终的产量，但不至于使得产出归零。

方式三：数据要素作为研发的投入要素，可用如下公式表示：

$$\dot{A} = f(D, A, L_A)$$

其中，$\dot{A}$ 表示新知识（技术）的生产，D 表示数据要素的投入，A 表示知识的存量，L_A 表示投入知识生产的劳动力。在方式三中，新知识（技术）的发现取决于已有的知识水平，生产知识的劳动力，以及新的生产要素——数据要素。在这种方式中，我们可以把数据要素看作能够提升想法或知识质量的动力。例如，特斯拉通过车载传感器、摄像头等收集数据，同时，给定数量的数据又能够被用来训练机器学习算法，从而使得无人车的驾驶更加安全。当数据量较小时，机器学习算法可能仅支持汽车在危险情况下进行紧急制动等基本操作；而经过大量数据训练后的机器学习算法则可能使无人车在高速公路或拥挤的路况条件下实现自动驾驶。换句话说，就是数据提升了产品中所蕴含的创意或想法的质量。

二、消费者效用函数

一方面，数字产品或服务会像普通商品一样为消费者带来正的效用；另一方面，提供产品或服务的企业也会利用消费者数据实行价格歧视和推送骚扰广告等，侵害消费者权益，从而带来负的效用。在本节中，我们参考琼斯和托内蒂（2020）[①]所设定的模型来表示为消费者带来的效用情况。在每一个时期 t，N_t 家数字企业生产 N_t 种不同的数字商品或服务。假设一个代表性的消费者，在时期 t 服从以下的效用函数：

$$u(c_t, x_{it}, \tilde{x}_{it}) = \log c_t - \frac{\kappa}{2}\frac{1}{N_t^2}\int_0^{N_t} x_{it}^2 di - \frac{\tilde{\kappa}}{2}\frac{1}{N_t}\int_0^{N_t} \tilde{x}_{it}^2 di$$

其中，c_t 表示个体的消费，个体在消费第 i 种商品时会产生数据；x_{it} 表示生产商品 i 的企业（简称为"企业 i"）实际能够用于生产的数据的比重；$\tilde{x}_{it}$ 则表示除了企业 i 之外的其他企业共享的第 i 种商品的消费者数据的占比。例如，x_{it} 可以表示驾驶特斯拉的司机产生的数据中被特斯拉使用的比重，而 $\tilde{x}_{it}$ 则表示特斯拉驾驶数据中被 Waymo（美国一家研发自动驾驶汽车的公司）和 GM（通用汽车公司）使用的部分。效用函数的后两项通过二次损失函数，将隐私成本引入进来。参数 κ 和 $\tilde{\kappa}$ 用来表示隐私和消费之间的相对重要性，

[①] JONES C I, TONETTI C. Nonrivalry and the economics of data [J]. The American Economic Review, 2020, 110(9): 2819-2858.

当消费者对隐私越敏感时，数据产品的消费所带来的负效用就越大。

总而言之，个体能从商品的消费中获得效用，但是也会因为企业直接使用其数据或与其他企业共享其数据所产生的隐私问题而损失了效用。

第五章
数据市场类型、结构与交易模式[①]

建设完善的数据市场体系和促进数据互联互通是推动经济社会高质量发展的重要举措。因此，要建立合规高效的数据要素流通和交易制度，完善数据全流程合规和监管规则体系，建设规范的数据交易市场。[②] 本章旨在探讨数据市场的顶层设计，包括数据市场类型、结构和交易模式等三方面。数据市场类型是指将数据市场根据数据价值链划分为三级市场，数据市场结构是指完全竞争、垄断竞争、寡头垄断和完全垄断等数据市场的结构特征，数据交

[①] 本章作者：戎珂、王杰鑫。
[②] 参见《习近平主持召开中央全面深化改革委员会第二十六次会议》，载于http://www.news.cn/politics/leaders/2022-06/22/c_1128766853.htm。

易模式是指数据买卖双方的交易渠道和方式。通过理论和案例分析，本章提出要构建多层次、多样化的数据市场体系。

第一节 数据三级市场

数据是推动数字经济发展的重要战略资源和关键生产要素，只有建立符合数据要素市场化配置要求的交易体系，才能有效促进数字经济的健康和可持续发展。因此，本节我们将从数据价值链出发，构建数据的三级市场，这也是后两节分析数据市场结构和交易模式的基础。

一、目前的数据市场层级

根据数据加工程度（交易内容）的差异，目前数据的交易一般可分为原始数据交易和数据产品交易两个层次，具体如表 5-1 所示。原始数据交易指的是数据卖方直接向数据买方提供未经加工的原始数据，而数据产品交易则是指数据卖方向数据买方提供经过一定加工处理的数据产品。这两种交易模式在适用条件、交易方式和交易规模等方面存在明显差异。在适用条件方面，通常情况下，当原始数据的价值容易评估时，选择原始数据交易模式更为合适；

而当数据网络外部性和敏感性较强的时候，选择数据产品交易模式更为合适，因为只有数据脱敏后才能保证数据的安全。在交易方式方面，原始数据交易可以采用订阅模式、捆绑销售或多阶段销售（先提供部分随机数据，然后进行全量数据交易）等多种方式，而数据产品交易可以采用两部定价法（固定费用和计量费用）、拍卖、第三方平台等方式。

表 5-1 数据交易市场的两个层次类型

市场层次	原始数据交易	数据产品交易
定义	数据卖方向数据买方直接提供未经加工的原始数据	数据卖方向数据买方提供经过一定加工的数据产品
适用条件	数据价值难以预期、较难评估	数据价值可预期、容易评估
具体交易方式	订阅模式、捆绑销售、多阶段销售等	两部定价法、拍卖、第三方平台等
典型案例	金融数据销售公司如 Bloomberg（彭博）、Wind（万得）等数据中介的交易模式	腾讯利用地图、消费等数据为麦当劳提供选址服务

资料来源：戎珂，陆志鹏. 数据要素论[M]. 北京：人民出版社，2022：10-11。

综合而言，现阶段的数据市场体系尚未完全满足数据要素市场化配置的要求。数据要素在安全、合规、大规模和高效率的流通与交易方面面临着挑战，导致其价值无法得到充分释放。那么，应当如何构建合理的数据市场体系呢？构建数据市场体系，我们需要遵循一些基本原则。第一，首要原则是兼顾数据保护与数据流通。数据市场体系应在保障数据安全和个人隐私的前提下，发挥市场力量，促进数据要素的充分流通和汇聚，最大限度地实现价值发挥和风险规避的有机统一。第二，构建数据市场不仅是为了推动数据本身的流通，更重要的是推动数据价值的流通。第三，数据交易模式应多样化，数据供需双方应根据自身需求选择适合的交易模式。根据上述三个原则，接下来我们将介绍数据三级市场。

二、数据价值链与三级市场

要认识数据市场，首先需要理解数据价值创造的机制。从数据授权到数据消费，数据产业不仅涉及要素全流程和产业链全环节，还需要政府、平台、企业、个人等各方主体积极配合，协同实现数据产业价值。如图 5-1 所示，数据价值链包括数据授权、采集、归集、存储、加工、生产、消费，以及多级交易等核心环节。[①] 沿着数据价值链来看，首先是数据价值链的起点，即来源丰富且离

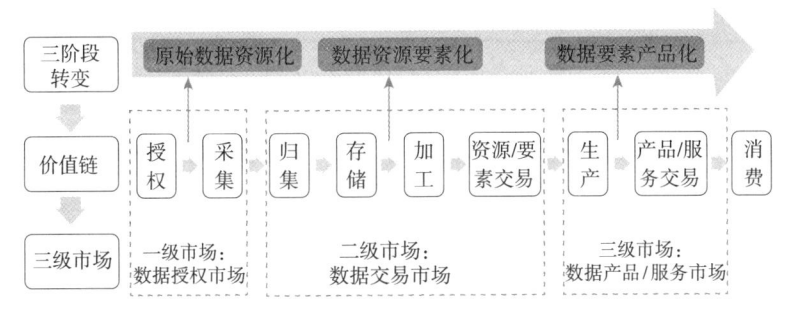

图 5-1 数据价值链：三阶段转变，三级市场

---

① 戎珂，陆志鹏. 数据要素论 [M]. 北京：人民出版社，2022：10-11.

散的原始数据；中间是具有使用价值的数据资源，以及能够参与社会生产经营活动、产生经济效益并以电子方式记录的数据要素；最后是数据价值链的终点，即应用场景丰富、多样的数据产品/服务。其中，数据产品/服务的价值量高，但应用场景差异性较大。

根据数据形态的转变方式，我们可以将数据产业价值链划分为三阶段。

第一，**原始数据资源化阶段涉及价值链上的授权和采集环节，对应着一级市场，即数据授权市场。**原始数据是无序的、未经处理的素材，本身使用价值极低，甚至没有使用价值，因此必须通过原始数据资源化，将其转变为具有使用价值的数据资源，才能使其具备进入社会生产经营活动的前提条件。数据授权是为了从源头上确保数据来源、流通、应用的合法性，保障数据主体的权益和隐私，规范数据流通和应用的权限范围，降低数据的负外部性。数据采集往往紧随数据授权而进行，采集后的数据具有了一定的使用价值，可以作为数据资源。一般只有原始数据才需要采集环节，其他形态的数据不需要采集，而是直接通过数据资源市场进行交易，根据生产或消费需求进行分析或加工。因此，数据授权市场主要解决的是原始数据授权和数据资源流通等问题。

第二，**数据资源要素化阶段涉及价值链上的归集、存储、加工以及资源/要素交易环节，对应着二级市场，即数据交易市场。**原始数据资源化阶段尽管解决了数据权属问题，以及部分的隐私和安全问题，但并未解决数据无法在市场上高效、大规模流通和交易的问题。因此，数据资源往往要经过要素化环节，才能满足数据市场化交易的要求。经过一系列标准化处理，以电子方式记录的数据要素已经具备参与社会生产经营活动的条件，能够产生经济效益，并且易于进行大规模交易。因此，数据二级市场也可以称为数据交易市场，是主要为数据要素提供大规模流通交易的场所。在二级市场中，数据首要是以数据要素的形式出现，其次才是以处理程度还不够的数据资源形式出现。

第三，数据要素产品化阶段涉及价值链上的生产以及产品/服务交易环节，对应着三级市场，即数据产品/服务市场。数据产品/服务市场是提供数据产品和数据服务的场所。未来，数据产品/服务会涉及千行百业的海量应用场景，与之相适应的数据交易形式也将不断发生演变。

数据的一级、二级、三级市场可以类比金融市场。金融市场的一级市场主要是 IPO（首次公开发行）市场，让股票可以进行后续交易；而数据的一级市场主要是数据授权市场，即可以让数据进行后续交易的场所，它解决了从 0 到 1 的问题。金融市场的二级市场是指对上市后的股票进行市场买卖交易的场所；而数据的二级市场是指对授权后的数据进行市场买卖交易的场所，它解决了从 1 到 n 的问题。金融市场的三级市场是指基于股票等的金融衍生品市场；而数据的三级市场是指基于隐私计算等多种方案的数据价值交易市场，它解决了从 n 到无穷的问题。

建立多层次数据交易市场有着重要的意义。目前，数据的一级、二级市场中只交易原始数据和数据产品，缺少大规模标准化的数据交易，难以满足日益丰富的场景需求，在一定程度上影响了数据价值的发挥。因此，需要构建多层次数据市场，打通数据产业链各个环节，丰富交易内容，促进数据资源、数据要素、数据产品的流通配置。①

本节介绍了数据的三级市场，这将作为后文对数据市场结构和交易模式分析的基础。

第二节　数据市场结构

根据微观经济学理论，基本的市场结构包括完全竞争市场、垄断竞争市场、寡头垄断市场和完全垄断市场四种。具体到数据市场，数据的授权市场、交易市场以及产品和服务市场都可能会呈现出不同的市场结构。理解数据市场结构有助于进一步分析数据市场的均衡和定价方式。

一、市场结构的划分

市场在本质上是一种组织形式或制度安排，它使得商品买卖双方相互作用并决定商品的交易价格和数量。几乎每种交易商品都

---

① 参见戎珂发表的《构建多层次多样化数据市场体系》，载于 https://baijiahao.baidu.com/s?id=17299528968769111126&wfr=spider&for=pc[2022-12-27]。

存在对应的市场。在经济学分析中，市场结构通常可以划分为四种，包括完全竞争市场、垄断竞争市场、寡头垄断市场和完全垄断市场。每一种市场结构都具备独特的特点，体现不同的竞争程度和市场行为规律。这四种市场结构的特征如表 5-2 所示。决定市场结构的最核心因素一般是市场上厂商的数目和厂商所生产产品的差异化程度。

表 5-2 四种经典市场结构的特征

市场类型	厂商数目	产品差异化程度	对价格的控制能力	进出一个行业的难易程度	较接近的传统商品市场
完全竞争	很多	完全无差别	没有	很容易	一些农产品
垄断竞争	很多	有差别	有一些	较为容易	一些轻工产品、零售业
寡头垄断	几个	有差别或无差别	较强	较为困难	钢铁、石油、汽车、手机操作系统
完全垄断	唯一	唯一的产品，且无相近的替代品	很大程度，但经常受到管制	很困难，几乎不可能	公共事业，如水、电

资料来源：高鸿业.西方经济学（微观部分）[M].北京：中国人民大学出版社，2021.

完全竞争市场需要满足四个基本条件。第一，市场上必须有大量的买家和卖家，且每个买家和卖家的交易量相对市场总量而言都十分微小，无法对市场价格产生影响，就是说，他们只能被动地接受现有的市场价格。第二，市场上的所有商品必须完全同质化，消费者在购买时无法区分不同卖家的产品，因为它们是完全相同的。任何一个卖家试图单独提价都会导致销售量为零，反之亦然，这进一步确保了所有买家和卖家都只能是价格接受者。第三，资源必须能够自由流动，厂商可以自由进入或退出市场，没有障碍或限制。第四，信息必须完全透明，所有买家和卖家都能够获取与他们经济决策相关的所有信息。

然而，这些关于完全竞争市场的条件很难在现实经济中完全满足，实际上很少有市场能符合这样的标准，人们只能将一些农产品市场视为相对接近完全竞争市场的例子。完全竞争市场更多地被看作一种理想模型和参考，西方经济学认为这种市场结构能够实现最高的经济效率。

完全垄断市场是指某个行业只存在唯一一个厂商的市场组织形式。其主要特征包括：市场上只有一个厂商负责生产和销售商品，该厂商提供的商品没有可替代的商品，其他企业想要进入该行业非常困难或几乎不可能。在这样的市场中，竞争因素被完全排除，垄断厂商能够控制整个行业的生产和销售，并且可以操纵市场价格。因此，完全垄断市场在西方经济学中被认为是效率最低的一种市场形态。

在现实世界中，几乎不存在绝对的完全竞争和完全垄断市场，只能找到一些近似的例子。相反，数据市场常见的结构包括垄断竞争市场和寡头垄断市场。垄断竞争市场与完全竞争市场相对接近，而寡头垄断市场则更接近完全垄断市场。

垄断竞争市场是这样一种市场结构：市场中有众多厂商生产和销售类似但略有差异的同种商品。在这种市场中，这些生产类似商品的厂商被称为生产集团。我们可以根据以下条件来界定垄断竞争市场：第一，生产集团内存在大量企业，虽然它们生产的同种商品有一定差别，但彼此之间可以相互替代。由于产品的差异性，每个厂商对其商品的价格具有一定程度的垄断能力，差异越大，则垄断程度越高。然而，这些有差异的商品又相互竞争，因此市场上仍然存在竞争因素。这使得垄断竞争市场既有垄断因素又有竞争因素，例如香烟、饮料和方便面等市场中存在的不同品牌。第二，生产集团中企业的数量非常多，以至于每个厂商的行为对整个市场影响微弱，例如理发行业。第三，由于厂商的生产规模相对较小，进入或退出一个生产集团相对容易。在分析垄断竞争市场时，我们通常假定生产集团内的所有厂商具有相同的成本和需求曲线，并利用代表性企业进行分析。这些特征共同构成了垄断竞争市场的独特面貌。

我们可以根据不同情形，将**寡头垄断市场**分为几种类型。一般情况下，寡头垄断市场指的是少数几家厂商垄断整个市场的产品生产和销售的情形，这被称为卖方寡头垄断市场。在这种市场组织形式中，通常只有少数几个卖家，而买家数量较多。每个厂商在卖方寡头垄断市场中的产量和价格变动都会对其他竞争对手甚至整个行业的产量和价格产生重要影响。在这种市场结构下，厂商之间的竞争关系较为复杂。因此，每个寡头在做出决策之前都需要考虑其他寡头的反应。不同于卖方寡头垄断市场，买方寡头垄断市场则是指一种商品的市场上只有少数几个买者的市场结构。在这种市场中，通常只有少数几个买家，而卖家往往数量很多。

双边寡头垄断市场是指市场上同时出现卖方寡头垄断和买方寡头垄断的情况。在这种市场中，常规定价机制失效，市场价格不会由一方决定，而是由买卖双方的议价能力共同决定。

除了这四种经典的市场结构，这里还将补充两个特殊的市场结构，并将在下一章详细介绍。

单一买方市场是指市场上只有一个买方，而有多个供给方的市场形式。在这种市场中，买方会利用其在市场上的垄断地位，在价格谈判中取得优势，从而最终可能导致价格水平下降。然而，在单一买方市场中也可能出现供应限制的情况，因为供应方需要考虑到市场份额和利润的平衡。因此，单一买方市场的运作机制较为复杂。

双边市场是一种特殊的市场结构，即数据交易可以在不同平台之间进行，因此这也成为数据交易市场的一种形式。罗歇和梯若尔对双边市场的定义是："当平台向需求双方索取的价格总水平 $P = P_B + P_S$ 保持不变时（P_B 为平台向用户 B 索取的价格，P_S 为平台向用户 S 索取的价格），任何一方价格的变化都将直接影响平台的总需求和交易量。"[1] 阿姆斯特朗从网络外部性的角度对双边市场特征进行了分析，并给出了自己的定义："两组参与者需要通过中间平台进行交易，并且一方的收益取决于另一方参与者数量的多

---

[1] ROCHET J C, TIROLE J. Platform competition in two-sided markets[J]. Journal of the European Economic Association, 2003, 1(4): 990-1029.

少。"① 双边市场的一个重要特点是交叉网络外部性，这意味着一方用户数量的变化将影响另一方用户的数量和交易量。值得注意的是，双边市场的复杂性使得在这种结构下进行的商业决策和市场运作需要更加综合全面的分析，因为平台的收益和规模取决于如何平衡两组参与者之间的相互作用。

二、数据三级市场的市场结构

在介绍了几种市场结构的界定方法后，接下来我们将会基于三级市场的框架来分析数据市场结构，这一部分只涉及四种经典市场结构。

在数据的三级市场中，每一级市场都可能呈现出不同的市场结构，如表5-3所示。作为理想模型，完全竞争市场的数据市场假定过于严格，在现实经济中几乎不存在。完全垄断市场也是如此：我们很难找到数据市场上仅有唯——家卖方且数据商品没有任何相近替代品的情形。

---

① ARMSTRONG M. Competition in two-sided markets[J]. The RAND Journal of Economics, 2006, 37(3): 668-691.

表 5-3 数据三级市场的市场结构举例

案例	一级市场（数据授权市场）	二级市场（数据交易市场）	三级市场（数据产品/服务市场）
完全竞争市场（近似）	—	某些开放数据（例如气象数据）的交易情形可能会近似于完全竞争市场	—
垄断竞争市场	手机 App 授权采集数据；同类 App 数量很多，例如手游	很多企业出售语音语料数据集，但采集于不同人的不同语料	大数据分析服务。从拥有数据分析能力的专业公司到淘宝店铺，卖方众多
寡头垄断市场（买方寡头或卖方寡头）	手机 App 授权采集数据；同类 App 数量很少，只有若干寡头，例如外卖 App（美团、饿了么）和购物 App（京东、天猫、拼多多等）。这种情形属于买方寡头垄断	少数政府部门在数据交易所出售脱敏的公共数据。这种情形属于卖方寡头垄断	基于大数据的店铺选址服务，如腾讯为麦当劳提供选址服务。只有少数企业拥有海量的个人定位数据。这种情形属于卖方寡头垄断
完全垄断市场（近似）	—	某些独特、不可替代的数据（例如专利药物的临床试验数据）的交易情形可能会近似于完全垄断市场	某些高度专业化、定制化数据服务（例如石油勘探数据服务）的交易情形可能会近似于完全垄断市场

在数据三级市场中，垄断竞争和寡头垄断结构比较普遍。在数据授权市场中，许多手机 App 需要用户授权才能进行数据采集。在这种市场中，卖方是用户，买方是 App 提供者，交易对象是用户的个人数据，作为交换，用户能获得 App 相应的服务。数据授权市场的市场结构主要有两种，这主要取决于 App 的类型。如果同类 App 数量较多，用户有较多选择余地，那么这类 App 的数据授权市场就属于垄断竞争的市场结构，例如手游 App。如果同类 App 数量很少，市场上出现了若干寡头，用户只能在少数几个 App

中做出选择，那么这类 App 的数据授权市场就属于买方寡头垄断的市场结构，例如外卖 App（美团或饿了么）、购物 App（京东、天猫或拼多多）、社区 App（知乎、微博、小红书等）。

在数据的二级市场中，垄断竞争和寡头垄断的市场结构都可能存在。例如，垄断竞争的一种情形是，很多企业出售相同种类但略有差别的数据。比如，数据堂等很多企业都在出售语音语料数据集，这些企业出售的数据类型相同，但它们是从不同的人身上采集到的不同语料，略有差别，这符合垄断竞争的情形。寡头垄断的一种情形是，少数政府部门在数据交易所出售脱敏的公共数据，这种情形属于卖方寡头垄断。此外，数据二级市场也不排除会出现近似于完全竞争或完全垄断市场结构的情形。一些开放数据（例如气象数据）的交易，由于数据来源广泛、易于获取，可能会呈现接近于完全竞争市场的特征。如果一个卖家拥有某些独特、不可替代的数据（例如某种罕见疾病的详细患病数据、专利药物的临床试验数据等），并且没有其他卖家能提供这种数据，那么这种情形可能会近似于完全垄断市场。

在数据产品和服务市场，垄断竞争和寡头垄断的情形比较普遍。例如，在大数据分析服务市场中，由买方提供需要分析的原始数据，由卖方分析出有用结果。很多企业和个人都具有数据分析技能，从专业公司到淘宝店铺均提供此类服务，卖方众多，但提供的服务质量存在差异，这种市场结构属于垄断竞争市场。另一个例子是店铺选址服务，腾讯曾通过其软件所掌握的个人定位数据和人口流动数据，向麦当劳提供基于定位信息的定制数据服务，并帮助麦当劳进行门店选址。这种店铺选址服务市场属于卖方寡头垄断市场，因为只有少数科技企业拥有海量且详细的用户时空数据，并能够提供此类服务。此外，不排除某些数据产品和服务高度专业化、定制化（例如石油勘探的数据服务），可能会出现近似于完全垄断市场的情形。

第三节　数据交易模式

前两节我们讨论了数据三级市场及其市场结构，本节仍然基于数据三级市场的框架来分析数据的交易模式，并辅以典型案例，从而构建多层次、多样化的数据市场体系。

一、多样化的数据交易模式

多样化的数据交易模式包括三种不同的交易方式。

第一种是**场内集中交易模式**，即通过数据交易所、交易中心等平台进行数据的集中交易。这里的"场内"指的不仅仅是交易所，还包括由政府主导、可监管和可追溯的集中交易平台。

第二种是**场外分布式交易模式**，即数据在集中交易平台之外进行分散交易。这种模式下，数据交易可以在不受特定平台限制的情况下进行，增加了灵活性和自主性。

第三种是**场外数据平台交易模式**，即通过数据平台进行多方数据交易。在政府监管下，大型ICT企业主导搭建数据平台，该平台可集成多个数据主体，实现联合交易和计算。通过采用隐私计算等技术手段，数据平台可以实现大规模的联合计算，生成相应的数据产品或服务。

三种数据交易模式中，场内集中交易模式的关键是**有为政府**，其需要由政府主导来提供公共数据与关键数据。场外分布式交易模式的关键在于**大型企业**，其需要各行各业的数据要素与数据产品广泛参与市场交易。场外数据平台交易模式的关键在于**第三方平台**，其需要由第三方平台来牵头搭建交易空间，构建数据要素与数据产品的多行业、集成化平台。

如图5-2所示，基于数据市场层级和交易模式两个维度，我们可以建立并完善以下几个具体的数据交易模式：在一级市场可以建立**场外分布式交易模式**。在二级市场可以同时建立三种交易模式，包括**场外分布式交易模式、交易中心模式和数据平台模式**。其中，数据平台模式是一种集成模式，能够提高数据的综合利用效率，为数据产品/服务的创新带来新的可能性。在三级市场中，同样可以建立**场外分布式交易模式、交易中心模式和数据平台模式**。这种多层次、多样化交易模式的建立可以满足不同数据主体的需求，促进数据的广泛交易和共享。

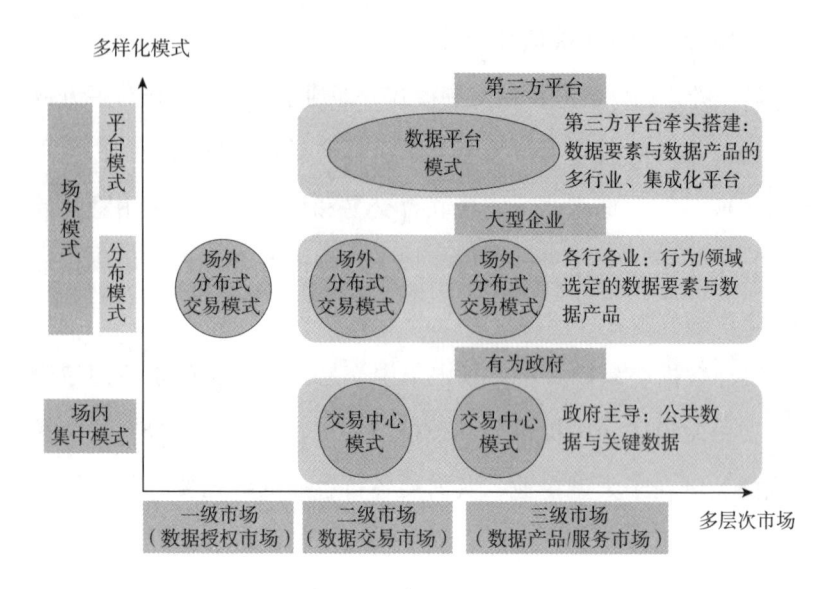

图 5-2 多层次、多样化的数据市场体系

二、数据交易模式实践案例

接下来，我们将介绍一些典型的数据交易模式实践案例，以帮助读者理解本章所提出的数据市场体系。表 5-4 对数据交易模式实践案例进行了总结，包括案例对应的市场层级、市场结构、交易模式、主导者、交易内容和盈利模式。

（一）案例 A：贵阳大数据交易所和北京国际大数据交易所

数据交易所一般是由政府牵头、多方参与建设的一个场内交易

表 5-4 数据交易模式实践案例

案例	某 App 授权采集数据	贵阳大数据交易所	北京国际大数据交易所	腾讯提供数据服务	韩国 MyData	数据经纪商	数据云
市场层级	一级	二级、三级	三级	三级	一级	二级、三级	一级、二级和三级
市场结构	垄断竞争市场或寡头垄断市场	垄断竞争市场或寡头垄断市场	垄断竞争市场或寡头垄断市场	寡头垄断市场	寡头垄断市场	垄断竞争市场	寡头垄断市场
交易模式	场外分布式交易模式	场内交易中心模式	场内交易中心模式	场外分布式交易模式	场外数据平台交易模式	场外数据平台交易模式	场外数据平台交易模式
主导者	App 企业主导	政府主导或牵头	政府主导或牵头	企业主导	用户和 MyData 运营商	数据经纪商	数据云平台（Snowflake 和 Databricks 等）
交易内容	用户数据	将原始数据清洗、分析、建模，可视化后的数据要素	利用隐私计算、区块链等手段分离数据所有权、使用权、隐私权，然后提供数据产品和服务	腾讯通过其软件所掌握的个人定位数据和人口流动数据，向麦当劳提供基于定位信息的定制数据服务	用户个人数据	用户想要寻找的原始数据、数据产品和服务	用户数据
盈利模式	资源互换	初期交易粗加工的原始数据，后改为交易定制化数据产品	交易数据产品和服务	利用自有数据提供服务，收取费用	以用户为中心，信息源根据用户要求传输数据，MyData 运营商整合数据并为用户提供服务，收取服务费	积极收集和聚合数据，帮助用户寻找其需要的数据，为用户提供数据产品和服务	对云存储和计算收费

第五章 数据市场类型、结构与交易模式

场所。这里介绍两个代表性的案例——贵阳大数据交易所和北京国际大数据交易所，它们分别对应着不同的数据市场层级。

贵阳大数据交易所是全国第一家大数据交易所，于2015年4月正式挂牌运营，初期交易粗加工的原始数据，后改为交易定制化数据产品。贵阳大数据交易所交易的数据类型包括金融、医疗、海关、能源、社交、法院、交通、通信、物流、气象、地理等30余大类。截至2022年底，贵阳大数据交易所累计入驻数据商400余家，上架产品600余个，年度交易额已达3.59亿元。[①] 由于数据交易中存在数据权属界定不清、要素流转无序、有效的定价机制缺失等问题，贵阳大数据交易所的发展一度并不顺利。

北京国际大数据交易所于2021年3月成立。与贵阳大数据交易所初期主要交易粗加工的数据不同，北京国际大数据交易所一开始就将交易重心放在数据产品和服务上。其主推的数据产品类型包括数据服务、数据API（应用程序接口）、数据包和数据报告等四类。作为国内首家基于"数据可用不可见，用途可控可计量"的新型数据交易所，北京国际大数据交易所在技术层面上采用了隐私计算、区块链等创新手段，以解决数据交易中存在的主要问题，即数据所有权、使用权和隐私权的分离。截至2022年9月，北京国际大数据交易所吸引了数据交易参与主体333家，入驻平台及引入各类数据产品量1 200余个，产生数据交易合约近1 800个，

---

① 参见《贵阳大数据交易所——年度交易额达3.59亿元》，载于 https://www.guiyang.gov.cn/zwgk/zwgkxwdt/zwgkxwdtjrgy/202212/t20221227_77734635.html。

数据交易调用超过 7.7 亿笔。[①] 目前发展情况有待进一步观望。

当前，数据交易所模式面临的一个主要困境是，数据交易参与者的数量太少，交易的激励不足。数据交易所未来更多地需要由政府来主导，出售公共数据及其衍生产品和服务，从而保持竞争力。

（二）案例 B：韩国 MyData

韩国 MyData 相关服务于 2022 年 1 月 5 日全面上线。顾名思义，MyData 模式以个人为中心，旨在实现"我的数据我做主"。MyData 的核心思想是个人可以管理、控制自己的信息，可让相关信息根据个人的意愿来使用，并积极能动地将相关信息应用于信用管理、资产管理、健康管理等个人生活的一系列流程，以保障个人的信息主权。通过 MyData，个人可以一次性地确认和获得分散在各机构和企业中的自己的信息，包括银行、保险、电力、交通、购物、亲属、政务、App 等的数据。

帮助用户实现这些需求的是一个关键的中介——MyData 运营商，它能够收集分散的个人信用信息，为用户提供一站式查询等服务。用户想要查看自己哪方面的数据，就可以向 MyData 运营商发出要求，然后 MyData 运营商会替用户把相关数据从拥有该数据的企业那里要来，并帮助用户汇总并整合这些数据。这种商业模式可以总结为以用户为中心，信息源根据客户要求传输数据，由

[①] 参见《北京 2022 上半年实现数字经济增加值 8 381.3 亿元》，载于 https://baijiahao.baidu.com/s?id=1744473999668292108&wfr=spider&for=pc。

MyData 运营商整合数据并为用户提供服务的模式。

截至 2022 年 12 月，大约有 600 家信息提供商和 53 家公司获得作为 MyData 运营商的许可，它们主要包括韩国大型银行、大型信用卡机构、其他金融机构以及金融科技企业。尽管 MyData 运营商数量不少，但市场结构依然呈现出寡头特征。四大科技公司（Toss、Naver Financial、Kakao Pay 和 Banksalad）控制着超过 70% 的韩国 MyData 市场份额。[1]

目前，MyData 模式的盈利方式还处于向用户提供服务并收取费用的初级阶段。用户使用 MyData 运营商提供的服务进行个人信息的查看、管理、授权时，需缴纳次费、月费或个性化服务费。[2] 虽然这一模式未来很有商业潜力，但是 MyData 的理想发展方向更具想象力，具体包括三阶段：第一阶段是提供免费的数据查询和存储服务，开展利用用户数据生成用户画像等业务；第二阶段是大模型分析，MyData 运营商的用户数据若要发挥价值，可以通过人工智能大模型进行分析，从而生产出数据产品并售卖给用户；第三阶段是数据入股和投资分成，可以在用户的授权下利用用户的数据资产进行投资，获得的收益与用户共享。上述设想实际上与数据三级市场的逻辑相符。

---

[1] 参见《个人数据管理(MYDATA)模式在韩国的发展与应用：探索个人数据受托制确权 他山之石可攻玉》，载于 http://stock.finance.sina.com.cn/stock/go.php/vReport_Show/kind/industry/rptid/726844880913/index.phtml。

[2] 同上。

（三）案例 C：数据经纪商

数据经纪商是致力于数据收集、处理并提供数据服务的机构，在美国，它是数据交易服务的主要供应商。与数据交易平台相比，数据经纪商通常更积极地参与额外数据的收集和整合，这是二者之间的重要区别。一般而言，数据交易平台是被动的中介，而数据经纪商可以通过数据交易平台来购买或提供数据集。数据经纪商的数据来源广泛，包括个别公司和个人主动披露或提供的数据、来自安装传感器的公司的数据、通过互联网"爬取"的数据，以及来自非营利组织和公共机构的数据，例如地球观测数据、人口和健康数据，以及其他统计数据。此外，数据经纪商还通过多样化的商业渠道购买用户的个人数据，它们彼此之间也会互相充当数据源。美国目前九大数据经纪商的基本情况如表 5-5 所示。

表 5-5　美国九大数据经纪商基本情况

数据经纪商名称	基本情况
CoreLogic （房地产咨询公司）	拥有超过 10 亿条历史交易数据、超过 3 亿条抵押贷款申请信息，为不动产抵押贷款机构、保险机构、房产税务机构等提供服务，客户数量超过 100 万个，涵盖 99% 以上的美国住宅和商业地产。2020 年营业收入为 16.4 亿美元，同比增长 14%，盈利 3.3 亿美元
LiveRamp （链睿）	数据库涵盖全球 7 亿个人，包括涉及大部分美国用户的 3 000 个数据段，为市场营销提供用户数据和分析服务。2020 年营业收入为 4.43 亿美元，2019 年和 2020 年平均增长 24.5%，净亏损 9 030 万美元
Datalogix （广告分析公司）	涵盖涉及金额 1 万亿美元以上的用户（大部分美国家庭）交易信息，为营销人员提供有意义的见解，提高广告的有效性和可衡量性，提供预测性分析和集成媒体解决方案

（续表）

数据经纪商名称	基本情况
eBureau （商业分析公司）	最初，eBureau 的主要业务是分析个人能否成为潜在的优质客户或者某笔交易是否存在商业欺诈。随着时间的推移，该公司不断发展壮大，并成为一个拥有数亿条用户消费记录的数据服务提供商。它向营销商、金融公司、在线零售商以及其他商业实体提供预测评级和数据分析服务。2017 年，eBureau 被 TransUnion（环联）公司收购
ID Analytics （身份认证与反欺诈公司）	专注于提供数据分析服务，旨在满足身份认证、交易欺诈检测和认证等方面的需求。2020 年，被 LexisNexis Risk Solutions（律商联讯风险信息）以 3.75 亿美元收购
Intelius （信息商业公司）	一家专门向商业机构和个人提供背景调查和公开记录信息的公司。它拥有超过 200 亿条的公开记录信息，这些信息涵盖各个领域，有多个来源，为客户提供全面和准确的数据支持。该公司采用会员制，每月会费为 19.95 美元
PeekYou （在线搜人引擎）	一家数据分析公司，具备分析 60 家社交媒体网站、新闻来源、网站主页和博客平台内容的能力，能帮助用户查找朋友、亲戚和同事相关信息
RapLeaf （数据采集公司）	提供 80% 的美国电子邮件地址数据，使营销人员能非常容易地了解他们的客户及其联系方式，帮助品牌细分用户并做个性化推荐，提高客户服务体验。2013 年，被电子邮件服务商 TowerData 收购
Recorded Future （网络安全公司）	利用互联网捕捉用户的各类历史数据，并通过对这些数据的分析来预测其未来行为轨迹，为用户提供情报，进行品牌维护、风险管理和安全保障

资料来源：李振华，王同益. 数据中介的多元模式探析 [J]. 大数据，2022，8(4)：94-104。

（四）案例 D：数据云（以 Snowflake 为例）

2012 年，一个建立在公有云上的数据仓库公司 Snowflake 诞生了。Snowflake 在云上建立了一个高效、便于使用、性价比高的数据仓库，它利用云的弹性来帮助用户节约时间成本和经济成本。

如今，Snowflake已经从一个云数据仓库发展成为一个"数据云"。

数据云不只是一种技术，也不仅仅是把数据上云存储，它还是一种"云上云"的生态型商业模式。按照Snowflake的定义："数据云最终是一个由数千家企业和组织组成的生态系统，企业不仅连接自己的数据，还通过共享和消费，将数据、数据服务连接起来。"[①] 这一数据云模式可以用图5-3来展现。

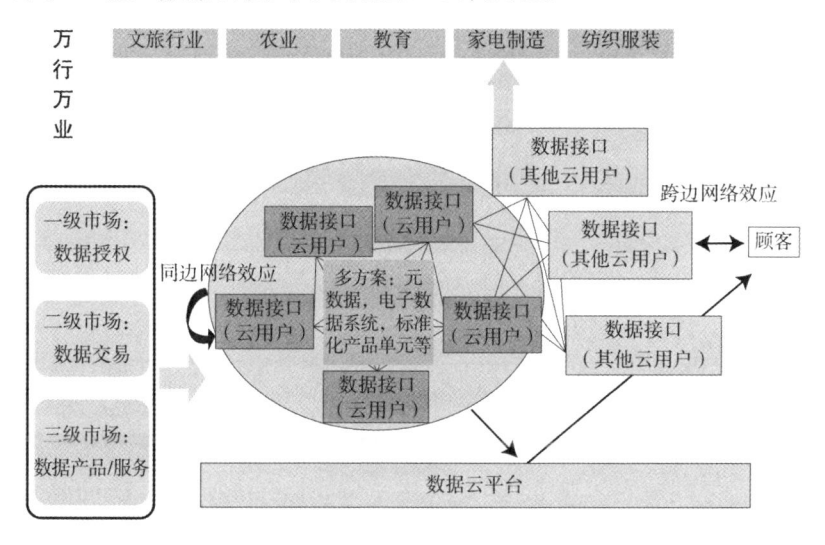

图 5-3　数据云模式

具体而言，Snowflake本身与亚马逊、谷歌和微软等多个云服务提供商合作，并租用了它们的云基础设施，处于多云架构之上。Snowflake的客户可以选择将数据存储在自己所偏好的云服务商上。与此同时，在客户购买了Snowflake的服务后，Snowflake不仅能

---

① 参见《消除数据孤岛、筑起Snowflake"护城河"，数据云是中台的下一站吗？》，载于https://www.sohu.com/a/647928242_355140。

够帮助客户存储和管理数据，还可以帮助客户分析数据，例如分析市场行情、产品动向等。目前，Snowflake 的典型客户已经涵盖了诸多行业，例如体育用品公司耐克、美国电信公司 AT&T、美国航空公司 JetBlue 和英国超市 Sainsbury's 等。以 Snowflake 为代表的数据云不仅有机会获得客户的数据，还能够为客户提供数据产品和服务，因此有望打通数据的三级市场。

当前，Snowflake 的技术架构是"云数仓"，分为三层。第一层是数据存储层，建在亚马逊、谷歌和微软等提供的存储服务上，用来存储表数据和查询结果；第二层是虚拟仓库层，建在虚拟机组成的弹性集群之上，负责执行客户的查询请求；第三层是云服务组件层，是 Snowflake 的"大脑"，包括并发访问控制、基础设施管理、优化器、事务管理、安全管理、元数据管理等组件。[①]

Snowflake 的数据云目前取得了可观的商业成绩，但是这还没有达到数据云这一商业模式的最理想状态。在最理想的状态下，不同云之间应当能够实现互联互通（例如让 Snowflake、Databricks、谷歌云、亚马逊 AWS、微软 Azure、德电云、阿里云、腾讯云和华为云之间实现互通）。用户们不仅可以在云上进行数据分析，而且还能相互调用所有云的接口，让不同云的用户之间能够进行数据交易，并形成强大的跨边网络效应。由此，云原生的数据能够形成一个天然的云上数据交易市场。如果这样的愿景得以实现，数据云这一商业模式将很有希望取得成功，并能够真正地贯通数

---

① 参见《Snowflake 将成为在云中变得更好的数据仓库》，载于 http://www.d1net.com/storage/news/560220.html。

据的三级市场，赋能万行万业。

当前的数据交易实践百花齐放，对应着多种市场层次、市场结构和交易模式。本节构建的多层次、多样化数据市场体系能够作为一个有效的分析框架来帮助我们理解数据要素市场。在数据市场培育中，特别是市场发展初期，应该坚持场内、场外交易模式并存，鼓励场内交易，规范场外交易。在数据交易的二级、三级市场中，除了场内交易外，需要建立多种场外交易模式，以弥补场内交易的不足，从而促进各种场景的各种数据要素的流通。未来，究竟何种数据交易模式能取得成功，还有待市场和时间的检验。

第六章　数据市场均衡[①]

市场均衡是指商品或服务的供给和需求达到平衡的一种状态。市场均衡的核心理论是由亚当·斯密和其他经济学家提出的供需理论，它描述了市场上的价格是由供给和需求的相互作用决定的。市场均衡在自由市场中是一个动态的概念，随着供给和需求条件的不断变化，市场价格也会相应地变化，以重新实现均衡。市场均衡分为一般均衡和局部均衡。一般均衡是指所有市场的供给和需求达到平衡的一种状态，而局部均衡是指单个市场或部分市场的供给和需求达到平衡的一种状态。市场均衡理论为数据市场均衡的研究奠定了理论基础。

---

① 本章作者：戎珂、廖凯诚。

第一节　数据市场均衡理论

根据市场均衡理论的原理，数据市场均衡是指在数据经济中，数据的供给和需求达到平衡的状态。与传统产品的交易不同，数据交易的过程会面临数据确权与收集、数据隐私与合规以及复杂价值链等问题，且买卖双方主要是通过数据交易平台来实现交易。由此可以看出，数据交易市场不仅充满了复杂性，还伴随着面临数据隐私和合规的挑战。

此外，数据交易以平台为中心，通常更加"去中心化"，且涉及多方参与者，包括数据供给方、数据需求方以及数据平台方，它们共同构成了复杂的生态系统。其中，数据供给方包括个人、企业、政府等数据所有者。数据需求方包括各类科研机构、数据驱动型企业等。数据平台方在不同的数据交易模式中扮演着不同的角色。例如：在以数据交易所为核心的交易模式中，数据平台方扮演撮合买卖双方达成交易的中介角色；而在以数据经纪商为核心的交易模式中，数据平台方则扮演数据供给方的角色。

一、数据市场均衡的前提

尽管数据交易市场类型多种多样，但其内部的市场结构与传统要素和产品市场一致，根据市场的竞争程度和市场参与者的数量分为完全竞争、垄断竞争、寡头垄断、完全垄断等。

数据要素市场均衡的前提假设与传统要素市场均衡的前提假设并不完全一致。与传统产品和要素市场均衡一致的是，数据市场均衡描述的也是供给和需求达到一个稳定状态的情况，只是把均衡设置在自由的数据要素市场中。不同在于，数据要素有别于传统生产要素，其具有敏感性、可复制性、动态非竞争性，以及利益相关方多元等特征。结合数据要素特征和传统经济理论的市场均衡假设，我们提出了几个决定数据市场均衡的前提假设，具体包含如下条件：

数据确权。数据确权作为数据产业链的第一个环节，是数据交易、流通乃至分配等环节的基础。[1][2][3]马克思指出："使用价值或财物具有价值，只是因为有抽象人类劳动对象化或物化在里面。"[4]在数据流通中，组织为寻求利润对数据进行加工，这种在数据上的社会必要劳动时间的投入，赋予了数据价值，使其成为具有财产属性的资产。[5]数据财产属性的产生必然伴随着数据权属问题的出现，而马克思的劳动价值论为数据确权提供了方向，即数据所有权应以组织所付出的劳动为基本准则。数据确权不仅让数据持

---

[1] DOSIS A, SAND-ZANTMAN W. The ownership of data [R]. ESSEC Working Paper, 2020.

[2] 申卫星. 论数据用益权 [J]. 中国社会科学, 2020(11).

[3] 曾铮, 王磊. 数据要素市场基础性制度：突出问题与构建思路 [J]. 宏观经济研究, 2021(3)：85-101.

[4] 资本论 [M]. 中共中央马克思恩格斯列宁斯大林著作编译局, 译. 北京：人民出版社, 2004.

[5] 赵需要, 姬祥飞, 侯晓丽, 等. 分工理论视域下数据要素流通的生发逻辑、内涵意蕴、市场路径及现实困境 [J]. 情报理论与实践, 2023, 46（9）：37-46.

有者能够凭借在数据获取和处理过程中所付出的金钱与劳动得到应有回报[1]，也便于监管部门对不正当竞争行为和数据垄断行为等进行认定与处罚。然而，由于数据要素有别于传统生产要素，且其通常涉及多个利益相关者，如数据主体、数据管理者及使用者等，所以当前数据确权问题依然存在很多争议，对于如何建立数据确权相关制度仍然没有形成统一的认识。数据产权不明晰将导致数据交易缺乏明确的法律依据，从而使得数据要素产生的收益缺乏分配的依据。因此，数据市场交易的前提是数据确权。

数据脱敏。 数据脱敏是指通过一定的技术手段对敏感数据进行处理，使得数据无法被用于对个人和组织身份的识别与还原，从而保护数据主体的隐私。数据中包含着个人、机构、企业和政府的隐私信息，具有高度的敏感性。因此，在数据的生产和交易过程中可能存在隐私泄露的风险，需要进行数据的脱敏处理。不仅如此，数据脱敏还能提高数据主体对数据交易的信任度，降低数据泄露和滥用的风险，提高数据交易的安全性和可信度，为数据交易提供法律法规上的保障，从而确保数据交易的合法性和合规性。

数据标准化。 数据流通市场的准入标准是数据符合可界定、可流通、可定价和可交易原则。数据标准化是确保数据符合流通市场的准入标准的重要前提。数据标准化是指将数据转换为相同的格式、结构和质量，以便使数据能够在不同主体之间进行交换、

---

[1] 赵鑫.数据要素市场面临的数据确权困境及其化解方案[J].上海金融，2022(4)：59-68.

共享和整合。在数据交易市场中，数据供应商和需求方需要相互交流和协商，以确定数据的价格、质量和交付方式等信息。如果数据不经过标准化处理，数据之间的格式、结构和质量可能会存在差异，这将导致数据的可比性和可替代性变差。数据该卖多少钱，数据要怎么交易，这些问题在每一次数据交易中都要重新构想，增加了交易的难度和成本。同时，不同数据的质量差异也会影响数据的交易价格和需求量，导致市场供需的不平衡和不稳定。经过标准化处理以后，数据具有了相同的格式、结构和质量，这使得数据供应商和需求方可以更容易地进行协商和交易。此外，数据标准化还可以提高市场的透明度和效率，使得市场价格更加公正合理，数据供应量和需求量更容易匹配，从而促进数据市场的均衡和发展。

信息完全。这里的信息完全主要表现为两个方面：第一，对于数据这类信息要素而言，在数据市场交易过程中常常存在"信息悖论"的问题，即由于买方在数据交易前并不了解该数据资产的详细信息，而一旦了解了数据信息，就不需要再购买数据信息了。这就意味着，在数据信息交易过程中很难实现像传统产品一样"一手交钱，一手交货"的买卖关系。因此，要保障数据市场交易的顺利进行，就需要制度和相关技术上的监管与支持。第二，与传统产品和要素的交易一样，在数据交易中，如果各方参与者所掌握的信息不对称，就会导致市场出现信息不对称的情况，从而导致数据交易出现非均衡状态。例如，在健康保险行业，保险公司可能希望购买个体健康数据以更精确地为保险产品定价，个体往往不具备和保险公司相同的数据访问权限和分析能力，而保险公司拥有更多关于客户的信息，这可能导致不公平的定价和保险条件。

竞争性市场。在传统经济学理论中，竞争性市场是有效市场形成的前提假设，具体表现为市场中有足够的生产者和消费者，每个参与者都是价格接受者，即他们的行为不能影响市场价格。在数据交易市场中，同样存在竞争性市场假设。这是因为只有在竞争性市场的假设下，各方参与者的市场地位才是对等的，参与者之间存在着相互竞争、相互制约的关系。在这种市场环境下，数据供给方需要不断提高数据的质量、价值和服务，以吸引更多的消费者，而数据需求方则需要在有限的资源下选择最具有竞争力的数据供给方。因此，竞争性市场环境可以推动数据市场实现公平、透明、高效的数据交易和资源配置，推动交易价格达到市场均衡价格。

无外部性。数据交易市场的无外部性表现为，数据交易市场上的交易仅影响交易双方本身，而不会对其他人产生任何外部影响。如果数据交易无外部性，则说明市场价格无法反映供需关系，此时的价格只能反映交易双方之间的买卖价格，而不会对其他人产生影响，导致市场价格偏离均衡状态。

无交易成本。无交易成本表现为，买卖双方在数据市场上交易的成本为零，即不存在任何的手续费、税费或其他交易成本，任何数据供应者和需求者之间可以自由地进行数据交易。在有交易成本的情况下，市场参与者往往会考虑交易成本是否高于预期收益，如果交易成本过高，可能会影响市场交易的发生和完成，从而影响市场的供求关系和价格形成，导致市场价格偏离均衡价格。

有效监管。有效监管是指监管机构对数据市场的各方参与者和市场行为进行监督和管理，并对违规行为进行惩罚和制裁。数据市场的建立，依赖于完善的市场制度和监管制度体系。在数据市场中，缺乏有效的监管机制和规则，将导致市场参与者的行为不规范、市场秩序混乱，从而影响数据市场的健康发展。由此可见，有效监管可以促进市场公平、透明、有序发展，保障数据主体的权益，降低数据交易风险，提高数据交易的可靠性和可信度。

二、不同市场结构的数据市场均衡

正如前文所述，市场均衡是指存在某个均衡价格，使得供给与需求相等。当处于任何其他价格时，市场要么存在超额需求，要么存在超额供给。在供给曲线向右上方倾斜而需求曲线向右下方倾斜的常见情况下，超额供给导致价格下降，而超额需求会使得价格上涨。当价格停留在均衡价格时，不存在使价格上涨或下降的压力。数据市场均衡，也表现为市场均衡价格由数据的供给与需求决定。然而，由于不同的市场结构存在不同的供需关系和价格形成机制，所以数据市场均衡模型存在多样性。根据市场结构和数据交易模式的特点，我们整理了六种不同类型的市场均衡模型（见表6-1）。

表 6-1 市场均衡模型

市场结构	市场结构特点	市场均衡点表现
完全竞争市场	单个买者和卖者都无法控制价格	供给曲线与需求曲线共同决定市场均衡，在均衡价格下，需求量等于供给量
垄断竞争市场	有大量的卖方和买方，每个卖方都有一定的市场份额，它们之间通过价格竞争来获得更多的市场份额	短期，存在超额利润，但长期，市场会回归到零超额利润的均衡状态
寡头垄断市场	少数几家数据供应商占据市场主导地位，但是市场中存在多个竞争对手	短期，存在超额利润，但长期，市场会回归到零超额利润的均衡状态
完全垄断市场	市场上只有一个供应商占主导地位	完全垄断企业是价格的制定者
单一买方市场	市场上只有一个买方，而供给方有多个的市场形式	由于买方在市场上的垄断地位，市场需求曲线相对更加垂直，因为买方可以影响价格，使得价格随着需求变化而变化
双边市场	在双边市场中，市场供给曲线和需求曲线都不是单一的曲线，而是由两个群体的需求和供给曲线组成的	市场上的均衡点不仅取决于供给和需求的均衡，还取决于两个群体之间的网络外部性

资料来源：作者整理。

完全竞争市场的供需模型。该模型强调在完全竞争市场中，单个买者和卖者都无法控制价格。供给曲线是一条向右上方倾斜的曲线，表示市场价格越高，生产者越会增加数据的供给。需求曲线是一条向右下方倾斜的曲线，表示市场价格越高，消费者越会减少购买数据的需求。供给曲线与需求曲线共同决定市场均衡，在均衡价格下，需求量等于供给量。这是最基本的市场均衡模型，也是理想状态下的市场均衡模型。

垄断竞争市场的供需模型。在垄断竞争市场中，有大量的卖方和买方，每个卖方都有一定的市场份额，它们之间通过价格竞争来获得更多的市场份额。在这种市场中，产品具有一定的差异化，因此，买方具有一定的选择空间。垄断竞争市场的需求曲线也富有弹性，说明价格上涨会导致消费者转向其他替代品。同时，由于这种市场的进入门槛较低，新卖方可以轻易进出市场。因此，在垄断竞争市场中，卖方通常会使用广告和差异化策略来增加销量。就成本而言，在垄断竞争市场中，每个卖方生产的成本可能不同，因此存在着多个成本曲线。在短期内，垄断竞争市场中的卖方可能存在超额利润，但由于进出市场自由，新卖方的涌入会逐渐消耗掉超额利润；从长期来看，市场会回归到零超额利润的均衡状态。

寡头垄断市场的供需模型。寡头垄断市场表现为少数几家数据供应商占据市场主导地位，但是市场中存在多个竞争对手。在寡头垄断市场中，每个数据供应商的市场份额都较大，它们之间可以通过价格和非价格竞争来争夺市场份额。与完全竞争市场相比，寡头垄断市场存在较高的市场集中度，价格和产量的水平也受到市场主导者的控制，但相对于垄断竞争市场，消费者仍有更多的选择。在寡头垄断市场中，供需关系仍然是决定市场均衡状态的关键因素，但是由于市场主导者的存在，市场均衡状态通常会偏离完全竞争市场的理论预期。由于市场中有少量的卖方，消费者的需求相对缺乏弹性，即使价格上涨也不会导致消费者转向其他替代品。就成本而言，寡头垄断市场同样存在着多个成本曲线。

卖方也能通过价格和产量的决策来最大化其利润，但也需要考虑其他卖方的反应。在短期内，寡头垄断市场中的卖方可能存在超额利润，但随着新卖方进入或者原有卖方增加产量，超额利润会逐渐被消耗；从长期来看，市场会回归到零超额利润的均衡状态。此外，寡头垄断市场中的卖方通常会采取价格歧视策略，即针对不同的市场细分制定不同的价格和销售策略，以增加销售收入。

完全垄断市场的供需模型。完全垄断市场表现为市场上只有一个供应商占主导地位，即一个供应商控制整个市场。在这种情况下，完全垄断企业是价格的制定者，它可以自行决定自己的产量和销售价格，并由此使自己的利润最大化。可见，完全垄断市场的需求曲线和供给曲线都是唯一的。完全垄断企业可以根据获取利润的需要在不同销售条件下实行不同的价格，即实行价格歧视。

单一买方市场的供需模型。单一买方市场是指市场上只有一个买方，而供给方有多个的市场形式。在这种市场中，市场供给曲线通常是相对水平的，因为买方的需求相对不变，而供给方则在竞争中寻求市场份额。与此同时，由于买方在市场上的垄断地位，市场需求曲线相对更加垂直，买方可以影响价格，使得价格随着需求的变化而变化。在这种情况下，买方会强烈地倾向于谈判价格，导致价格水平下降。然而，在单一买方市场中也可能出现供应限制的情况，因为供应方面需要考虑到市场份额和利润的均衡。因此，对于单一买方市场供需模型特点的了解，是理解市场运作机制的重要组成部分。

双边市场的供需模型。由于数据交易常常发生在各平台之间，因此，双边市场也是数据交易市场的常见形式。所谓双边市场是指涉及两个独立的市场，即买方市场和卖方市场。在双边市场中，市场供给曲线和需求曲线都不是单一的曲线，而是由两个群体的需求和供给曲线组成的。因此，双边市场的供需曲线具有交叉弹性，表现为买方市场的需求量取决于卖方市场的供应量，而卖方市场的供应量取决于买方市场的需求量。这意味着，当一方群体的数量或需求发生变化时，不仅会影响该群体的价格和数量，还会对另一方群体的价格和数量产生影响。在双边市场中，市场上的均衡点不仅取决于供给和需求的均衡，还取决于两个群体之间的网络外部性，即一个市场上的参与者数量增加，会吸引更多的参与者加入，从而增加市场规模和价值。双边市场存在双重定价，即卖方通常要向买方收取费用，同时卖方还要制定商品或服务的价格。此外，卖方可能会通过价格歧视来获得最大利润。双边市场中可能存在多个均衡点，因为双边市场的参与者数量和交易费用等因素都会影响市场均衡。

三、自由数据市场的市场均衡机制

前文提到数据市场的市场均衡价格是由交易市场的数据供给曲线与需求曲线决定的。因此，我们可以重点讨论数据交易市场的供给和需求是如何影响数据市场均衡的。图 6-1 描绘了自由数据市场的市场均衡机制。在图 6-1 中，我们假定一个自由数据交易市场

的供给量 Q_s 与市场价格 P 之间的关系为：

$$Q_s = c + d \times P$$

c 表示 P 为 0 时的数据供给量，弹性 d 表示价格变动引起的供给量的变动。

需求量 Q_d 与市场价格 P 之间的关系为：

$$Q_d = a - b \times P$$

a 表示 P 为 0 时的数据需求量，弹性 b 表示价格变动引起的需求量的变动。根据市场均衡机制，市场均衡点是供给等于需求，也就是说，市场均衡点是供给曲线 S 和需求曲线 D 的交点，此时的均衡价格为 P_2，取值为 $\frac{a-c}{d+b}$。

当市场的某些外部条件发生变化时，供给曲线和需求曲线会随之变化，而市场均衡点也会发生相应的变化。例如，数据收集成本的上升会导致供给曲线 S 向左上方移动至 S_2，这一移动导致了市场均衡点沿着需求曲线 D 向左上方移动，表现为均衡价格上升，但均衡数量有所下降，此时的均衡价格为 P_6。相反，数据开发成本的下降会导致供给曲线 S 向右下方移动至 S_1，市场均衡点会沿着需求曲线 D 向右下方移动，表现为均衡价格下降，均衡数量上升，此时的均衡价格为 P_7。

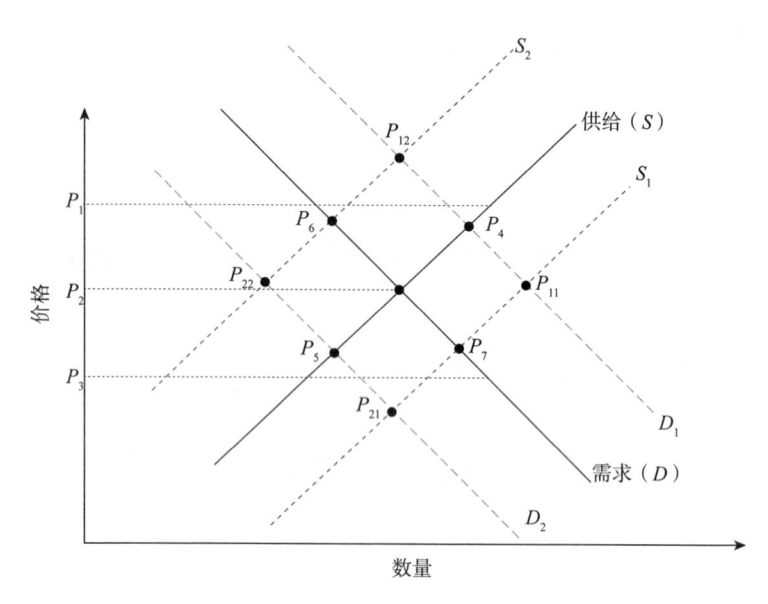

图 6-1 自由数据市场的市场均衡机制

资料来源：作者绘制。

当数据替代品的价格上升时，需求曲线 D 会移至 D_1，这一移动导致市场均衡点沿着供给曲线 S 向左上方移动，表现为均衡价格和均衡数量均提升，此时的均衡价格为 P_4。当数据互补品的价格上升时，需求曲线 D 会向左下方移至 D_2，这一移动将导致市场均衡点沿着供给曲线 S 向左下方移动，表现为均衡价格和均衡数量均下降，此时的均衡价格为 P_5。

此外，商品价格本身的变化也会引起均衡价格沿着供给曲线或需求曲线移动。例如，如果数据的初始价格为 P_1，此时的市场会出现超额供给，市场均衡未能实现，因此，数据供应商会把价格 P_1 降至 P_2，以增加销量，从而实现供给与需求的匹配。相反，如果数据的初始价格为 P_3，此时的市场会出现超额需求，因此市场均衡也未能实现，数据供应商会增加供给数量，供给量的上升会导致价格由 P_3 上升至 P_2，市场均衡点又会回到供给曲线与需求曲线的交点上。

在现实中，供给曲线和需求曲线是同时变动的，图 6-1 中各虚线的交点就是供给曲线和需求曲线变动后形成的新的市场均衡点。例如，P_{12} 是供给曲线向左上方移动和需求曲线向右上方移动的结果，P_{11} 是供给曲线向右下方移动和需求曲线向右上方移动的结果。供给曲线的移动是由生产成本（数据收集、脱敏、标准化等成本）的变动或技术进步等因素导致的。而需求曲线的移动是由某种相关商品（替代品或互补品）的价格变化或者消费者的收入变化等因素导致的。

第二节　数据一级市场定价

在数据市场交易中，数据定价是指以成本为基础，在特定市场结构中实施供需匹配定价。在一级市场中，企业从事数据的授权、采集和归集的工作，并将原始数据转化成可以进行交易的数据资源，而转化的成本成为企业定价主要考虑的因素。

一、数据一级市场定价策略

企业数据供给策略的准则是以最小的成本实现利润最大化。因此，在一级市场定价过程中，会计学成本法是重要的定价方法。

图 6-2 展示了一级市场供给端的企业生产成本情况。从图 6-2 中可以看出，企业生产成本可以从企业生产函数和数据产品特性两个方面进行测算。这也意味着企业可以有两种不同的定价策略：一是基于企业生产函数的定价模式，即考虑数据挖掘成本、脱敏成本、标准化成本、运储成本、隐私风险；二是基于数据产品特性的定价模式，即将数据视为资产，从可变成本和固定成本两方面进行成本核算。

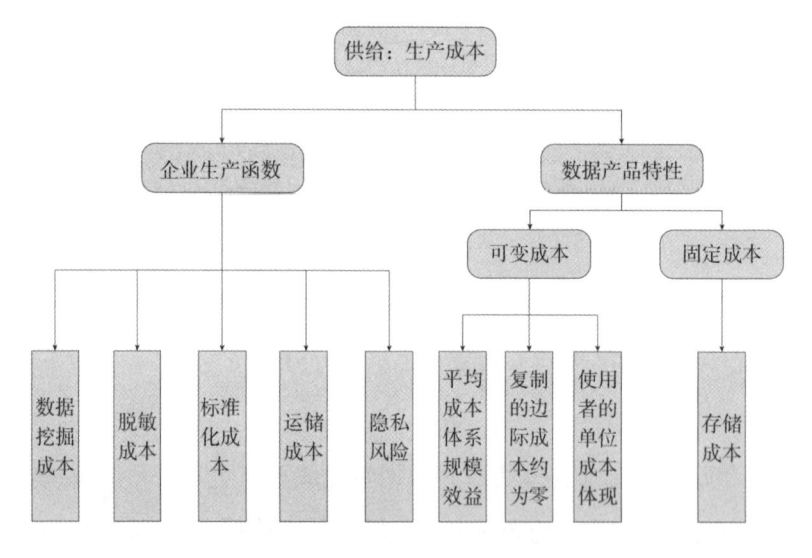

图 6-2 一级市场的企业生产成本

成本法是会计学资产定价方法的一种常用定价法，是指以生产成本为基础，并通过计算数据的生产成本来确定数据资产的价值。生产成本主要包括存储、运输、劳务、外包、开发、采集、处理等历史成本。一方面，采用成本法定价具有客观性，不受市场价格波动的影响；另一方面，成本法都是基于历史成本，因而无法体现数据未来的发展潜力。因此，采用成本法定价往往会低估数据的价值。虽然成本法存在低估数据价值的可能性，但其操作简单，定价成本较低，在如今需求方对效用的评价难以获得且供给方存在技术带来的垄断势力的情况下，成本法仍是最常用的方法。[1]

现有的成本法定价方法主要包括直接成本法、间接成本法、标准成本法和作业成本法。其中，直接成本法是指将直接与数据生产相关的成本（如劳动力、数据授权成本）作为计算资产成本的基础。间接成本法是指将间接与数据生产相关的成本（如数据存储成本、数据的销售成本、折旧成本等）分摊到各个数据资源产品中，再计算资产成本。标准成本法是指以标准成本为基础，计算出单个数据资源产品的生产成本，以此确定资产的成本。作业成本法是指将成本分配到每个流程作业环节中，再将作业的成本分摊到各个数据资源产品中，以此计算资产成本。

---

[1] GHOSH A, ROTH A. Selling privacy at auction [J]. Games and Economic Behavior, 2015, 91(5):334-346.

二、数据一级市场定价的实践应用

目前，由于易于操作，成本法的应用较多。例如，加拿大统计局采用成本法的估计方法，用劳动力成本的数据估计数据资产的价值。[①] 具体来说，加拿大统计局首先在国家职业分类（NOC）体系中筛选出与数据相关资产（具体包括"数据"、"数据库"以及"数据科学"）的生产有关的职业，并对各职业在生产数据资产上耗费的工作时间占比给出假设，作为各自生产数据时直接劳动力成本的权重。此外，设定总工资成本的50%为间接劳动力成本和其他成本之和，并附加一个3%的加成作为对资本服务的衡量。通过加总以上各项成本，我们便可估算出对数据相关资产投入的价值。估计结果显示，加拿大在2018年对数据资产的投入为295亿~400亿美元。其中，在"数据"上投入94亿~142亿美元，在"数据库"上投入80亿~116亿美元，在"数据科学"上投入120亿~142亿美元。从存量上看，2018年加拿大的数据净资产存量为1 570亿~2 170亿美元，占非住宅建筑、机器设备以及知识产权净资产总存量的6.1%~8.4%，占知识产权净资产存量的68.9%~95.2%。其中，"数据"存量为1 050亿~1 510亿美元，"数据库"存量为190亿~270亿美元，"数据科学"存量为340亿~400亿美元。

[①] Statistics Canada. The value of data in Canada: Experimental estimates[R]. Statistics Canada, 2019.

第三节　数据二级市场定价

二级市场是数据要素市场,也是介于一级市场和三级市场之间的数据交易市场,其具有一级市场和三级市场的大部分特点,但又不同于一级市场和三级市场。在定价时,相对于一级市场,二级市场还需要考虑要素市场结构;而相对于三级市场,二级市场又必须充分考虑数据获取成本。

一、数据二级市场定价策略

在数据二级市场中,定价策略既要考虑数据要素的成本,也要兼顾数据市场的结构。图6-3展示了二级市场的市场结构及定价策略。在完全竞争市场中,有大量的买家和卖家,数据要素产品存在同质化现象,数据要素的市场价格由市场供求关系决定。因此,企业通常是以市场价格为基础,采取价格接近边际成本的定价策略,以确保市场份额。在寡头垄断市场中,有少数几家数据供应商控制市场。在这种情况下,尽管企业之间存在一定程度的竞争,但它们仍能对市场价格产生一定的影响。这时企业的定价策略可能包括协议定价、价格领导和价格战略等。例如,智能手机市场上的几家主要厂商会互相观察对方的定价策略,然后根据市场需求和竞争情况做出相应的定价调整。在完全垄断市中，只有一个数据供应商控制市场。这种情况下，企业的定价策略是根据市场需求弹性和成本曲线来制定的，通常会通过提高商品价格来使其利润最大化。在寡头竞争市场中，市场结构由相互竞争的数据供应商构成。在这种情况下，企业的定价策略可能包括定价差异化、产品差异化和非价格竞争等。例如，在汽车行业的豪华汽车市场中，几家知名品牌通过产品差异化和品牌形象来吸引消费者，其定价根据不同产品的特点和市场需求而有所差异。

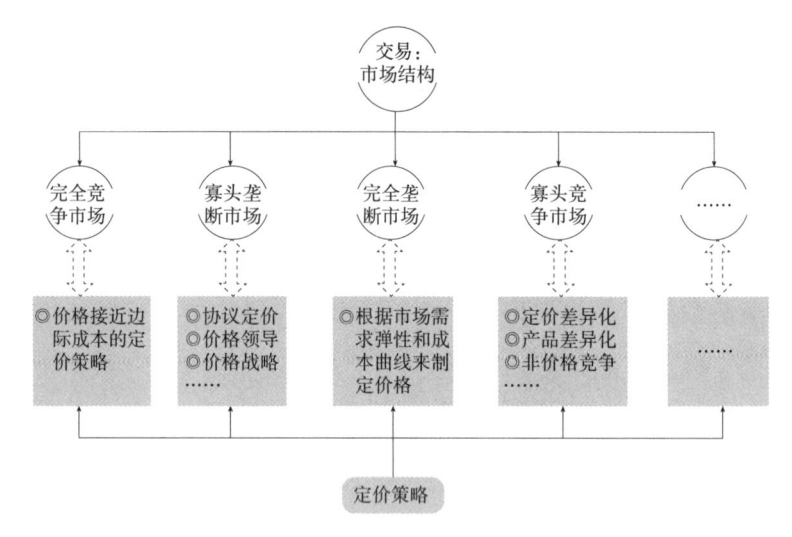

图 6-3 二级市场的市场结构与定价策略

此外，在不同市场结构（单边或双边、垄断或竞争）中，数据产品的定价问题还需要考虑买卖双方的互动策略。因此，理论界与业界对数据产品定价问题的研究主要以博弈论为主要参考。博弈论可主要用于研究数据交易买卖双方、市场主体之间的互动决策，并进一步在机制设计领域进行应用——常应用在需求方有限、可竞价或需求方对产品表现出较高支付意愿时的拍卖。例如，刘康等人基于物联网数据，采用斯塔克尔伯格模型最优化需求方和中标者效用，提出利用云计算、区块链技术完成最优定价。[①]由于数据产品具有价值多样性的特点，因此在数据交易市场中数据产品消费者的异质性更高。此外，对数据产品进行定价时，我们还需要关注数据产品本身的协同性和自生性在面对需求方异质性时的情况。[②]

总之，从市场结构看，我国的数据交易定价仍以卖方报价为主，受市场势力的影响很大，整个产业链都需要和数据资源开发方进行协商。对于数据分析企业而言，平台型头部企业既是提供原始数据资源的"上游"，也是与之竞争同一片市场的"对手"。既是数据资源开发方又是数据服务提供方的平台，因其不可替代而市场势力较强，成为价格领导者；而仅作为数据服务提供方的数据分析企业则由于可替代性强而市场势力较弱；此外，数据交易中介也同样处在竞争的状态中。

[①] LIU Kang，QIU Xiaoyu，CHEN Wuhui，CHEN Xu，ZHENG Zibin. Optimal pricing mechanism for data market in blockchain-enhanced internet of things[J]. IEEE Internet of Things Journal, 2019, 6(6):9748-9761.

[②] WANG R Y, STRONG D M. Beyond accuracy: What data quality means to data consumers [J]. Journal of Management Information Systems, 1996, 12(4): 5-33.

二、数据二级市场定价的实践应用

作为全国第一家大数据交易所，贵阳大数据交易所于2015年开始挂牌运营，通过自主开发的大数据交易平台，撮合客户进行大数据交易。截至2023年3月7日，贵阳大数据交易平台已注册数据供应商497家，其中省内数据供应商232家，约占总数的46.68%，省外数据供应商265家，约占总数的53.32%；已上架800个数据产品，完成373笔交易，交易金额为6.345 5亿元。数据相关产品507个，约占总数的63.4%；算法工具数达到126个，占总数的15.75%；算法资源167个，约占总资源的20.9%。[①]

数据流通与普通商品流通有着完全不一样的特征。普通商品大多有一个相对固定的价格，而数据由于各行各业企业对其的需求不一样，同样的数据对不同的企业而言有着不同的价值。为了应对数据市场的多样化需求，我们应当探索数据的合理定价方式。贵阳大数据交易所根据数据品种、时间跨度、数据深度、数据实时性与完整性以及数据样本的覆盖度等，制定了数据定价的三种模式：协议定价，固定定价，实时定价。在交易过程中，卖方的数据可以卖给很多个需求者，而买方在交易所购买的数据则是融合了众多数据卖方的数据源。

不同类型的数据，其价格机制也不一样。实时定价主要取决

---

① YE Yuting, ZHOU Ailin, SHI Xinwei, HUANG Cheng. A SEED model for constructing the data factor market: Evidence from Guiyang Global Big Data Exchange (GBDEx) in China[J]. Journal of Digital Economy, 2022, 1(3):273-283.

于数据的样本量和单一样本的数据指标项价值，随后通过交易系统自动定价，价格实时浮动。数据交易的最终价格是由交易所撮合数据买卖双方来确定的。此外，贵阳大数据交易所还设立了数据交易撮合部，它主要对价格进行协调，并为形成健全规范的商业数据交易、交换机制，促进商业数据资产流通，创造公平可靠的交易环境做出贡献。在国家发展改革委价格监测中心的指导下，贵阳大数据交易所自主研发的全国首个"数据产品交易价格计算器"（如图6-4所示）上线，为数据交易买卖双方议价提供了参考，补全了"报价—估价—议价"的价格形成路径中的关键环节，促进了数据要素高效配置、公平贸易和自由流动。

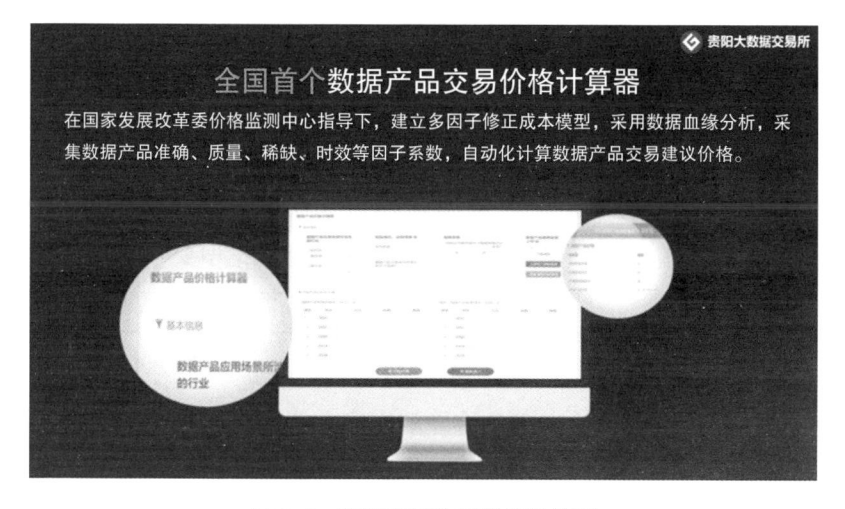

图 6-4 数据产品交易价格计算器

资料来源：https://dsj.guizhou.gov.cn/xwzx/snyw/202302/t20230220_78257884.html。

第四节　数据三级市场定价

数据交易的三级市场与传统的产品市场和要素市场非常相似，表现为市场上存在丰富的产品和多样的买方与卖方。数据三级市场上的买方异质性很强，市场结构相对复杂。因此，在三级市场中，定价策略主要是以需求为导向，定价过程中应多考虑用户的需求。

一、数据三级市场定价策略

三级市场的数据场景多样、价格受多种因素影响，因此需要通过多种定价机制来促进多主体参与，以满足不同场景下数据买卖双方的需求（如图6-5所示）。基于经济学理论中要素定价理论和定价方法，目前数据市场已经探索了多种具体的数据定价机制，具体包括：固定定价、差别定价等静态定价机制，以及自动实时定价、协商定价、拍卖式定价等动态定价机制。其中，固定定价是指数据提供方在交易平台上设定固定的销售价格，这主要考虑了数据成本、市场供需情况等。其优势主要体现在交易成本低，比如交易双方的沟通成本低；其局限性也比较明显，体现在使用范围较小，在成本不容易确定、市场波动较大时难以定价。差别定价是指针对不同的数据需求者设定不同的价格，不同的需求者会以不同的价格购买同样的数据产品。这种定价机制常见于数据垄断情形，相当于价格歧视。然而，由于数据价值存在买方异质性，所以一定程度的差别定价可能存在一定的合理性。

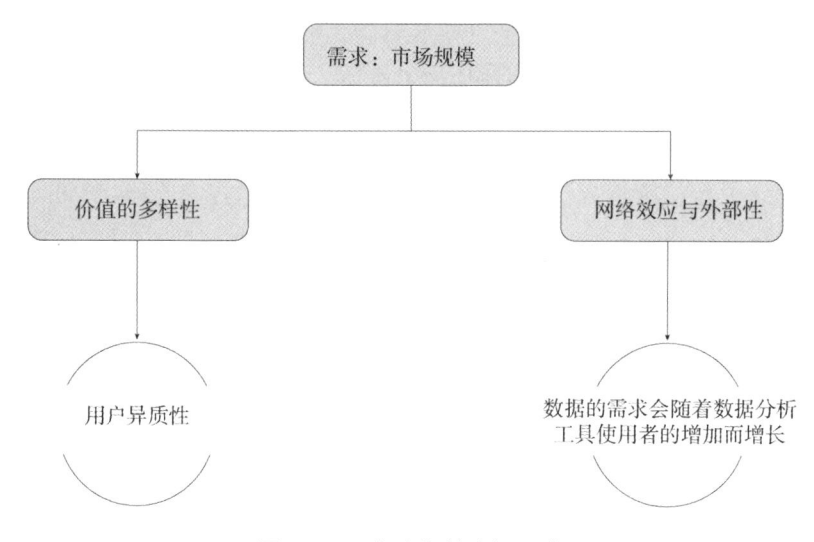

```
                    需求：市场规模
                   ┌─────┴─────┐
              价值的多样性      网络效应与外部性
                   │                │
               用户异质性       数据的需求会随着数据分析
                                工具使用者的增加而增长
```

图 6-5　三级市场的市场需求

自动实时定价是指交易所或交易平台针对各种数据产品/服务设定一个定价模型。在这种模式下，交易平台会自动计算出价格并撮合数据供需双方交易。其优势在于系统自动定价，促进数据供需双方交易；其不足在于实施难度较大，定价模型很难构建。这种定价机制对交易所的要求比较高，比如在算力、算法等方面。拍卖式定价是指通过拍卖的形式确定数据价格。这种形式一般适用于一个卖家、多个买家的情况。由于目前数据安全要求的提高，数据一般都经过了脱敏等处理，买卖双方难以确定数据的价格。此时，拍卖就提供了一个很好的定价和交易方式，这种方式有利于制定一个较高的销售价格,从而激励数据提供者转让和共享数据。协商定价是指数据买卖双方经过协商来确定一个大家都接受的价格。这种定价方式比较简单,但要求交易双方对数据价值有一个共识,交易成本可能比较高,协商过程需要投入很多时间,而且很多数据交易可能协商不成功。

此外,鉴于三级市场买方异质性较强,现有学者针对数据市场设计了新的定价方法——信息熵定价法。根据香农(1948)的信息论,信息熵表示信息中排除冗余后的平均信息量[①],是与买家关注的某事件发生的概率相关的相对数量。熵越大,信息内容的有效性越大,交易价格越高。事件的不确定性越大,则信息熵的值就越大,也就是确定一个事件所需的信息量就越大。信息熵定价模型是指基于信息论理论,通过对信息的不确定性进行量化来确定产品价格。其核心思想是,在信息量相同的情况下,信息的不确定性越大,其价值就越高,对应的价格也越高。具体的信息熵公式如下:

$$H = -\sum_{i=1}^{k} p_i \ln p_i$$

其中,H 为信息熵,p_i 为各种可能结果的概率。事件不确定性越大,其信息熵越大。

[①] SHANNON C E. A mathematical theory of communication [J].The Bell System Technical Journal, 1948, 27(3).

在信息熵定价法中，数据价值取决于信息熵的大小，信息熵越大，数据价值越高。数据的信息熵定价法，需要考虑单位数据所含的隐私、供给价格等因素。信息熵定价法本质上也是一种动态定价法，其充分考虑了数据资产的稀缺性，强调数据的信息量、分布。但是，这种定价法存在很多局限，比如操作难度大、适用范围有限、不能完全代表数据质量等。

二、数据三级市场定价的实践应用

三级市场是数据产品/服务的交易市场，与传统产品/服务的市场相比，数据交易的三级市场具有较强的买方异质性。因此，企业提供的数据服务多为各类定制化服务，比如广告服务、定位服务等。数据服务的"交易"可以以市场化商业模式展开，通过企业间的谈判和业务合作来完成。市场化交易中的主体主要包括提供数据的平台和数据用户，他们最终成为小规模、智能定制化数据产品市场的主体。

在现实中，中国某互联网平台企业为国外某快餐企业提供数据服务的案例，就是典型的智能定制化数据产品市场交易方案。该互联网平台企业是一家领先的科技公司，拥有丰富的用户数据资源和强大的数据分析能力，其服务对象是全球知名的快餐连锁企业。该互联网平台企业利用自身的数据资源，通过分析用户的定位数据获取用户在不同时间和地点的分布情况，包括分布密度、消费能力、消费习惯等信息。快餐企业则通过支付市场化的价格向该互联网平台企业购买这一数据服务。这些数据为快餐企业提供了重要的市场洞察和选址决策的依据。

具体而言，该互联网平台企业可以根据快餐企业的需求，针对不同城市、区域和街道进行定位数据分析，评估潜在的消费者规模和竞争对手情况，从而为快餐企业提供一些选址方案。在定价方面，互联网平台企业对数据产品的定价考虑了数据的价值、分析的复杂程度、所需的人力成本以及市场竞争情况等因素，最终双方共同商定了一种合理的定价模型。通过互联网平台企业提供的数据产品/服务，快餐企业能够更准确地了解消费者的行为和偏好，做出更明智的选址决策。这样的合作案例体现了数字产品与实体企业之间的紧密结合，同时也展示了数据产品定价在合作中的重要性。

综上所述，数据市场定价是指在市场经济体系中，通过供求关系和其他影响因素来确定数据要素、数据资产或数据产品/服务的价格。数据市场定价既涉及数据交易价格的形成，又反映出购买者对交易数据的价值认知，同时也提供了价格信号。数据交易价格的形成是通过买家和卖家之间的交易来决定的，供求关系是主要的价格形成机制，供需关系决定了价格的上涨或下降。市场交易价格反映了人们对商品或服务的价值认知，购买者愿意支付的价格反映了他们对该商品或服务价值的认可程度。此外，市场交易价格还提供了有关市场条件的信息，价格上涨暗示着供应不足或需求增加，而价格下降可能意味着供应过剩或需求下降。

数据市场是一个特殊的市场，数据在其中作为商品或资源被用来买卖和交换。数据市场定价与数据市场层次和市场结构紧密相关，图6-6展示了多层次数据市场和不同市场结构下的定价策略。

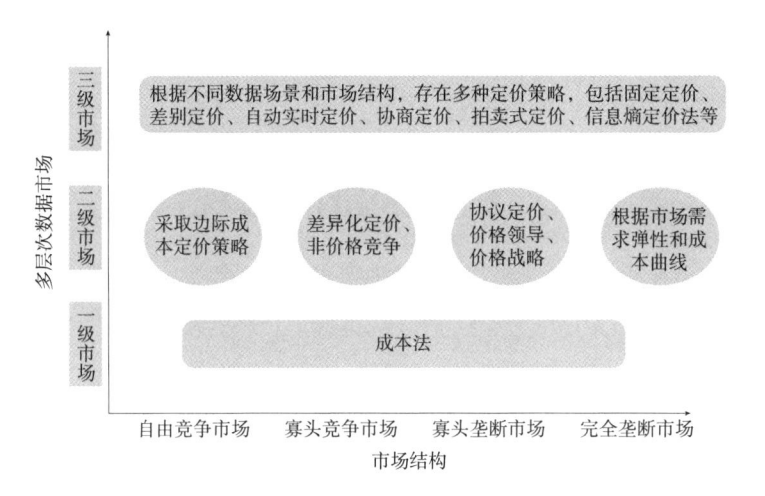

图6-6 多层次数据市场与不同市场结构下的定价策略汇总

第七章　数据经济的宏观目标[①]

数据经济的发展在微观层面提高企业效率和效益、中观层面改善市场结构和降低交易成本的同时，也必然会影响一国经济发展的宏观目标。与此同时，传统经济学中的经济增长、物价水平、劳动力就业以及国际收支等宏观政策变量也将发生新的改变。

第一节　数据经济与经济增长

对经济增长的关注贯穿于人类经济发展史。在数字技术广泛应

---

① 本章作者：戎珂、寇宏伟。

用、数据要素价值被深度挖掘的新时代，数据经济将如何影响经济增长是本节需要分析探讨的一个重要问题。

一、数据如何影响宏观经济

人类经济社会的发展史是生产力前沿不断突破、生产要素概念不断拓展的历史。"土地为财富之母，而劳动则为财富之父和能动的要素"[1]，农业经济时代土地与劳动力是最主要的生产要素。进入工业时代后，资本焕发出强大的生机和活力。随着资本在全球的流动与配置，全球化浪潮滚滚而来，资本成为这一时代最具代表性的生产要素。资本重要性凸显的背后是历次工业革命中技术的突破式创新，如何不断推进技术进步、提升技术要素水平以获取新的增长动力，成为小至企业大至国家都必须回答的重要命题。20世纪60年代末，美西方国家出现数字革命，与数字技术的发展同步，数据要素对经济增长的贡献日益递增，生产要素的概念也拓展至五元论（劳动力、土地、资本、技术与数据五种生产要素）范畴。

不同生产要素的投入规模及其配置方法决定了最终的经济总量及其增速。从直觉来看，不断提升生产要素投入总量必然带来经济总量的提升，而这也将带来全社会所共同关注的经济增长。然而，世界运行的底层逻辑与实践经验表明，持续经济增长并没有

---

[1] 威廉·配第. 赋税论[M]. 陈冬野，等译. 北京：商务印书馆，1978.

那么容易实现。稀缺性是首要难题。无论是土地、劳动力，还是资本与技术，均存在供给有限而仅能流向边际收益最大的去处的问题。对于部分国家而言，其部分生产要素供给甚至在下降。据统计，截至2020年，日本人口已连续11年负增长，劳动力人口下降趋势短期内难以扭转。报告显示，从全球来看，土地、土壤、水资源等资源已濒临极限，2000年到2017年间人均用地面积减少了20%。到2030年，世界已无法实现消除饥饿和一切形式营养不良的目标。①

即使传统生产要素能够持续扩大投入，其对经济增长的拉动力也在明显下降。从全球来看，由于人均用地面积的持续缩小以及世界主要经济体城镇化水平的普遍提高，土地对经济增长的拉动空间已明显缩小。虽然部分低收入国家人口增长率仍处于相对稳定范围，但在劳动力人口规模与人力资本发展水平共同决定劳动力总体水平的这一事实下，世界人口总规模增速的下降实际上也揭示了一个无法辩驳的事实：全球人口红利正在消失。就资本要素而言，近年来资本形成总额在全球GDP中所占份额日趋下降，资本对经济增长的直接拉动作用已开始减弱。

数据要素成为当前拉动经济增长的重要动力。区别于传统生产要素，数据要素打破了资源的稀缺性、损耗性限制，能够无限供给。数据要素非竞争性、有限排他性、递增的边际收益以及趋于零的边际成本特性使其必然更具规模经济与外部性特征。由于数据要素具

---

① 参见《世界粮食和农业领域土地及水资源状况：系统濒临极限》，载于 https://baijiahao.baidu.com/s?id=1718726804380624516&wfr=spider&for=pc。

有必须与其他生产要素结合才能创造价值这一天然属性，它的广泛使用将赋能传统生产要素，为劳动力、土地、资本等传统生产要素带来新的内涵。简而言之，数据积累将加速技术迭代进程，带动先进技术向其他领域、地区的溢出；由于获取知识、技术的学习渠道日趋便捷，人力资本积累将加速；基于数据要素在平台等的广泛应用，其他生产要素将以更快速度被配置于更高效的领域。①

二、纳入数据要素的增长模型

既然数据已成为数字文明时代最为关键的生产要素，那么其必将对故有的增长理论产生冲击。如何在准确体现数据要素影响经济增长内在机制的同时包容传统增长理论，成为学术界的一个重点关注问题。部分学者已对此进行了前沿探索。

传统增长理论中，经济总量主要取决于劳动力（L）、资本（K）与技术（A）。所以，生产函数常表现为 $Y=F(A, K, L)$ 的形式。由于劳动力与资本间的关系较为清晰，所以 $F(A, K, L)$ 也常被表达为 $AK^{\alpha}L^{\beta}$，其中 α 与 β 的大小表现了该种增长模式是规模报酬不变或规模报酬递增的，其各自大小也体现了该种要素对增长的贡献。

当数据要素被纳入增长模型时，我们不得不思考两个问题。

第一个问题是，我们能否直接将数据要素放入增长模型的大框

---

① CARRIÈRE-SWALLOW Y, HAKSAR V. The economics and implications of data: An integrated perspective[R]. International Monetary Fund, 2019.

架中？对第一个问题的回答是肯定的。纵然数据要素区别于其他要素并极具特殊性，但从总体上看，经济的增长仍需多种要素共同投入来实现。所以，纳入数据要素后增长模型的总框架可以表示为：

$$Y=F(A, K, L, D)$$

其中，D 表示数据要素。

在解决第一个问题后，我们要考虑的第二个问题则是，数据要素与其他要素间是怎样的关系？这种关系将决定生产函数的具体设置。目前，主要有两种观点。

一种观点认为，数据要素与其他生产要素间是相互独立的关系。这意味着，与其他要素相比，数据要素并无任何本质性不同。将其纳入生产函数恰如农业经济时代将土地纳入生产函数、工业经济时代将资本纳入生产函数，均为一个新的经济文明下最关键生产要素的强势崛起。如此，纳入数据要素后的增长模型则为：

$$Y = AK^\alpha L^\beta D^\gamma$$

其中，γ 代表数据要素对增长的贡献水平。

另一种观点认为，数据要素无法直接影响经济，其必须与其他生产要素结合，才能提升总产出。而根据其与其他生产要素的结合情况，增长模型将有不同形态。

与数据要素结合后，劳动力效率将获得明显提升。数字技术的广泛应用使得劳动者能够以更快速度、更高精度完成相关工作。例如，ChatGPT 能够自动生成文档和报告，帮助程序员进行代码纠错，将劳动者从简单劳动中解放出来。OECD（经济合作与发展组织）的研究也表明，数字技能培育有助于强化农村地区的人力资本，是弥合城乡差距的重要途径。数据要素向劳动力的赋能过程则可以用生产函数表示为：

$$Y = AK^{\alpha} G(L,D)^{\beta}$$
$$G(L,D) = (\mu L^{\gamma} + D^{\gamma})^{1/\gamma}$$

其中，$G(L,D)$ 为数据要素与劳动力结合的具体形式。在数据要素的这种作用机制下，增长模型表示为 $Y = AK^{\alpha} G(L,D)^{\beta}$。

数据要素也可以与资本结合。在打通企业内部不同部门间数据孤岛后，企业的生产流程自动化、智能化水平将明显提升，生产环节间衔接度和效率也随之提升。在新冠病毒大流行期间，部分制造商为提高生产灵活性与交付弹性，对企业实施数字化解决方案，并获得了高达两位数的回报比例。资本与数据要素的结合过程可用增长模型表示为：

$$Y = AL^{\alpha} G(K,D)^{\beta}$$
$$G(K,D) = (\mu K^{\gamma} + D^{\gamma})^{1/\gamma}$$

数据要素还可以与知识相结合，促进技术进步。在数字技术广泛渗透和深化发展的大背景下，已有知识储备（T）是技术进步的重要引导力量，而数据要素则是技术进步的重要驱动力量。人工智能是这一模式的主要代表，其以关键核心算法为引导，通过对大规模训练数据集进行拟合，实现人工智能领域的技术突破。基于这一模式，其对应的增长模型表示为：

$$Y = A'L^\alpha K^\beta$$
$$A' = H(T,D)$$

当然，由于数据要素通常表现为同时赋能劳动力、资本、知识等生产要素，所以增长模型也可设置为：

$$Y = A(T,D)H(L,D)^\alpha I(K,D)^\beta$$

总体来看，目前学术界的主流观点认为，数据要素无法直接作用于经济，其必须与其他生产要素结合才能达到数据赋能的效果。

第二节　数据经济与物价稳定

数据经济所代表的技术革新的影响将辐射至价格调控领域。从微观市场至宏观领域，在基础技术的大变革下，数据经济时代物价的内在结构、逻辑与外在表现将发生明显变化。

一、数据经济与微观市场均衡

市场要发挥作用，不仅需要数据/信息能够自由流动，而且需要将数据/信息转化为决策力。所谓决策力，就是指人们在进行市场交易时，能够在参考诸多因素后做出决策。市场的稳定性与灵活性即源于此。但是，要做到这一点，就需要每个人都能拥有便捷的渠道来获取任何可以利用的信息。鉴于实现这一条件的困难程度，人们采用了一个变通方法：将所有信息压缩成一个单一评价指标——价格，并通过金钱来传达这一信息。[1]

在微观市场，价格稳定的根本要求是在供求相关信息均已知的情况下市场及时出清。只有在市场处于出清状态时，价格才会稳定。否则，即使价格逐渐向均衡价格移动，在最终实现市场出清前，价格也会处于波动状态。这种波动本身会导致全社会利益、效能的损失。市场机制被认为是实现市场出清的主要驱动力量。当供需状况发生改变后，在市场机制的作用下，新的均衡点将产生，而均衡价格则将在新的价格水平上实现。在理论分析中，在静态分析或者比较静态分析框架下，均衡点的移动、改变被默

---

[1] 维克托·迈尔-舍恩伯格，托马斯·拉姆什. 数据资本时代 [M]. 李晓霞，周涛，译. 北京：中信出版社，2018.

认为是瞬时完成的。所以，在微观经济学的这一部分内容中，我们甚少接触时间这一动态概念。我们所研究的重点只是均衡点是如何产生的以及如何确定它的具体位置这种静态问题。从理论分析视角来看，这是将现实问题简化抽象后所形成的核心问题。但是，从现实来看，这必然意味着现实与理论分析结果之间存在分歧。在物价稳定这一命题上，这一分歧则表现为理论分析中均衡的常态与现实中非均衡的常态间的冲突。

造成现实中非均衡常态的原因可能有：市场冲击的不可预期性，信息不对称，市场调节的滞后性，等等。由于政策、国际环境、自然条件等的突发性改变，市场冲击可能随之发生。这也意味着，社会内在技术的改变甚或外在环境的变化均难以提升市场冲击的可预期性。信息不对称将会导致经济主体难以对市场形成准确判断，从而做出与均衡点方向、需求不一致的决策，延长市场处于非均衡状态的时间。此外，由于信息传输、物资运输等方面的相对滞后性，从市场冲击发生到最终经济达到新的均衡点，这必然将花费一定时长，且这一时长直接取决于信息与物资传输的效率。

传统货币市场与海量数据市场（data-rich markets）的主要区别在于，流动于市场间的信息所起到的作用，以及将信息转化为决策力的方式。[①] 数据可以帮助人们改善交易，提高效率，而海量数据市场则会降低市场失灵的频率。

首先，数据经济将极大缓解信息不对称问题。 作为市场经济的

---

① 维克托·迈尔-舍恩伯格，托马斯·拉姆什. 数据资本时代 [M]. 李晓霞，周涛，译. 北京：中信出版社，2018.

天然伴生物，信息不对称一方面源于信息完备性的缺失，另一方面源于个体认知和判断能力的差异。随着互联网、大数据、云计算、区块链、人工智能等技术的飞速发展，个体获得具体事物的信息渠道以及信息维度正在增加，信息完备性得到明显提升。近年来，在购物、医疗、音视频、金融等领域广泛兴起的平台企业是公众信息完备性提升的主要推动力。然而，信息完备性并不能完全解决信息不对称问题。如何从纷杂的信息中筛选出有效信息并做出正确判断是信息对称的关键，而这依赖于分工的细化与市场的进一步发展。数据经济所带来的全新的社会变革将进一步推动市场发展、分工细化。

其次，数据经济将提升信息、物资传输效率。如何避免信息、物资传输的时滞，增强其协同能力，是加速市场从非均衡向均衡状态靠拢所面临的重要问题。数据经济下数据孤岛的打破，跨部门、跨企业、跨平台、跨地域间供应、研发、生产、销售等的协同，是实现信息流、技术流、人才流、物资流等更高效、更畅通的重要保障。海量数据市场中的"分散决策"（decentralized decisionmaking）方式不但具有自身的稳定性与灵活性，而且有可能带来更高的交易效率。[1]

综上所述，数据经济将推进微观市场从非均衡状态向均衡状态靠拢，从而更好地促进物价稳定。

---

[1] 维克托·迈尔-舍恩伯格，托马斯·拉姆什. 数据资本时代 [M]. 李晓霞，周涛，译. 北京：中信出版社，2018.

二、数据经济与宏观价格调控

微观市场非均衡状态的减少能够在一定程度上减少价格波动，并促进物价稳定。但是，当经济处于一定周期阶段、物价总体水平超出正常范围时，提高市场自身调节效率对促进物价恢复正常水平的效果有限。在这种情况下，政府的宏观调控则成为维持物价稳定的主要手段。

总体来看，财政政策与货币政策仍是政府调控的主要手段。就政府而言，如何在有限的政策工具范围内选择更具效力、更为精准的政策方案，是提升政府价格调控精准性的关键。

理清财政政策与货币政策传导机制是实现这一目标的第一步。目前，学术界已形成较为丰富、扎实的政策传导机制研究成果。货币政策方面，目前货币政策框架主要有紧盯货币供应量、通货膨胀水平与汇率三种，除了传统的利率和货币供应量传导机制、信贷传导机制、资产负债表传导机制和汇率传导机制外，近些年资产价格传导机制和宏观审慎传导机制也被加入货币政策传导机制中。财政政策方面，政府购买、转移支付与税收是主要传导机制。

第二步是明确政策传导效率。在多个政策传导机制中，不同渠道的传导效率应如何评判、衡量，将是政策制定者所面临的重要问题。在传统经济形态中，政策传导具体过程犹如一个黑箱，我们仅能通过过去政策的实施力度与最终综合效果形成较为模糊的政策传导效率评判。对于政策制定者而言，虽然不同时期的政策调控目标具有一定可比性，但也要考虑它们所处经济发展阶段的不同、所面临综合问题的差异以及政策空间多少的差异。所以，即使政策方向较为清晰，也仍然需要斟酌政策力度与政策效率，这也是宏观价格调控中政策预期目标与实际结果之间存在差距的主要原因。

数据经济将打破政策传导黑箱，使宏观价格调控更为精准。传统经济形态所存在的问题在数据经济中将迎刃而解。伴随云计算、大数据、人工智能和区块链等新兴数字技术的广泛深入应用，数据正以前所未有的速度与规模被创造出来。对于政策调控而言，此前政策传导的黑箱将因其过程数据的可获得而被打破。通过对不同情境下宏观调控过程数据的收集整理，政府可建立关于宏观价格调控的大模型，它将对价格调控提供辅助决策作用，从而提高价格调控的精准性。

近年来，飞速发展的数字货币正是新形势下央行实现更精准货币调控的重要手段与工具。得益于数字技术的深化发展与广泛融合，货币数字化已拓展至多个应用场景，并被广泛接受。与传统纸币不同，数字货币将使货币流转过程实现可视化。这意味着，货币传导机制首次实现了透明化处理，政府可以根据货币传导数据制定更为精准的宏观货币政策。此外，数字货币还将在一定程度上实现遏制犯罪的效果，那些使用现金进行非法交易的活动将越来越少。

所以，在宏观层面上，数据经济时代下更大规模、更广泛数据的可获得性将有助于价格调控精准性的提升，从而更好实现物价稳定这一目标。此外，先进的匹配算法可以从价格以外的多个维度更好地匹配供给和需求。①

第三节　数据经济与充分就业

数字技术带来的技术进步必然会对已有生产秩序和就业市场形成冲击，并将在进一步替代简单劳动的同时创造新的劳动领域与岗位，推动劳动力市场结构性更新。

一、数据要素与劳动力替代

从历史经验看，历次技术革命均带来了"机器替代人"的浪潮，这是基于成本更低、效率更高目标下市场自然选择的结果。

数据经济发展将减少对劳动力的需求。数据经济通过打通组织内外部数据孤岛，极大程度发掘数据潜能，从而推进其自身向自动化、智能化发展。在此过程中，部分岗位的价值将随之而降低，生命周期长度将随之而缩短，与之相关的劳动力需求也将必然缩小。与此同时，技术进步必然会带来劳动生产率的提升以及人力资本价格的提升。对企业而言，其利润空间的缩小将导致其进一

---

① 维克托·迈尔-舍恩伯格，托马斯·拉姆什. 数据资本时代[M]. 李晓霞，周涛，译. 北京：中信出版社，2018.

步降低对劳动力的需求。海量数据市场和数据驱动的机器学习系统总体上给人力资源带来了巨大变化，并进一步加速了已经开始的劳动力市场的重新配置。在美国，劳动参与率已经从2000年的峰值下降到20世纪70年代末的水平。这种下降与数字技术和互联网经济的兴起，以及海量数据市场的出现，在时间上不谋而合。自20世纪80年代以来，美国的劳动收入份额大幅下降，从67%下降到47%，其中很大一部分是在2000年之后发生的。大多数发达经济体的劳动收入份额都在下降。[1]

数据经济发展将进一步加速智能机器对劳动力替代的进程。自动化、智能化是数据经济发展的基本方向与趋势。过去几十年间，电子产品、机械设备的更新迭代速度不断加快，随之而来的是其价格的逐渐下降。数据经济发展在推动机械设备性能变革的同时，也必将延续性能变革与价格下降同步驱动的发展模式，这意味着在智能机器设备外延扩展、性能提升的同时，其价格也随之相对下降，形成对劳动力在生产、运营、管理等方面需求的替代。研究发现，1990—2007年，每1 000名美国工人中增加1个机器人，美国就业人口比例就会降低0.2个百分点，工人的工资就会降低0.42%。这意味着美国制造业中每增加1个机器人，平均会取代3.3名工人。[2]

---

[1] 维克托·迈尔-舍恩伯格，托马斯·拉姆什. 数据资本时代[M]. 李晓霞，周涛，译. 北京：中信出版社，2018.

[2] ACEMOGLU D, RESTREPO P. Robots and jobs: Evidence from US labor markets[J]. Journal of Political Economy, 2020, 128(6): 2188-2244.

数据经济发展还将冲击已有市场格局，造成部分传统业态的消亡以及相应劳动力岗位的消失。日光之下并无新事，虽然数据经济将开启数字文明，开启超越农业文明、工业文明的新型经济发展阶段，但其对劳动力市场的影响与其他文明阶段并无本质区别。新技术的出现必然会产生新业态，而其中部分将冲击甚至替代传统业态。例如，过去几百年，人力车夫、卖报员、电梯员等岗位已逐渐消失。在电子商务出现后，传统商品交易市场开始走向衰落，传统商品交易市场就业人员在批发零售业就业总人数中占比开始逐年下降，电商从业人员逐年增加。随着线上直播等新形式的网络销售渠道的兴起，这一占比将继续提升。在新兴市场交易过程的绝大部分环节实现自动化的过程中，全世界的劳动力市场基础将被"连根拔起"，这种经济的巨大转变将危及数以百万计的就业岗位。

数据经济对劳动力的替代必然带来劳动力市场的结构性供需不匹配与失业现象。数据经济具有明显的"知识经济"特征，其对更高水平人力资本的需求以及对较低水平人力资本的淘汰将造成需求端劳动力市场的结构性调整。而在供给端，我国就业群体受教育程度整体偏低且老龄化程度持续加剧，数字人才缺口较大。这意味着，虽然数据经济在创造新的劳动力岗位需求，但短期内市场需求缺口与丧失就业岗位的劳动力之间并不能形成匹配。部分劳动力的生存压力将加大，这对政府调控社会就业、维持社会稳定提出了挑战。

二、数据要素与劳动力创造

不是所有的数据处理都会替代人类工作岗位，数据处理也可以使现有工作的效率提高，即经济学中所谓的"劳动力扩张"。它在对部分劳动力形成替代的同时，也创造了新的就业机会。随着制造业趋向自动化发展，服务业的规模也开始扩大。由此可见，数据经济催生了新的劳动力需求，推动了劳动力市场结构性变革。

数据经济所带来的更高劳动生产率将导致市场需求扩大，促进劳动力需求增加。价格效应与收入效应是数据经济增加劳动力需求的主要机制。历史经验与理论均表明，技术进步所带来的劳动生产率提升将降低单位产品生产成本，拉动产品价格下降。在其他条件不变的情况下，产品价格下降将引发市场需求提升，进而拉动劳动力市场需求增加。同时，劳动生产率提升将带来劳动者收入的提升，这将拉动产品需求，扩大市场规模，进而激发企业扩大产量与用工需求。

数据经济还将催生新市场，形成劳动力新需求。技术进步的一个重要表现就是创造新产品、新需求。蒸汽机的发明推动了英国乃至欧洲的工业化进程，矿山、冶金、化工、石油、运输等新兴产业部门应运而生，交通运输的便捷也使得城镇加快集聚，一大批工业化城市就此出现，伴随而来的城镇化需求成为这一阶段需求扩张的主要部分。电气时代的到来使得人们可以在夜间工作、娱乐，电信技术和无线电技术进一步推动人类全球化进程。计算机与互联网时代，信息经济在世界各地全面发展，信息技术在完成对已有工作和生活方式的渗透、重塑的同时，也催生出如影音娱乐、网络文学等全新市场。

国家统计局数据显示，截至 2021 年底，我国灵活就业人员规模已达 2 亿。《中国灵活用工发展报告（2022）》蓝皮书指出，2021 年我国有 61.14% 的企业在使用灵活用工，而越来越多的年轻人选择放弃传统职业的"舒适区"。《中华人民共和国职业分类大典（2022 年版）》显示，我国净增 158 个新职业，首次标注了 97 个数字职业。数据经济时代，区块链、元宇宙、人工智能等的发展正在并将继续催生出全新市场与需求，劳动力需求总量及结构将发生新的变化。

值得注意的是，数据经济所带来的劳动力市场需求的变革也对当前的劳动者权益保障制度等提出了挑战。一方面，传统的劳动雇佣关系与当前新的就业形态难以实现有效兼容。由于无法准确界定劳动者与企业的关系，以网约车司机、外卖骑手、快递员等为代表的新型就业岗位目前并不能获得劳动者权益、社会保障等方面的保障。另一方面，由于平台企业天然的垄断优势，部分平台利用算法提高抽成比例，迫使劳动者不断提高劳动强度，甚至引发劳动者人身安全风险。技术进步对新市场的开拓必将到达此前未曾涉足的领域，而这也意味着政府要在调控目标、调控方法及相关法律制度等方面进行适配调整，以实现更高社会福祉。

第四节　数据经济与国际收支平衡

国际收支是衡量一国经济发展水平、对外依赖程度以及经济稳定可控情况的重要指标。通常情况下，虽然一国并不总处于国际收支平衡状态，但确保其不处于较大的逆差或顺差状态是各国政府的基本考量。数据经济发展使得"贸易"产生了新的内涵，数字贸易的发展也必将对传统的贸易统计测度体系提出挑战。只有准确测量、评估新型贸易模式下国际收支情况，才能有效评估一国发展状态并对其进行宏观调控。

一、数字贸易对已有统计监测体系的挑战

随着数字技术的广泛应用和深度融合，数字贸易成为国际贸易的重要组成部分。统计数据显示，2022年我国可数字化交付的服务贸易规模达到2.5万亿元，比5年前增长了78.6%，我国跨境电商进出口规模达到2.1万亿元，比两年前增长了30.2%。[1] 作为一种新兴的贸易方式，数字贸易的飞速发展在为全球注入新活力的同时也对已有统计监测体系提出了挑战。

一个挑战为如何定义数字贸易。目前对数字贸易的范畴界定

---

[1] 参见《我国将加快发展数字贸易》，载于 https://www.gov.cn/xinwen/2023-03/03/content_5744223.htm。

基本可以分为"窄范围"与"宽范围"两种。[①]窄范围的典型代表为美国国际贸易委员会（USITC）和美国国会研究服务部（CRS）。这些机构对数字贸易的交付方式有明确要求，认为只有通过互联网或其他设备交付的产品和服务才能被归属于数字贸易的范畴。所以，在"窄范围"概念界定下，跨境电商等通过线上签订协议、线下实物交付的贸易并不被纳入数字贸易范畴。联合国贸易和发展会议（UNCTAD）则主张"宽范围"的概念界定，认为数字贸易是指应用信息通信技术开展的货物与服务贸易，所以数字贸易不仅包括以数字方式交付的贸易，也包括以数字方式订购的贸易，跨境电商等贸易也包含在内。这两种范畴界定之争本质上是对数据经济的认知、主张存在差异。

另一个挑战为如何构建兼容数字贸易的测度框架。在明确数字贸易概念界定的基础上，如何在尽量延续当前统计规范、减少全球主要国家统计标准等变更的同时，将数字贸易总体范畴与细分口径均纳入统计，是构建数字贸易统计框架的重要问题。目前，国际贸易统计主要分为货物与服务两大类。就货物而言，所有权变更与否决定其是否被纳入国际商品贸易统计范围。就服务而言，由于其供应模式的多样性，统计范围与统计方法各有不同。如何从数字贸易的多种贸易模式中寻找共通之处以制定统计原则、规范，是目前尚未解决的问题。

此外，统计数据的可获得性也限制了数字贸易统计监测工作的

[①] 杨晓娟，李兴绪．数字贸易的概念框架与统计测度[J]．统计与决策，2022，38(1)：5-10．

进行。由于数字产品在定价、盈利模式等方面区别于传统贸易产品，部分数字产品/服务的出口、进口并不能实现其实际的产品或服务价值。例如，以脸书（现更名为Meta）、谷歌等为代表的社交、搜索引擎平台为全世界很多国家提供了服务，但其提供的服务并不收费，这部分价值如何衡量不仅仅是贸易统计的问题，更牵涉平台企业、数据产品/服务等的定价问题。

二、国际组织对数字贸易的适应性调整

为适应数字贸易蓬勃发展对统计监测工作提出的需求，2019年3月，OECD、WTO（世界贸易组织）和IMF（国际货币基金组织）共同发布了《数字贸易测度手册》（以下简称《手册》），《手册》对数字贸易概念与统计监测框架进行了界定与构建。

在《手册》中，数字贸易被定义为所有以数字方式订购和以数字方式交付的国际交易。对应于目前数字贸易的两种界定分支，《手册》中所认为的数字贸易属于"宽范围"概念。同时，《手册》表明，非货币的数据流、企业内部的数据转移，以及免费的数字中介平台服务并不包括在数字贸易范畴内，数字贸易是传统贸易的一部分，并非独立于传统贸易，是传统贸易在应用数字技术后所形成的新的贸易模式。从定义来看，数字贸易的关键词有"订购"与"交付"，故在其概念框架中，数字贸易又被分为数字订购与数字交付，此二者的重叠部分为以数字方式订购并以数字方式

交付的服务。

《手册》也对数字贸易测度原则与测度框架进行了说明。权责发生制仍是数字贸易核算的基本原则。基于货物与服务贸易的不同特性，货物的所有权转移、服务的完成时间为贸易发生的记录时间，记录价格则为实际价格。对于通过数据中介平台进行的交易，"净流量"即净额为对应价格。在测度框架方面，《手册》中数字贸易的主体核算内容为数字订购货物和服务（以非数字方式交付）与数字交付的服务，与概念界定的范畴基本保持一致。同时，为了解决部分数字中介平台在全球所获得的广告及其他数据服务收入所对应的跨国资金流动问题，《手册》单独以"非货币性信息/数据（估算）"这一指标来对这一现象进行阐释。在未来数据可获得的情况下，这一指标将能够对数字贸易总量规模进行补充说明。

基于数字贸易部分统计数据的不可获得，《手册》也提出可以在现有调查和数据来源的基础上，通过增设和补充问题来获得相关数据。在基本设置上，《手册》基于数字订购与数字交付两个分支对进出口以及参与者类型进行贸易数据的收集。

三、数字贸易的问题与前景

尽管《手册》已对数字贸易的统计监测进行了一定探索，并在 2023 年 7 月发布的《数字贸易手册》第二版中对核心概念以及基本思路进行了进一步的明确界定，但由于数字贸易本身的复杂性，其在数据获取以及测度方法等方面仍存在诸多困境。

目前获取的数据无法满足数字贸易国际统计所需，仅能作为基础参考数据。虽然《手册》已对相关统计指标进行了说明，但是不同国家在具体进行数据收集时存在较为明显的国别数据差异现象。存在这一现象的根本原因是不同国家对同一指标的内涵、范围及设置标准存在差异。这种差异将影响不同国家间同一指标的可比性。另外，在数据获取方面，《手册》仅提供了数据获取方式，并未对数据获取后应如何进行基础处理进行专门说明。由于不同国家的客观标准与主观认知存在差异，数据的可比性及可加总性也将受到影响。

为了能够满足数字贸易统计的需求，未来需要加快数据采集、标准化、共享化等进程。目前，零散的以住户为主体的数字贸易大多通过数字中介平台来完成，在数据获取时，若以住户为主要采集单位，则不仅数据采集困难，而且可能存在重复计算或漏算等情况。所以，应以数字中介平台为数据获取的主要来源，通过对交易分类记账来获取数字贸易数据。同时，国际组织应对数字贸易相关数据指标进行标准化定义，打破不同国家间由话语体系、数据处理习惯差异所造成的数据不可比壁垒。在此基础上，建立跨国数字贸易相关数据共享平台将是完善数字贸易统计工作的重要途径。目前，全球数字贸易出口数据相对可获得，而对应进口数据相对缺乏，数据共享平台的建立将有利于贸易双边数据的扩展与补充。

第八章　数据资产核算[①]

随着数字技术在经济社会各领域的渗透融合，数据的规模及价值呈爆发式增长。作为新型资产，如何评估与核算数据的资产价值，从而更客观、科学地反映出其在经济社会发展中所发挥的重要作用，已成为国民经济核算理论亟须解决的难题之一。本章由三小节构成，分别为数据资产与数据价值链、数据资产价值测度方法和数据资产核算实践。这三小节内容可以让我们对数据资产化过程、目前主要的数据资产价值测度方法以及国内外数据资产核算实践加深认识与理解。

---

① 本章作者：戎珂、李婷婷。

第一节　数据资产与数据价值链

明确数据资产的定义并充分理解数据资产形成的过程，是科学度量我国数据资本的存量和评估数据资产价值的基础。因此，本节将重点阐释数据资产核算的基础——数据资产的定义及数据资本形成过程（数据价值链），为后续数据资产价值的测度方法及核算实践的介绍奠定基础。

一、数据资产的定义

随着信息技术的进步，数据资产的定义一直在不断演变。目前，大部分研究都从企业的角度来定义数据资产[1][2]，这些研究概述了数据资本化的核心要素，如为所有者带来经济利益、特定主体拥有或控制、可衡量的价值等。美国商务部经济分析局（BEA）高级经济学家拉西尔（Rassier）等指出，如果数据可以在未来的生产中被重复使用，那么其就可以被视为资产，并且由于数据具有完整的价值创造过程，应当被视为生产资产。[3] 加拿大统计局认为，

---

[1] 朱扬勇, 叶雅珍. 从数据的属性看数据资产 [J]. 大数据, 2018, 4(6): 65-76.
[2] 张俊瑞, 危雁麟, 宋晓悦. 企业数据资产的会计处理及信息列报研究 [J]. 会计与经济研究, 2020, 34(3): 3-15.
[3] RASSIER D G, KORNFELD R J, STRASSNER E H. Treatment of data in national accounts [R]. Bureau of Economic Analysis, 2019.

数据是否被视为资产，取决于对其的使用是否能够持续一年以上，并且指出大多数数据投资被纳入资本（如固定资本）形成的估计中，而非中间投入和最终消费。[1]李静萍认为，数据具有资产属性以及明确的经济所有权归属和收益性，并确认了数据的非生产资产属性。[2] 2008年国民账户体系（SNA）针对"资产"的定义指出，资产代表着经济所有者在一定时期内通过持有或使用某实体所获得的一次性或连续性经济利益，代表了一种价值储备，它在不同核算期间承载着价值的转移。这表明，能够纳入资产核算范畴的数据至少需要同时满足经济所有权明确和收益性这两个基本属性。对于数据而言，通过收集、存储、分析和应用的增值过程，数据创造了价值，并最终应用于特定场景。每个阶段的数据拥有者拥有使用该阶段数据以获得价值的权利，并承担使用数据可能带来的风险。许宪春等[3]进一步提出，数据的经济所有者是指通过控制和使用数据以达到其经济目的的机构单位，数据的经济所有权是明确的，并且可能沿着数据价值链从一个单位转移到另一个单位。在收益性方面，单一和零散的原始数据几乎没有价值或者价值很低，但是通过收集、融合、存储和整合形成结构化数据，进而经过分析形成有用的知识，最终找到明确的应用场景的数据可以为其经济所有者带来收益。

---

[1] Statistics Canada. The value of data in Canada: Experimental estimates[R]. Statistics Canada, 2019.
[2] 李静萍. 数据资产核算研究 [J]. 统计研究, 2020, 37(11): 3-14.
[3] 许宪春，张钟文，胡亚茹. 数据资产统计与核算问题研究 [J]. 管理世界, 2022, 38(2): 16-31.

实践层面上，2020年1月，中国资产评估协会发布的《资产评估专家指引第9号——数据资产评估》将数据资产定义为，"由特定主体合法拥有或者控制，能持续发挥作用并且能带来直接或者间接经济利益的数据资源"。2023年9月，中国资产评估协会发布的《数据资产评估指导意见》明确将数据资产定义为，"特定主体合法拥有或者控制的，能进行货币计量的，且能带来直接或者间接经济利益的数据资源"。通过对比中国资产评估协会对数据资产的两次定义，我们可以发现国内业界对数据资产的认识有所变化：一方面，对数据发挥价值是否要持续发挥作用这一限定予以放宽；另一方面，从评估业务的实际需要出发，强调数据资产要以货币计量。

基于以往研究基础和评估实践，并考虑到数据资产的时效性特征，结合《2008国民账户体系》对资产的定义，本书将数据资产界定为：在生产过程中被反复或连续使用一年以上、具备应用场景、经济所有权明确且具有收益性的数据资源。

二、数据价值链

数据价值链反映了数据资产形成过程中所经历的各个环节。在经济活动中，数据经历采集、清洗、存储、加工等多个环节，逐步形成了规模和价值。早期研究将数据价值链划分为三个环节，即"数据发掘"、"数据集成"和"数据探索"。[1]随后，一些国家和国际组织对数据价值链进行了不同的定义。例如，OECD基于个人数据将数据价值链划分为四个环节，包括"采集/授权"、"储存与聚合"、"分析与销售"和"利用"。[2]美国BEA认为，数据要素在参与价值创造中可以分为五个环节，包括"采集"、"存储"、"加工"、"销售"和"利用"。[3]加拿大统计局则基于数据要素参与社会生产活动的过程，提出了"信息价值链"，包括"观测"、"数据"、"数据库"和"数据科学"四个环节。国内最新研究在探讨数据要素价值测算逻辑时，将数据价值链划分为"数据采集"、"数据清洗与存储"和"数据加工"三个环节。[4]尽管这些研究对数据价值链的划分存在差异，但它们的基本逻辑是相通的，都考虑了从原始数据采集、收集到数据分析、利用的完整流程。

参考加拿大统计局、美国BEA以及刘涛雄等的研究，本书将数据价值链划分为三个环节：数据采集，数据清洗与存储，数据加工。在数据采集阶段，原始信息被转换为数字形式的观察结果，成为可被存储、传输、处理的数据。在数据清洗与存储阶段，对采集到的数据按照一定的标准进行初步处理并存储，以便后续检

---

[1] MILLER H G, MORK P. From data to decisions: A value chain for big data[J]. IT Professional, 2013, 15(1): 57-59.

[2] OECD. Exploring the economics of personal data: A survey of methodologies for measuring monetary value[R]. OECD Digital Economy Papers, 2013.

[3] ROBERT K. Measuring data in the national accounts[C].BEA Advisory Committee Meeting, 2019.

[4] 刘涛雄, 戎珂, 张亚迪. 数据资本估算及对中国经济增长的贡献——基于数据价值链的视角[J]. 中国社会科, 2023(10):44-64.

索和处理。在数据加工阶段，对存储的数据进行系统的创造性活动，将清洗后的数据处理成表征特定模式的数据，使其能够在不同应用场景中直接发挥作用。

从数据资产形成过程中的成本角度来看，数据采集、数据清洗与存储、数据加工各个环节中均涉及了一系列的劳动力成本、物质资本成本（如服务器、存储设备等），以及企业税费等其他成本。在这一过程中，数据技术的不断提升使得数据资产不断增值。企业对数据进行加工的先进算法将逐步扩大应用至整个数据相关行业，从而极大丰富数据的应用场景，创造出更多的价值。

第二节　数据资产价值测度方法

区别于传统生产要素，数据要素具有非竞争性、规模报酬递增、可再生、可复制共享性、无形资产性、高度异质性和不可替代性等经济技术特征。这些特征使得数据资产呈现出非实体性、依托性、可共享性、可加工性、价值易变性等特性，因此对数据资产的价值评估也就变得更加复杂。目前，学术界和实际工作部门尚未形成成熟的价值测度方法。在实践中，很多依赖数据相关商业模式的企业尚未将数据纳入企业资产负债表。

针对数据定价难的问题，学者乃至业界进行了深入探索，提出了不同的数据价值测度方法。这些方法尽管存在一定的局限性，但作为对数据定价的积极探索，有利于数据市场最终形成一套成熟的数据资产价值评估方法。下面，我们将介绍几种常见的数据资产价值测度方法。

一、会计学定价法

从会计核算的角度来看，数据资产属于无形资产，对数据资产价值的测度可以参考无形资产的测度方法，主要包括市场法、收益法和成本法这三种基本方法。

（一）市场法（公允价值法）

市场法是一种根据市场可比数据资产的近期交易价格来估计目标数据资产价值的方法。理论上，当存在足够多的数据交易类型和模式，可以获取到完整且可靠的类似目标资产的比较指标和技术参数等信息时，应采用市场法进行估值。

然而，在实践中，采用市场法对数据进行价值评估难点颇多。首先，当前统一的数据要素市场尚未成熟，大规模的数据流转、使用和交易机制尚未形成，数据要素流通效率低下。无论是在中国还是在全球范围内，数据市场都存在着交易标准、规则和法律不完善等问题。交易型数据资产仍然占少数，绝大多数数据资产是自给自用型的。因此，市场法所需要的完整可靠的可比数据资产的近期交易价格信息难以获取。其次，由于数据要素的非竞争性、规模报酬递增、可再生、可复制共享性、高度异质性和不可替代性等区别于传统生产要素的特殊属性，传统的基于市场供需关系和资源稀缺性程度的定价方法难以挪用到数据资产定价中。最后，市场价格是市场对数据要素贡献评价的最主要方式，但数据要素对经济增长的实际贡献往往难以准确度量。这是因为，数据不仅作为生产要素参与经济活动，更重要的是其通过促进其他生产要素的高效配置和改造传统生产方式等形式形成规模报酬递增的经济发展模式。价值评估的困难导致当前数据要素的交易定价方式主要以询价议价为主，这无法真实地反映数据要素在实际生产经济活动中的贡献程度，容易导致数据要素的市场价格与其实际价值贡献不相符。

（二）收益法（贴现值法）

收益法是指根据数据资产未来预期的应用场景，对其预期经济收益进行折现来确定其合理价值的方法。[①] 理论上，收益法能够适当地反映数据资产必须满足的条件，即"具有明确的应用场景并能够为其经济所有者带来收益"，考虑了数据潜在的价值，并能够相对直观地反映数据资产的经济价值。

收益法的基本计算公式为：

$$P = \sum_{t=1}^{n} F_t \frac{1}{(1+i)^t}$$

[①] 许宪春，张钟文，胡亚茹. 数据资产统计与核算问题研究 [J]. 管理世界，2022，38 (2)：16-31.

其中，P 为评估值，F_t 为数据资产未来第 t 个收益期的收益额，n 为剩余经济寿命期，t 为未来第 t 年，i 为折现率。

收益法要求选择适当的折现率。由于数据的多样化用途以及数据资产使用期限的不确定性，数据未来潜在收益具有极大的不确定性，因而折现率难以确定，在实践中很难有效应用收益法。交易双方通常需要根据不同场景下收益实现机制类型来确定数据未来的价值。

为优化收益法，学者们针对不同类型的数据资产特性进行了三方面的优化改进：（1）将情景分析法与收益法结合，综合考虑多种未来可能情景的发生概率，从而确定收益额；（2）在收益法模型中引入额外参数，例如，针对通信企业数据资产的特点，增加客户留存率参数，从而优化对未来超额收益的预测；（3）对收益法基本公式中的参数进行改进，例如，针对面向特定应用场景的业务计划，只需考虑项目周期内的当期业务收益，将收益期设定为项目周期。

（三）成本法

成本法是指数据资产的价值由数据的生产成本决定，生产成本包括劳动力成本、中间投入成本以及使用资本服务成本等。成本法是典型的无形资产价值测度方法，由于其操作简单、评估成本较低、适用范围比较广泛，在实践中得到了广泛应用。[1] 根据国民

---

[1] GHOSH A, ROTH A. Selling privacy at auction [J]. Games and Economic Behavior, 2015, 91(5):334-46.

经济核算国际标准，SNA 在 2008 年提议使用生产成本总和（成本法）对最终使用的产出进行估值。加拿大统计局和美国 BEA 均使用成本法对数据资产存量进行估算。下面，我们将对成本法进行更加详细的介绍。

1. 成本法核算的基本原则

在实际操作中，成本法的核算以投入成本为基准，通常需要考虑场景因素和质量因素，对总成本进行调整。根据数据资产的确认条件，数据是否被应用于具体场景是确定其能否成为资产的必要条件。此外，由于数据的非竞争性特征，数据的价值随着使用次数的增加而增加。因此，对总成本进行价值调整应当充分考虑数据资产使用者的数量、使用次数等场景因素的价值增益性，这也反映出数据资产的共享性和价值累积性特征。此外，我们还需要充分考虑影响数据资产价值的质量因素。数据的准确性、真实性和完整性是影响数据资产价值的质量因素。不同类型的数据和应用场景对数据质量有不同的要求。在宏观层面的成本法核算中，我们可以暂时不考虑质量因素，但在企业数据资产评估入表的实践中，则必须考虑质量因素对数据资产价值的影响，进而对总成本进行相应的调整。

此外，在不同类型数据的应用场景下，市场生产者和非市场生产者的成本法的具体构成项目也存在差异。对于非市场生产者来说，由于其数据生产并非以盈利为目的，数据资产的价值仅包括劳动者报酬、中间投入、固定资本消耗和其他生产税净额，不包括资本净收益。而对于市场生产者来说，其数据生产以盈利为目的，因此数据资产的价值还应考虑资本净收益。

2. 数据生产活动的成本分析

基于数据价值链的数据采集、数据清洗与存储、数据加工三个环节，数据生产活动的成本可划分为以下四个方面：

（1）在数据采集环节，数据的获取成本包括调查、移动设备定位、传感器捕获、提供免费服务、补贴和折扣等在内的各项活动所投入的成本。

（2）在数据清洗与存储环节，包括数据准备所需的劳动力成本以及与数据存储相关的中间投入，例如通过经营租赁方式使用数据库管理系统的费用等。此外，我们还需要考虑与数据存储过程中使用的资产相关的资本服务成本，如计算机、云盘和数据库管理系统提供的容量许可、数据访问、监控、备份与恢复以及实例管理等服务的成本。

（3）在数据加工环节，涉及各种为获取有用知识和洞察所付出的成本，主要包括从事数据挖掘、验证、清理、融合和情景化建模分析等工作的职业人员的劳动力成本。此外，我们还需要考虑与数据分析和应用相关的中间投入成本，如购买一年或更短期软件使用权的支出，以及使用软件工具以及计算机硬件设备的资本服务成本。

（4）总成本还包括用于中间投入的行政和间接管理费用，例如人力资源管理、财务控制、电力、建筑维护和电信服务等成本。

3. 成本法的具体操作及调整方法

采用成本法来测度数据资产价值存在一些难点，包括如何在统计实践层面获取劳动者报酬、中间投入、固定资本消耗、固定资本净收益和其他生产税净额这些与国民经济核算原则相符的详细统计数据。使用成本法执行数据资产评估业务时，首先要根据数据资产形成的全部投入，分析数据资产价值与成本之间的相关程度，由此确定成本法的适用性。然后要确定数据资产的重置成本。数据资产的重置成本包括合理的成本、利润和相关税费。合理的成本主要包括直接成本和间接费用。在传统无形资产成本法的基础上，我们可以综合考虑数据资产的成本与预期使用溢价，加入数据资产价值影响因素对资产价值进行修正，建立一种数据资产价值评估成本法模型。成本法模型的表达式为[①]：

$$P = TC \times (1+R) \times U$$

其中，P 为评估值，TC 为数据资产总成本，R 为数据资产成本投资回报率，U 为数据效用。

基于具体的信息来源及其完备性，我们可综合使用需求法和供给法对总成本进行推算，并比较两种结果以相互验证和校准。

需求法是指通过对法人单位进行统计调查，获取其从事数据生产活动的详细成本费用信息，并直接估计数据资产的成本。供给法则是指利用数据生产活动中的劳动人员数和生产时间比例来推算劳动投入量，然后乘以工资率并加上其他非劳动力成本，间接推算从事数据生产活动的总成本。这两种方法的信息来源不同，但所涉及的成本类型和内容是一致的，我们无法判断孰优孰劣。

---

① 中国资产评估协会.资产评估专家指引第9号——数据资产评估[S].2020.

使用这两种方法测度并进行比较和调整是通常的选择。

基于供给法的数据资产价值估算公式如下：

成本法数据资产价值＝直接从事数据生产活动的工作时间占其实际工作时间的平均比例 × 相关职业类型人员总数 × 职工平均工资 + 用于数据生产活动的中间投入成本 + 与数据生产活动相关的资本服务成本 + 其他生产税减补贴

对于以总成本为基准的数据资产价值估算方法，我们需结合前述成本法的具体核算原则进行调整。例如，未投入应用场景的数据仅产生成本，没有带来实际价值，数据资产价值为零；基于使用者数量和使用次数调整总成本。初次使用时，数据资产的价值以总成本来衡量，随后每增加使用一次，都会增加数据资产的价值，以此反映其价值的累积效应。调整基于成本法的数据资产价值估算方法，可以突显出哪些信息最具价值（使用频率最高）以及哪些信息的投资回报率（价值与成本之比）最高，从而实现有效的数据管理和资产定价。[①] 因此，基于成本法的数据资产价值估算方法可以进行如下调整：

调整的成本法数据资产价值 = 数据资产的总成本 × 是否被应用于具体场景（"是"则取值"1"，"否"则取值"0"）× 使用者数量 × 使用次数

[①] MOODY D L, WALSH P. Measuring the value of information: An asset valuation approach[C]. Proceedings of the Seventh European Conference on Information Systems, 1999, 12（4）: 5-33.

二、新定价方法

目前，由于数据市场交易机制尚未成熟、数据的未来收益流不确定性高、使用寿命难确定等因素，传统的数据资产价值评估方法面临诸多挑战。基于此，学者们积极探索新的数据定价方法，主要包括信息熵定价法和多维度定价法等。其中，信息熵定价法已在本书的第六章第四节进行了详细介绍，这里不再赘述。

基于数据资产价值评估的复杂性，充分考虑数据多维度属性的定价方法具有更高的实践价值。无论是传统的会计学定价法还是新的信息熵定价法，往往只考虑了数据的单方面属性，因此对数据资产价值的评估存在一定的偏差。为了准确评估数据资产的价值，我们应该综合考虑数据成本、数据现值、数据特征、数据种类、数据质量、买方异质性等多维度属性。[1][2] 其中，数据质量维度受多种因素的影响，比如数据的信息熵、时效性、完整性、可移植性、独特性、准确性等，所以在评估数据资产价值时需要考虑影响数据质量维度的这些主要因素。这种多维度定价法要求首先对数据的各个维度属性进行评估，取得数据每个维度的细分价值，然后通过整合这些细分价值，得到数据资产的综合价值。

---

[1] WANG R Y, STRONG D M. Beyond accuracy: What data quality means to data consumers [J]. Journal of Management Information Systems, 1996, 12(4): 5-33.

[2] SAJKO M, et al. How to calculate information value for effective security risk assessment [J]. Journal of Information and Organizational Sciences, 2006, 30(2): 263-278.

第三节 数据资产核算实践

基于数据资产统计与核算的重要性,各国及国际组织机构在数据资产价值测度方面积极探索和尝试,在实践中不断积累经验。本节将介绍加拿大、美国及 OECD 在数据资产统计与核算方面的实践,并对比和总结中国在数据资产核算方面的实践,以期对中国数据资产核算体系的构建和实施有所启示。

一、国外数据资产核算实践

当前,国外在对数据资产价值进行统计与核算的实践中,通常采用的是前文提到的成本法。本小节将主要介绍在数据资产核算实践中,走在世界前列的主要国家和国际组织机构的实践情况。

(一)加拿大统计局的核算实践

2019 年,加拿大统计局使用劳动力调查中标准职业分类的就业和报酬统计数据,其设定数据相关的非劳动力成本占数据相关的劳动力成本的 50%、数据资本回报率占总成本的 3% 等关键参数,基于成本法对加拿大数据相关资产的价值及资本存量进行了探索性的测算。①

加拿大统计局将数据定义为"已转换为可存储、传输或处理并可从中获取知识的数字形式的观察结果"。进一步地，基于数据要素参与社会生产活动的过程，其提出"信息价值链"，包括"观测"、"数据"、"数据库"和"数据科学"四个环节（见图8-1）。

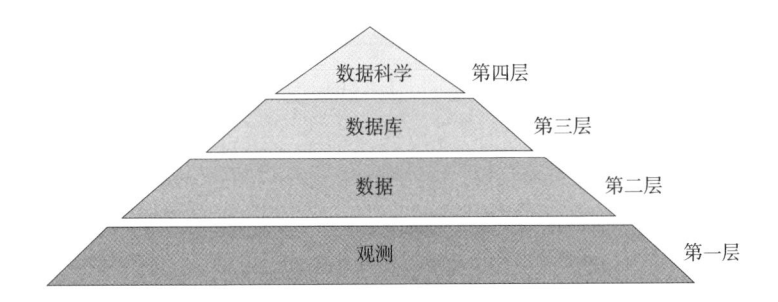

图 8-1　信息价值链

资料来源：加拿大统计局。

基于信息价值链框架，加拿大统计局分别计算了与数据相关的三类资产（"数据"、"数据库"与"数据科学"）的资本形成额与净资本存量，结果分别见表8-1和表8-2。

对于"数据"（信息价值链第二层）价值的评估，加拿大统计局基于每五年一次的人口普查数据和每月一次的劳动力调查数据，使用数据生产过程中所产生的直接劳动力成本加上相关非直接劳动力成本及其他成本（例如，人力资源管理、财务控制、电力、建筑维护和电信服务等成本）进行估算，具体有如下几点。

---

① Statistics Canada. Measuring investment in data, databases and data science: Conceptual framework[R]. 2019.

（1）加拿大统计局基于国家职业分类（NOC）选择与数字化过程相关的职业组计算直接劳动力成本。然而，从事 NOC 这些职业组工作的员工不太可能把所有的工作时间都花在数据的生成上，他们也可能参与其他类型的生产活动。鉴于目前还没有关于这些员工用于数据生产性活动的工作时间份额的信息，加拿大统计局估计了这些与数字化过程相关的职业组的员工用于数据生产性活动的时间份额的"下限值"和"上限值"。

（2）基于较为充分的调查数据，加拿大统计局直接假定非直接劳动力成本占总工资成本的 50%，并附加一个 3% 的加成作为资本服务成本。

结果显示，2018 年加拿大的"数据"的资本形成总额在 94 亿美元到 142 亿美元之间，约占 2018 年加拿大 GDP 的 0.55% 到 0.83%。与加拿大当年 4 980 亿美元的固定资本形成总额相比，数据的固定资本形成总额仍是一个相对较小的数额。[1]

对于"数据库"（信息价值链第三层）的价值测算则是参照国民经济核算国际标准——《2008 国民账户体系》，使用成本总和的方法进行估计。其中，与"数据库"相关的成本如下。

（1）为构建数据库而对数据的格式进行调整、准备的成本。

（2）员工开发数据库所花费的时间成本。

（3）用于开发数据库资产的资本服务成本。[2]

---

[1] 此处为参照加拿大统计局的信息价值链框架中的第二层——数据层中对数据的定义进行的价值测算，并非基于全数据价值链的数据资产价值总额。

[2] 参见美国 BEA 对资本服务的定义与计算，载于 https://www.bea.gov/help/glossary/capital-services。

（4）中间消费项目的成本。

与对数据投资的估计一样，加拿大统计局对数据库投资的估计也对按职业类别划分的雇员用于数据库相关活动的时间份额，设定了下限值和上限值，对数据库的价值进行了估计。[①] 结果显示，2018年数据库投资总额在80.46亿美元至116.25亿美元之间（见表8-1）。

表8-1 "数据"、"数据库"及"数据科学"的价值测算结果

	2005年	2010年	2015年	2018年
	单位：百万美元			
数据相关的资本形成总额				
下限值	14 693	17 788	26 029	29 455
上限值	19 995	24 125	35 192	40 025
"数据"				
下限值	6 777	7 559	8 916	9 418
上限值	9 742	10 840	13 448	14 216
"数据库"				
下限值	3 087	4 143	5 945	8 046
上限值	4 564	6 104	8 599	11 625
"数据科学"				
下限值	4 829	6 085	11 168	11 991
上限值	5 689	7 181	13 145	14 184

资料来源：加拿大统计局。

---

① 数据库价值估算中选取的职业组与前文中"数据"价值估算中选取的职业组不同，详见2019年加拿大统计局发布的报告 The value of data in Canada: Experimental estimates。

加拿大统计局将信息价值链的第四层，即"数据科学"认定为整个信息价值链中最有价值的部分。在这一部分中，个人能够从基于观测而形成并经由数据库组织的数据中获得见解或新知识。加拿大统计局认为"数据科学"类活动包含在《2008 国民账户体系》所界定的"研究与发展（R&D）"活动中。加拿大统计局采用了与"数据"和"数据库"价值估计相同的方法，对"数据科学"活动的价值进行了估计。结果显示，2018 年"数据科学"活动的固定资本形成总额在 120 亿美元至 142 亿美元之间。

最终，将这三类数据相关的资本形成总额相加，可以得到加拿大 2018 年数据资本形成总额在 295 亿美元到 400 亿美元之间。

进一步地，基于"数据"、"数据库"和"数据科学"三类数据资本形成总额，加拿大统计局运用永续盘存法计算，得到了相对应的净资本存量。表 8-2 显示了"数据"、"数据库"和"数据科学"活动的价格指数以及按当前价格计算的 2005 年底、2010 年底、2015 年底和 2018 年底的净资本存量和总净资本存量的年平均增长率。结果显示，截至 2018 年底，数据的总净资本存量在 1 571 亿美元至 2 177 亿美元之间，大致相当于所有其他知识产权产品（软件、研发、矿产勘探等）的存量，相当于该国原油储量价值的 2/3 以上。[①] 其中，"数据"的净资本存量在 1 048 亿美元至 1 510 亿美元之间，"数据库"的净资本存量在 187 亿美元至 271 亿美元之间，"数据科学"的净资本存量在 336 亿美元到 396 亿美元之间。

---

① IBM Blog. How Canada is growing its data economy[EB/OL]. (2022-05-09) [2023-05-09]. https://www.ibm.com/blog/canada-growing-data-economy/.

表 8-2 "数据"、"数据库"和"数据科学"活动的
价格指数与净资本存量

	2005 年	2010 年	2015 年	2018 年
	2005=100			
总价格指数	100.0	109.5	119.1	126.3
"数据"价格指数	100.0	112.6	122.0	130.7
"数据库"价格指数	100.0	103.6	113.3	121.7
"数据科学"价格指数	100.0	108.4	116.9	121.2
	单位：百万美元			
总净资本存量				
下限值	74 057	100 512	131 949	157 067
上限值	97 854	136 055	181 099	217 659
"数据"净资本存量				
下限值	53 549	74 181	92 133	104 824
上限值	71 571	102 231	130 569	150 993
"数据库"净资本存量				
下限值	6 926	9 302	13 015	18 692
上限值	10 290	13 740	18 954	27 050
"数据科学"净资本存量				
下限值	13 582	17 029	26 801	33 551
上限值	15 993	20 084	31 576	39 616
	单位：%			
总净资本存量的年平均增长率				
下限值	—	6.3	5.6	6.0
上限值	—	6.8	5.9	6.3

资料来源：加拿大统计局。

（二）美国 BEA 的核算实践

美国的霍克等研究者明确了以数据分析和数据处理为核心工作的数据职业分类，并衡量了私营部门数据职业的就业规模、收入、教育程度和行业集中度。[①] 基于此，美国 BEA 的拉西尔等研究者从宏观层面对美国数据生产活动中产生的劳动报酬进行了估算。[②] 对于数据资产价值则主要从国民经济核算角度使用成本法进行估算。美国 BEA 在 2022 年对美国数据资产价值的估算逻辑与加拿大统计局类似，通过对数据价值链的分析，分别估算从事数据价值链中相关工作的就业人员的劳动力成本以及生产数据资本的其他成本，用每一年总和的成本去度量每一年新增的数据资产价值，并最终通过永续盘存法得到年末数据资本存量。[③] 本节将重点介绍美国 BEA 对数据资产价值的核算实践。

美国 BEA 首先将数据资产价值核算的范畴与 SNA 的资产和生产边界（见图 8-2）进行了对比，说明了数据在多大程度上符合 SNA 的范围。右下圆圈和左下圆圈分别表示 SNA 的资产边界和生产边界。图 8-2 中的上方圆圈表示数据边界。区域 B、C 和 D 为数据边界与 SNA 边界的重叠部分，表示适合 SNA 范围内的数据类

[①] HAWK W, POWERS R, RUBINOVITZ R. Importance of data occupations in the U.S. economy[R]. U.S.Department of Commerce, Economics and Statistics Administration, 2015.

[②] RASSIER D G, KORNFELD R J, STRASSNER E H. Treatment of data in national accounts[R]. Bureau of Economic Analysis, 2019.

[③] Valuing the US data economy using machine learning and online job postings[R]. BEA Working Paper, 2022.

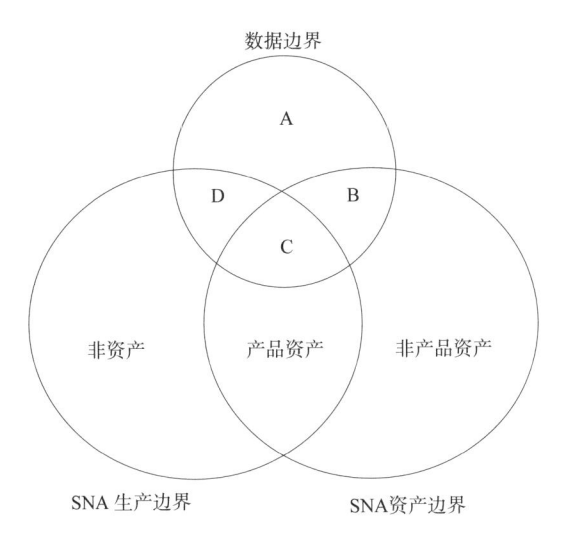

图 8-2 数据边界

资料来源：Rassier D G, Kornfeld R J, Strassner, E. H.(2019).Treatment of Data in National Accounts. BEA Advisory Committee. Burau of Economic Analysis。

别。区域 A 则表示 SNA 边界范围之外的数据。也就是说，并非数据边界内的所有数据都有资格纳入 SNA，也并非所有符合该体系的数据都应被视为资本存量或资产。

与其他国家的一般做法类似，美国国民账户体系目前遵循 SNA 公布的资本存量和增量的测算方法，不将软件和数据库价值分开测算。参照 OECD 和意大利莫罗·维斯康蒂等人的研究[1][2]，BEA 认为数据要素参与价值创造的价值链可以分为数据的"采集"、"存储"、"加工"、"销售"和"利用"等五个环节（见图 8-3）。

---

[1] OECD. Exploring the economics of personal data: A survey of methodologies for measuring monetary value[R]. OECD Digital Economy Papers, 2013.

[2] VISCONTI M. The valuation of digital intangibles[M]. Palgrave Macmillan, 2020.

```
阶段   1    2    3    4    5
数据 → 采集 → 存储 → 加工 → 销售 → 利用
```

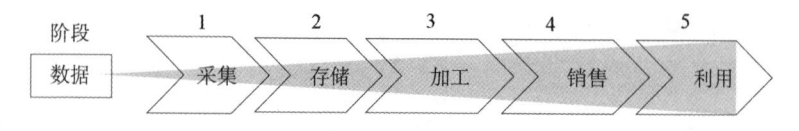

图 8-3　数据价值链

资料来源：Rassier D G, Kornfeld R J, Strassner E H. (2019). Treatment of Data in National Accounts. BEA Advisory Committee. Burau of Economic Analysis。

美国 BEA 通过汇总职业中隐含的数据相关活动的生产成本来衡量美国商业部门自有账户数据库存和流量的价值。生产成本包括人工成本、资本成本和中间消耗。为了估计生产成本，美国 BEA 人工识别了招聘网站上 203 种与数据相关的职业，并使用机器学习的方法更为精准地估算形成数据资本的直接劳动力成本。进一步地，BEA 基于美国在线就业招聘的数据，使用机器学习的方法更为精准地估算形成数据资本的直接劳动力成本。估算结果显示，美国的数据资本从 2003 年的 826 亿美元增长至 2020 年的 1 595 亿美元。

二、中国数据资产核算实践

数据资产核算是我国进入大数据时代发展数字经济的一项重要工作内容，是国家急需加强建设的项目。当前，我国已相继出台多个指导性文件，以加强引导和规范对数据资产价值的评估，推进数据资产入表，从而充分挖掘并合理评估数据资产价值。与加拿大统计局以及美国 BEA 采纳的相关测算方法类似，中国资产评估协会以及中国信息通信研究院也同样建议采纳成本法作为数据要素价值测算的主要方法。[①]

从国民经济核算国际标准看，2008 年 SNA 建议采用生产成本总和（成本法）对最终使用的产出进行估值，且该方法已经成为典型的无形资产价值测度方法，在无形资产价值测度及其对经济增长影响的宏观经济分析研究中应用广泛。[②③] 从实际操作规范看，《知识产权产品资本测度手册》作为知识产权产品测度的实践指导，其建议在实际核算中采用成本法对自给型软件、数据库和研发等知识产权产品进行估值。[④]

2020 年 1 月，中国资产评估协会发布《资产评估专家指引第 9 号——数据资产评估》，该文件作为资产评估机构及其资产评估专业人员的业务参考。该文件指出，数据资产价值的评估方法包括成本法、收益法和市场法三种基本方法及其衍生方法，其中成本法评估模型中的数据效用 U 是影响数据价值实现因素的集合，用于修正数据资产成本投资回报率 R。数据质量、数据基数、数据流通以及数据价值实现风险均会对数据效用 U 产生影响。该文件第

[①] 中国信息通信研究院. 数据资产化：数据资产确认与会计计量研究报告（2020 年）[R].2020.

[②] CORRADO C, HULTEN C, SICHEL D. Intangible capital and U.S. economic growth[J]. Review of Income and Wealth, 2009, 55(3): 661-685.

[③] 郑世林，杨梦俊. 中国省际无形资本存量估算：2000—2016 年 [J]. 管理世界，2020, 36(9):67-81.

[④] OECD. Handbook on deriving capital measurement of intellectual property products[R]. 2010.

二十九条明确指出："可以考虑使用成本法，而收益法和市场法通常适用于交易性和收益性较好的数据资产评估。"

中国信息通信研究院提出了改良的市场法、收益法和成本法的数据资产价值评估模型，鉴于数据应用实际情况，其认为应优先采用成本法，并提出了包括数量、质量、应用和风险四个维度的数据资产价值影响因素的改良成本法，它能够更为合理、有效地评估数据资产价值，减少价值低估误差。[1]

2022年6月22日，中央全面深化改革委员会第二十六次会议指出，"要建立数据产权制度，推进公共数据、企业数据、个人数据分类分级确权授权使用，建立数据资源持有权、数据加工使用权、数据产品经营权等分置的产权运行机制，健全数据要素权益保护制度"。

2022年12月2日，针对数据要素的基础性文件《中共中央-国务院关于构建数据基础制度更好发挥数据要素作用的意见》发布后，相关政策规定陆续出台，数据要素发展提速。

2023年8月21日，财政部印发了《企业数据资源相关会计处理暂行规定》，规范了企业数据资源相关会计处理，强化了相关会计信息披露。

2023年9月8日，在财政部指导下，中国资产评估协会发布了《数据资产评估指导意见》（以下简称《指导意见》），为数据资产的评估实务提供了指引。《指导意见》指出，确定数据资产价值的评

---

[1] 中国信息通信研究院. 数据资产化：数据资产确认与会计计量研究报告（2020年）[R]. 2020.

估方法包括收益法、成本法和市场法三种基本方法及其衍生方法。《指导意见》进一步明确，当对同一数据资产采用多种评估方法时，应当对所获得的各种测算结果进行分析，说明两种以上评估方法结果的差异及其原因和最终确定评估结论的理由。

各地政府积极开展数据资产核算相关研讨和部署工作。目前，以北京、上海、广东为首的地方政府已经快步推进数据要素市场的建立。例如，杭州市数据资源局起草了《杭州市公共数据授权运营实施方案（试行）》；广东构建了两级数据要素市场体系，成立了广州数据交易所和深圳数据交易所等。《深圳市数据交易管理暂行办法》自2023年3月1日起施行。目前，广州海珠、深圳南山已经获批开展数据生产要素统计核算试点。这些试点将为广东省把数据要素纳入国民经济核算体系提供有效经验，对未来全国数据市场的发展具有重要意义。"2023数字经济峰会"上，广东省政务服务数据管理局在主题发言中透露，《广东省数据条例》即将出台，正在研究推动将数据生产要素纳入国民经济核算体系。2023年7月，上海市人民政府办公厅发布了《立足数字经济新赛道推动数据要素产业创新发展行动方案（2023—2025年）》，该文件指出，上海将"推动数据资产化评估及试点，在国家有关部门指导下，探索形成以上海数据交易所场内交易为纽带的数据资产评估机制，在金融、通信、能源等领域开展试点。探索建构数据要素国民经济统计核算制度，率先在浦东试点并逐步在全市范围内推广"。

第九章　数据要素参与收入分配[①]

　　与传统生产要素相比，数据具有比较鲜明的特征，包括虚拟性、非竞争性、有限排他性、规模报酬递增、正外部性等[②][③]，因此，要使数据从潜在的生产力转化为现实的生产力，必须将数据物化到劳动者、劳动资料以及劳动对象等生产力的基本要素中，即数据必须在生产过程中渗透到生产力的基本要素中才能转化为实际的生产能力。在此过程中，数据被不同的主体所占有，并分散在不同环节中。**数据要素参与分配的前提是理清数据要素的所有权**

---

① 本章作者：戎珂、黄成。
② 徐翔，厉克奥博，田晓轩. 数据生产要素研究进展 [J]. 经济学动态，2021（4）：142-158.
③ 蔡继明，刘嫒，高宏，陈臣. 数据要素参与价值创造的途径——基于广义价值论的一般均衡分析 [J]. 管理世界，2022，38(7):108-121.

和对数据要素进行合理定价,并构建起有效的收益分配机制。数据要素还具有比较明显的规模效应,容易出现"赢家通吃"局面,这可能加剧收入不平等。基于此,本章首先从理论上分析数据要素参与收入分配的逻辑,然后剖析数据要素参与收入分配的一些难点,最后综合已有理论和政策研究,提出数据要素参与收入分配的三层制度方案。

第一节 数据要素参与收入分配的理论前提

数据要素不仅直接影响收入分配,还能通过数字经济间接影响收入分配。一方面,数据要素在数字经济中的关键地位导致其对数字经济发展的贡献越来越大;另一方面,数字经济对经济发展的影响越来越大,对收入分配的比重、形式等影响也越来越大。因此,本书在分析数据要素对收入分配的影响时,将考虑数字经济的重要作用。

一、数据要素在"做蛋糕"中的重要作用

前述章节已经论证了数据要素的价值实现机制,以及数据要素在实现宏观经济目标中的重要作用,因此,数据要素在"做蛋糕"

中的作用不言而喻。然而，与传统生产要素相比，数据要素在经济社会中的贡献到底如何，还需要进一步论证。

从经济形态更迭视角看，数据要素对经济社会的贡献伴随经济形态的更迭而逐渐凸显。在经济学领域，一般认为生产力与生产关系的矛盾运动是人类社会不断发展的根本动力，并且生产力的变化首先表现在技术进步上。基于这一理论，一般将经济形态划分为原始经济、农业经济、工业经济、数字经济四种经济形态。[①]在原始经济时代，人类的生存方式是采摘、捕捉、狩猎，对自然界充满不解和畏惧，尚未对生产要素进行开发和配置，也没有明确的生产方式。到农业经济时代，人类的生产方式主要有农产品种植、畜牧、养殖、加工等，推动生产力提升的要素主要是土地、劳动力、以及农业技术。[②]在假定技术不变的前提下，农业经济增长主要依靠扩大土地面积和积累农业劳动力数量来实现。在土地和劳动力两个因素中，由于土地面积在短期内保持不变，因此劳动力增长对经济增长的贡献更大。到工业经济时代，人类的生产方式主要涉及工业、服务业、农业等，推动生产力提升的要素主要是劳动力、资本、以及工业技术。工业经济增长主要依靠劳动力、资本的增加以及技术的进步来实现。在劳动力、资本、技术三个因素中，技术进步带来的经济增长往往是巨大和长期的，因此技术对经济增长的贡献相对资本和劳动力更大。按照这一逻辑

---

① 龚晓莺，杨柔.数字经济发展的理论逻辑与现实路径研究[J].当代经济研究，2021（1）：17-25.

② 戎珂，陆志鹏.数据要素论[M].北京：人民出版社，2022：10-11.

推演，在数字经济时代，数据成为新的生产要素，不仅其自身具有规模报酬递增效应，还能赋能其他生产要素，因此其对经济增长的贡献将至少大于资本、劳动力，甚至有可能成为第一要素。[1]

从数据要素支撑宏观经济发展视角来看，数据要素在"做蛋糕"中的重要地位是通过其在数字经济中的角色来体现的。

一是培育经济增长新动能。以数据为关键生产要素的数字经济，通过发挥数据价值，能有效延伸和细分产业链，将过去难以充分发挥价值的要素和环节激活，释放新动能，实现新发展。[2]从企业层面来看，数据要素能够改善企业生产决策流程，促进企业产品创新，降低企业成本，提升企业效率[3][4][5]，并降低企业运行的不确定性，优化生产要素配置。[6]

二是提升全社会资源配置效率。近年来，数据要素在数字技术和实体经济深度融合中发挥了重要作用。在农业发展领域，高精地图、物联网、移动互联等数字技术通过大数据分析，助推农业精细化管理和农产品线上营销；在制造业发展领域，数据要素

---

[1] 参见《掌握数字文明时代第一要素 迈向社会主义现代化强国》，载于 https://gbdy.ndrc.gov.cn/gbdyzcjd/202303/t20230317_1351345.html。
[2] 戎珂，黄成.推动数字经济高质量发展[N].中国社会科学报，2022-06-30(001).
[3] GHASEMAGHAEI M, CALIC G. Does big data enhance firm innovation competency? The mediating role of data-driven insights[J]. Journal of Business Research, 2019(11): 69-84.
[4] 陈剑，黄朔，刘运辉.从赋能到使能——数字化环境下的企业运营管理[J].管理世界，2020，36（2）：117-128..
[5] 谢康，夏正豪，肖静华.大数据成为现实生产要素的企业实现机制：产品创新视角[J].中国工业经济，2020（5）：42-60.
[6] 王谦，付晓东.数据要素赋能经济增长机制探究[J].上海经济研究，2021(4):55-66.

更是依托工业互联网，在供应链的研发设计、制造生产、市场匹配等环节发挥巨大作用，提高了资源利用和匹配效率[①]；在金融等服务领域，数据要素和区块链、物联网、5G、人工智能等数字技术发挥了信息挖掘和匹配功能，起到了对实体经济的支撑和赋能作用。[②]

三是提高国家治理能力。随着数字技术的发展和实践应用，数字治理已经成为一种行之有效的治理手段，数据要素和数字技术有效提高了政府精细化治理和服务能力，特别是在重大公共安全和应急事件中发挥了重要作用。[③]

从数据要素参与价值创造的微观视角来看，数据要素通过与其他生产要素结合来创造价值、"做大蛋糕"。蔡继明等基于广义价值论的一般均衡分析认为，可以通过数据初始存量、前期和当期收集处理数据所投入的劳动等途径提高绝对生产力，进而通过综合生产力和比较生产力的提升引起价值量的增加。[④]进一步，其依据比较生产力与价值量的正相关原理，认为数据要素作为非劳动生产要素之一，可以提高部门单位平均劳动耗费创造的价值量。[⑤]

[①] 戎珂，黄成.推动数字经济高质量发展[N].中国社会科学报，2022-06-30(001).

[②] 孙智君，陈霜.新时代中国共产党数字经济发展战略的演进与重要维度[J].重庆社会科学，2022(11):6-23.

[③] 参见《中国数字经济发展白皮书》，载于http://www.caict.ac.cn/kxyj/qwfb/bps/202104/t20210423_374626.htm。

[④] 蔡继明，刘媛，高宏，陈臣.数据要素参与价值创造的途径——基于广义价值论的一般均衡分析[J].管理世界，2022，38(7): 108-121.

[⑤] 蔡继明，曹越洋，刘乐易.论数据要素按贡献参与分配的价值基础——基于广义价值论的视角[J].数量经济技术经济研究，2023，40（8）：5-24.

此外，由于数据价值不是由数据独立创造的，而是要和其他生产要素相结合才能发挥出来，因此要考察数据要素对价值创造的贡献，就必须考虑数据在数据价值链不同环节与其他要素相结合的过程。①

二、数据要素在"分蛋糕"中的重要地位

数据要素在助力做大经济"蛋糕"的同时，势必会参与分配经济"蛋糕"的过程。党的十九届四中全会提出，要"健全劳动、资本、土地、知识、技术、管理、数据等生产要素由市场评价贡献、按贡献决定报酬的机制"，这为数据要素按贡献参与分配指明了方向。数据要素按贡献参与分配意味着，数据作为一种生产要素参与生产并由此获得回报，这是数据要素所有权的经济实现。②对于数据要素按贡献参与分配的实践路径，理论界认为通过数据价值创造的贡献，数据要素市场的供求关系，以及政府宏观调控等都可以实现。

由于数据不是天然存在的，而是基于场景生成的③，因此，在

---

① 蔡继明，曹越洋，刘乐易. 论数据要素按贡献参与分配的价值基础——基于广义价值论的视角 [J]. 数量经济技术经济研究，2023，40（8）：5-24.
② 李标，孙琨，孙根紧. 数据要素参与收入分配：理论分析、事实依据与实践路径 [J]. 改革，2022(3):66-76.
③ 刘涛雄，李若菲，戎珂. 基于生成场景的数据确权理论与分级授权 [J]. 管理世界，2023，39(2):22-39.

分析数据要素在"分蛋糕"中的重要地位时，也应该从价值创造的角度，基于数据价值链分析各环节市场主体的具体贡献。蔡继明等（2023）构建了引入数据要素的功能性分配模型，对数据要素在价值创造中的贡献和对应的分配份额进行分解，认为数据要素的报酬应与数据要素对价值创造所做的贡献相一致。① 同时，由于数据要素对价值创造的贡献是在价值链中与其他生产要素相结合而产生的，因此接入各环节的每一方的收益权应该按照其接入环节时控制数据使之收益增值的部分得到分配。

这无疑从价值创造的角度很好地解释了党的十九届四中全会强调的"按贡献决定报酬的机制"。然而，"生产要素由市场评价贡献"同样重要，这便引出了数据要素市场的重要性。换言之，"培育和完善健全的数据要素市场，是有效配置数据资源、公平分配数据要素收益的必要前提"②。从市场的视角出发，一种思路认为，数据要素的价格应在数据要素市场上形成，并反映数据的供求关系。③

数据收入分配除了可以通过市场化的手段来实现，还可以通过政府的宏观调控手段来实现。为了实现共同富裕，应该坚持按

---

① 蔡继明，曹越洋，刘乐易. 论数据要素按贡献参与分配的价值基础——基于广义价值论的视角 [J]. 数量经济技术经济研究，2023，40（8）：5-24.
② 参见《构建公平与效率相统一的数据要素按贡献参与分配的制度——解读"数据二十条"》，载自 https://www.ndrc.gov.cn/xxgk/jd/jd/202303/t20230317_1351338.html。
③ 李政，周希禛. 数据作为生产要素参与分配的政治经济学分析 [J]. 学习与探索，2020(1): 109-115.

劳分配并有效运用政府的宏观调控手段。① 为此，"数据财政"的概念应运而生。由于用户和企业在数据议价权方面天然处于弱势地位，因此建立在公共数据授权运营和数据要素市场化交易之上的"数据财政"为数据红利的二次分配提供了可行路径。② 此外，Web 3.0 时代的技术突破也可能为一次分配的公平提供可行性。

三、数据要素通过数字经济在"做蛋糕"和"分蛋糕"中发挥作用

数据要素除了在"做蛋糕"和"分蛋糕"中发挥直接作用，还可以通过数字经济在"做蛋糕"和"分蛋糕"中发挥间接作用。但从既有研究来看，数字经济在其中的作用到底是促进的还是抑制的，学术界尚存在争议。

当前，许多实证研究表明，数字经济既有利于"做蛋糕"又有利于"分蛋糕"。袁惠爱等以2011—2020年中国30个省市为样本的实证研究表明，数字经济对我国"做大蛋糕"和"分好蛋糕"都有显著促进作用。③ 方明月等利用中国A股上市公司数据开展实证研究，证明企业数字化转型总体上提高了企业的营业总收入和

---

① 蒋永穆.数据作为生产要素参与分配的现实路径[J].国家治理, 2020, 295(31): 43-45.
② 徐偲骕.数据要素红利全民共享机制——基于一、二次分配相结合的探索[J].学习与实践, 2023, (06): 20-29.
③ 袁惠爱, 赵丽红, 岳宏志.数字经济发展与共同富裕促进："做大蛋糕"与"分好蛋糕"辩证思考[J].现代财经（天津财经大学学报）, 2023，43(01): 50-67.

劳动收入份额，即同时实现了"做大蛋糕"和"分好蛋糕"的功能。① 此外，马述忠等还从数字农业的角度切入研究，发现数字农业通过生产环节、流通环节和销售环节的数字化实现了经济、生态和文化价值的再创造。② 同时，在研究数字农业的福利效应时还发现，数字农业通过"农户—市场中介""市场中介—消费者""生产性服务商—农户"三个环节的商流、资金流的重塑实现了价值再分配。③

除此之外，还有许多研究认为，数字经济对"做蛋糕"和"分蛋糕"的作用存在异质性。周清香和李仙娥的实证研究表明，数字经济对共同富裕的助推作用具有边际效应递增的非线性特征，且存在显著的区域异质性，表现为东部地区数字经济对共同富裕的促进作用强于中西部地区。④ 对于数字经济典型代表的互联网，王儒奇和陶士贵研究了互联网的发展对收入分配的影响，发现互联网的高速发展能有效提高第三次分配对减缓贫困的促进作用。⑤

---

① 方明月，林佳妮，聂辉华. 数字化转型是否促进了企业内共同富裕？——来自中国A股上市公司的证据 [J]. 数量经济技术经济研究，2022，39(11): 50-70.
② 马述忠，贺歌，郭继文. 数字农业的福利效应——基于价值再创造与再分配视角的解构 [J]. 农业经济问题，2022(05): 10-26.
③ 同上。
④ 周清香，李仙娥. 数字经济对共同富裕的影响效应与作用机制研究 [J]. 经济问题探索，2023(06): 80-93.
⑤ 王儒奇，陶士贵. 第三次分配能否减缓贫困程度——兼论互联网发展的赋能作用 [J]. 福建论坛（人文社会科学版），2022(04): 52-65.

第二节 数据要素参与收入分配的难点

当前，数据已成为新型生产要素，让数据要素参与收入分配被寄予希望。然而，我们仍存在一系列问题有待解决。例如，数据权属不清可能导致收入分配不平等，数据市场定价不合理也可能阻碍收入合理分配，数据市场监管机制不健全亦会导致收入分配不合理。此外，可能加剧收入分配不平等的"数字鸿沟"也暂时难以有效解决。

一、数据权属不清可能导致收入分配不平等

从生产要素按贡献决定报酬的机制来看，数据要素参与收入分配应该遵循"共同生产—共有权利—共享剩余"的原则。[1] 如果要实现权利和分配的平等，首要条件就是要明确数据产权制度。因此，数据权属不清是导致收入分配不平等的逻辑起点，它导致数据价值创造的贡献难以确定，原始数据提供者无法主张自己的数

---

[1] 王宝珠，王朝科.数据生产要素的政治经济学分析——兼论基于数据要素权利的共同富裕实现机制[J].南京大学学报（哲学·人文科学·社会科学），2022，59(05): 21-36.

据权益①，分配主体确立不科学②，税收难以合理征收等，最终导致收入分配不平等。对此，张忠跃将数据要素参与收入分配面临的难题归纳为"三重困境"，即数据权属关系界定不清晰的权属界定困境，非劳动收入分配主体不明的收入分配困境，非劳动收入分配不公的数据鸿沟困境。③也有学者将数据要素难以参与收入分配的问题归纳为"多元要素融合"下数据贡献确算难题，"一数多权"下数据权属界定难题，以及"共享环境"下数据安全和隐私保护难题。④

然而，造成数据权属不清的原因是多方面的。首先，在制度层面，我国虽然颁布了关于数据保护的网安法、数安法、个保法三大法律制度⑤，但现有法律法规关于数据权属的界定仍不明晰。而"数据二十条"⑥也采取了暂时搁置数据权属争议的方案来鼓励市场开发数据价值。其次，随着数据被不断加工和应用，其加工程度越深、流通越广、应用场景越丰富，提供数据的人们对数据价值

---

① 王延川，吕君枝. 原始数据提供者参与数据要素收益分配的理论逻辑与实践路径——以共同富裕为视角的考察 [J]. 陕西师范大学学报（哲学社会科学版），2023，52(03): 82-93.

② 王伟玲，吴志刚，徐靖. 加快数据要素市场培育的关键点与路径 [J]. 经济纵横，2021(03):39-47.

③ 张忠跃. 数字经济时代数据要素参与非劳动收入分配的理论与实践 [J]. 当代经济研究，2023 (03): 90-97.

④ 崔平，彭鸽. 数据要素参与分配：价值、困境与路径 [J]. 上海经济研究，2022(06): 27-35.

⑤ 三大法律制度具体指《中华人民共和国网络安全法》《中华人民共和国数据安全法》《中华人民共和国个人信息保护法》。

⑥ 这里指《中共中央 国务院关于构建数据基础制度更好发挥数据要素作用的意见》。

的知情度也将越低,其对数据收入分配的话语权也越低。[1]特别是在数据信息脱敏后,数据转化为不再包含或无法识别个人所有的隐私信息后,这部分数据属于个人还是平台企业将难以确定。最后,数据的贡献一般是基于生成场景产生的,数据的生成往往凝聚了多方贡献。在不同生成场景中,各主体对于数据要素生成的贡献大小、贡献方式都不同。以平台和用户交互生成数据为例,平台认为自己贡献了大量的人力、物力和财力来建设和维护平台,而用户在平台上的行为对数据的贡献较小,因而平台认为自己对数据生成的贡献更大。反过来,用户认为数据的核心价值还是用户行为,没有用户使用的平台只能是无米之炊,因而用户认为自己对数据生成的贡献更大。这样一来,平台和用户之间关于数据产权归属问题便难以协商,即便平台和用户都认可数据归多方共有,但只要权属和利益归属界定不清晰,就会对数据的后续交易和使用带来极大成本。

总之,无论是从数据要素参与收入分配的法理还是实践角度来看,都应以清晰界定不同类型数据的权属范围为逻辑起点,并从法理上避免因违法违规使用或交易数据而对数据要素化、资源化形成制约[2],这样才能从源头上保证数据收入的合理分配。因此,

---

[1] 黄科满,杜小勇.数据治理价值链模型与数据基础制度分析[J].大数据,2022(04): 3-16.
[2] 李标,孙琨,孙根紧.数据要素参与收入分配:理论分析、事实依据与实践路径[J].改革,2022(03): 66-76.

学者们纷纷提出应明确数据所有权以重塑收益分配格局[①]；通过数据资源确权以明确参与价值分配的资格[②]；加快完善数据要素产权的细化分类界定，实现数据要素的权属保护与产权有效激励，这样才能更加体现兼顾效率和公平的收入分配机制[③④]。

二、数据市场定价不合理可能阻碍收入合理分配

个人作为数据要素的重要提供者，理应通过市场机制获得合理的收益分配。[⑤]然而，数据停留在个人手上时价值量极低，只有当大量数据汇聚到数据平台等专业化的企业、组织手上时才能释放价值。这便导致数据价值释放天然需要平台的介入。平台将在原始数据授权采集和数据产品定价两个环节介入，这往往导致数据收入分配不合理。

在原始数据授权采集环节，用户面对数据平台企业几乎没有议

[①] 蔡万焕，张紫竹. 作为生产要素的数据：数据资本化、收益分配与所有权 [J]. 教学与研究，2022(07): 57-65.

[②] 黄科满，杜小勇. 数据治理价值链模型与数据基础制度分析 [J]. 大数据，2022(04): 3-16.

[③] 李标，孙琨，孙根紧. 数据要素参与收入分配：理论分析、事实依据与实践路径 [J]. 改革，2022(03):66-76.

[④] 张忠跃. 数字经济时代数据要素参与非劳动收入分配的理论与实践 [J]. 当代经济研究，2023(03): 90-97.

[⑤] 卢延纯. 夯实数据要素驱动基础 培育数据资产价格链 [J]. 价格理论与实践，2023，465(03):12-14.

价能力。以城市网约车市场为例，根据上海市交通委公布的2023年第一季度数据，滴滴和美团占据了市场80%的份额[①]，其他平台难以撼动其地位。在没有完善的数据监管体系情况下，平台巨头容易凭借数据优势形成市场垄断[②]，并且以极低的价格获取用户数据。由于数据的非消耗性和易复制特征，数据要素自身特点及平台经济的运作方式，平台数据垄断更容易形成，并展现出强大的网络效应，进而在数据交易中显示出突出的垄断问题。[③④⑤]因此，从原始数据获取阶段，数据平台和用户之间便采取了不合理的定价机制。

在提供数据产品和服务过程中，平台对数据的独占使其在数据产品和服务市场上也具有更大的话语权，从而容易形成不合理定价，如"大数据杀熟"等。此外，随着数据资本逐步积累，数据资本所有者攫取了数据要素带来的大部分数字红利，而提供数据原料的用户、维护平台正常运行的劳动者和保持平台活力的小生产者反而处于一种被支配的地位，这也有违分配的公平性。[⑥]

---

① 参见《上海2023年一季度网约车数据公布，滴滴美团占据8成市场份额！》，载于 https://www.163.com/dy/article/I79KTBA90547K1F9.html。
② 熊巧琴，汤珂. 数据要素的界权、交易和定价研究进展 [J]. 经济学动态，2021(02): 143-158.
③ 何玉长，王伟. 数据要素市场化的理论阐释 [J]. 当代经济研究，2021(04): 33-44.
④ 吴垠. 平台经济反垄断与保障国家经济安全 [J]. 马克思主义研究，2021 (12): 114-121.
⑤ 黄少安，张华庆，刘阳荷. 数据要素的价值实现与市场化配置 [J]. 东岳论丛，2022, 43(02):115-121.
⑥ 蔡万焕，张紫竹. 作为生产要素的数据：数据资本化、收益分配与所有权 [J]. 教学与研究，2022(07): 57-65.

正是由于数据平台在上述两个环节对数据提供者和数据产品需求者形成的定价机制不明或定价不合理，所以才有学者早在我国将数据纳入生产要素并参与收入分配时就呼吁，要"防止按要素贡献分配等同于按要素市场价格分配"[1]。

三、数据市场监管机制不健全导致收入分配不合理

对于数据定价机制不明导致的数据收入分配不合理问题，大多诉诸制度建设和技术手段的完善。从制度建设角度来看，蔡万焕和张紫竹提出要赋予平台组织数据用益权以促发展，但同时需要注意数据收益的再分配向用户倾斜，甚至可以从长远计探索社会主义制度下的数据公有制道路，从根源上解决分配不合理的问题[2]。李标等认为，要建立健全数据要素科学的价格运行机制和数据收益公平分配的制度保障。[3] 建立商用情境下的政府数据有偿开放制度，并通过设立政府开放数据发展专项资金的方式"反哺"信息主体。此外，还可以从平台端或第三方机构着手，例如黄科满和

---

[1] 吴星泽.完善和深化要素认识，健全按要素贡献分配机制[J].审计与经济研究，2020，35(01): 14-15, 6.

[2] 蔡万焕, 张紫竹.作为生产要素的数据：数据资本化、收益分配与所有权[J].教学与研究，2022(07): 57-65.

[3] 李标, 孙琨, 孙根紧.数据要素参与收入分配：理论分析、事实依据与实践路径[J].改革，2022(03):66-76.

杜小勇提出，通过数据资源托管来提高参与价值分配的能力。[1] 从完善技术手段角度来看，我们要解决原始数据提供者参与分配面临的技术难题。例如，为矫正数据企业与信息主体间的分配不公问题，蔡昌等提出基于区块链技术的数据资产确权模式。[2]

然而，制度的健全并非朝夕之事，需要长期的实践探索才能实现。当前，已有研究针对政府数据开放共享和数字服务税的制度提出了疑问，认为其对数据收入合理分配带来了抑制效应。赵申豪认为，政府数据开放制度绕开了个人信息保护的"知情-同意规则"，消解了数据收益的初次分配，主要受益者是数据企业，这进一步加大数据企业与信息主体间的财富分配偏差，不利于数字经济时代的共同富裕。[3] 路文成等认为 OECD 提出的"数字服务税"因缺乏充分的经济学理论支撑而造成了数据红利分配不均、数据流通壁垒等问题。[4] 对此，有学者提出了基于区块链技术的税收治理模式。[5]

---

[1] 黄科满，杜小勇.数据治理价值链模型与数据基础制度分析[J].大数据，2022(04): 3-16.

[2] 蔡昌，赵艳艳，李梦娟.区块链赋能数据资产确权与税收治理[J].税务研究，2021，438(07): 90-97.

[3] 赵申豪.共同富裕背景下政府开放数据收益分配的制度规制[J].电子政务，2023(04): 80-92.

[4] 路文成，魏建，贺新宇.数据税：理论基础与制度设计[J].江海学刊，2022(01): 91-97，255.

[5] 蔡昌，赵艳艳，李梦娟.区块链赋能数据资产确权与税收治理[J].税务研究，2021，438(07): 90-97.

四、可能加剧收入分配不平等的"数字鸿沟"暂难有效解决

数据要素的价值和对收入分配方式的影响，将更多体现在数字经济的发展方面。既有研究对数字经济能否加剧收入分配不平等还存在许多争议，特别是很多研究表明，数字经济对收入分配的影响在不同国家之间、地区之间、城乡之间、性别之间、不同个体之间存在差异。[1][2] 总体上，数字红利和数字鸿沟的综合作用决定了收入分配的结构。

部分研究认为，数字经济可以改善收入分配的"数字红利"，如为低技能劳动力提供就业机会、增加就业途径[3]、提高收入水平、缩小收入差距[4][5]、缩小城乡收入差距[6]、实现减贫增收[7]、促进区域协

---

[1] 赵伟，彭玉婷. 数字经济发展是否会影响收入不平等？——基于空间面板模型的实证检验 [J]. 经济问题探索，2022(12): 35-51.

[2] 李伟舵，解振宇. 数字化发展的劳动收入分配效应——基于微观劳动个体的经验证据 [J]. 学术交流，2022(12): 135-148，187.

[3] ACEMOGLU D, RESTREPO P. The race between man and machine: Implications of technology for growth, factor shares and employment[J]. The American Economic Review, 2018, 108(6):1488-1542.

[4] 罗楚亮，梁晓慧. 完善数字经济背景下的收入分配机制 [J]. 中国高校社会科学，2022(05): 39-46，158.

[5] 李伟舵，解振宇. 数字化发展的劳动收入分配效应——基于微观劳动个体的经验证据 [J]. 学术交流，2022(12): 135-148，187.

[6] 陈文，吴赢. 数字经济发展、数字鸿沟与城乡居民收入差距 [J]. 南方经济，2021(11): 1-17.

[7] 秦芳，王剑程，胥芹. 数字经济如何促进农户增收？——来自农村电商发展的证据 [J]. 经济学（季刊），2022，22(02):591-612.

调发展[①]、助力城乡融合[②]等。

然而，更多研究显示，数字经济还可能带来恶化收入分配的"数字鸿沟"，如知识贫困、信息过载、数字生产集中而消费分散、隐私泄露等，从而导致基础工作被替代、技能偏向、城乡收入差距加大等问题。[③]例如，研究发现，在过去40年中，美国工资结构50%~70%的变化是由快速自动化行业中工人工资相对下降造成的。[④]此外，数字经济具有"赢家通吃"的市场结构特征，这使得投资数字经济的资本获得了超额利润，从而导致了收入不平等，并且这些利润反过来又进一步影响了资本投资和收入分配。[⑤]

聚焦中国的研究也可以得出类似的结论，这些研究涵盖了数字产业化、产业数字化、数字技术、机器人替代等领域。曹静韬和张思聪利用30个省份2013—2019年的数字产业化和产业数字化相关数据建立了空间杜宾模型，并对数字经济的空间溢出效应及其对地区间税收收入分配影响进行了实证分析。研究发现，数字经济发展地区不均衡和部分地区数字经济的发展过快会加大地区间

---

① 李清华，何爱平.数字经济对区域经济协调发展的影响效应及作用机制研究[J].经济问题探索，2022(08):1-13.
② 谢璐，韩文龙.数字技术和数字经济助力城乡融合发展的理论逻辑与实现路径[J].农业经济问题，2022(11):96-105.
③ 王宁，胡乐明.数字经济对收入分配的影响：文献述评与研究展望[J].经济与管理评论，2022,38(05): 20-35.
④ ACEMOGLU D, RESTREPO P. Robots and jobs: Evidence from US labor markets[J]. Journal of Political Economy, 2020, 128(6): 2188-2244.
⑤ GUELLEC D, PAUNOV C. Digital innovation and the distribution of income[R]. National Bureau of Economic Research, 2017.

的税收收入分配差距。① 赵伟和彭玉婷研究发现，数字经济的发展会显著加深收入不平等程度，这种情况在东部地区和西部地区尤为显著。同时，数字经济的发展对收入分配的影响不仅体现为对本地区的影响，而且会通过空间外溢效应扩大周边区域的收入差距。② 周绍东和刘健研究数字技术引入对生产力水平的影响，发现引入数字技术将导致生产方式发生代际分层，拉大农村地区不同群体之间的收入差距。③ 一个典型的现象是，机器人的使用替代了部分体力劳动。许健等认为，机器人资本相对其他资本更容易替代体力劳动，并且机器人在生产过程中与脑力劳动互补，这将降低企业对体力劳动的相对需求，提高企业对脑力劳动的相对需求，进而提高脑力劳动溢价，增大收入差距。④

第三节　数据要素参与收入分配的理论进路

党的十九届四中全会提出，要"健全劳动、资本、土地、知识、

---

① 曹静韬，张思聪. 数字经济对我国地区间税收收入分配影响的实证分析——基于空间杜宾模型 [J]. 税务研究，2022(06): 13-21.
② 赵伟，彭玉婷. 数字经济发展是否会影响收入不平等？——基于空间面板模型的实证检验 [J]. 经济问题探索，2022(12): 35-51.
③ 周绍东，刘健. 数字技术如何促进共同富裕？——以"湖北淘宝第一村"下营村为例 [J]. 理论月刊，2022(09): 60-70.
④ 许健，季康先，刘晓亭，夏炎. 工业机器人应用、性别工资差距与共同富裕 [J]. 数量经济技术经济研究，2022, 39(09): 134-156.

技术、管理、数据等生产要素由市场评价贡献、按贡献决定报酬的机制"，这为生产要素市场的改革指明了方向。2022年6月，中央全面深化改革委员会第二十六次会议提出，"要完善数据要素市场化配置机制，更好发挥政府在数据要素收益分配中的引导调节作用，建立体现效率、促进公平的数据要素收益分配制度"。2022年12月颁布的"数据二十条"进一步阐释，要"结合数据要素特征，优化分配结构，构建公平、高效、激励与规范相结合的数据价值分配机制"。我国的收入分配制度要兼顾效率和公平，因此数据要素参与收入分配既要遵循按要素贡献参与收入分配的基本原则，也要兼顾公平，更加合理分配。

基于这一指导思想，已有研究构建了各类分配制度框架。如杨铭鑫等的"三步走分配制度框架体系"，包括初次分配、监管激励相容的第二次分配和长效运行的第三次分配。[1] 卢延纯认为，数据要素的分配与再分配调节机制，有利于统筹全社会数据资产效率与公平，消除数据鸿沟，向共同富裕目标迈进。[2]

事实上，作为生产要素的数据在价值创造中做出了贡献，理应获得合理的收入分配。反过来，只有公正的数据利益分配机制，

---

[1] 杨铭鑫，王建冬，窦悦.数字经济背景下数据要素参与收入分配的制度进路研究[J].电子政务，2022(02): 31-39.
[2] 卢延纯.夯实数据要素驱动基础 培育数据资产价格链[J].价格理论与实践，2023，465(03):12-14.

才能充分调动各方主体的积极性，最大限度地发挥数据价值。[①] 本书综合国家顶层设计要求和学术界已有研究，提出数据要素参与收入分配的三层制度方案，包括初次分配、二次分配以及三次分配。其中，初次分配为主，二次分配和三次分配为辅。

一、数据要素参与初次分配的理论进路

数据要素遵循以市场化为主的一次分配原则，按照国家分配制度通过市场机制按贡献参与国民收入的初次分配。"数据二十条"规定，要按照"谁投入、谁贡献、谁受益"原则，着重保护数据要素各参与方的投入产出收益。其理论进路可以根据数据价值链中各方贡献来解构。根据戎珂、陆志鹏构建的数据价值链，我们可以将数据价值链大体设定为三个阶段：数据授权阶段，数据交易阶段，数据产品和服务提供阶段。数据通过这三个阶段实现价值增值。

数据授权是数据价值"从0到1"的阶段。该阶段在确保数据来源、流通、应用的合法性，保障数据主体的权益和隐私，规范数据流通和应用的权限范围，降低数据的负外部性等方面做出了巨大贡献，为后续价值链创造了前提条件，参与该阶段贡献的主

[①] 参见《构建数据产权、突出收益分配、强化安全治理，助力数字经济和实体经济深度融合——基于对"数据二十条"的解读》，载于 https://www.ndrc.gov.cn/xxgk/jd/jd/202303/t20230317_1351341.html。

体应该参与数据要素收入分配。数据采集、清洗、存储往往在数据授权之后发生，这一阶段主要是将无序的、未经加工处理的原始数据，通过登记归集、清洗转换、分类分级、编目稽核等初加工方式转化为有序的、具有使用价值的数据资源，具有一定的贡献，参与该阶段贡献的主体也应该参与数据要素收入分配。

数据交易是数据价值"从 1 到 n"的阶段。该阶段在促进数据分享，推动数据安全高效流动，形成网络效应，进而在实现规模报酬递增效应中发挥了巨大作用，参与该阶段贡献的市场主体应该参与数据要素收入分配。

数据产品和服务的提供是数据价值"从 n 到 +∞"的阶段，该阶段是数据价值释放的阶段，与应用场景高度相关。因此，提供数据产品和服务的主体需要深入大量的行业应用场景，只有掌握丰富和高水平的数字技术，才能提供符合市场需求的数据产品和服务。相对而言，参与该阶段贡献的市场主体应该获得更多的收入分配。

二、数据要素参与再分配的理论进路

在初次分配完成后，政府应发挥调控作用，通过征税等方式实现数据收益的再分配，从而达到对效率和公平的兼顾。[①] "数字税"

---

① 王颂吉，李怡璇，高伊凡. 数据要素的产权界定与收入分配机制 [J]. 福建论坛（人文社会科学版），2020，343(12): 138-145.

的征收及可能的个人数据财产价值估算和财产利益份额分配方式可以实现个人数据财产利益的间接和直接分配。[①]因此，应构建以数据税为基础的二次分配原则，通过税费、转移支付、完善基本公共服务等手段调节数据要素的收益分配。由于数据要素存在规模报酬递增属性，企业拥有一定规模数据后，其生产活动所带来的价值增值是巨大的，但对于贡献了数据的单个个体而言其并未享受到该部分价值（正如前文所述，同意平台使用数据的用户并未获得数据再流转所产生的收益），因此需要对这部分增值的价值征收数据税。对于数据要素参与二次分配，可以尝试使用数据收集费＋数据增值税的数字税费模式。

无论是数字税还是数据税的改革，当前世界范围内许多政府和学者都处于对其的探索之中。在国际层面，数字税改革将借助国家政治权力，重构平台经济下社会总剩余价值的再分配机制，从而有效缓解国际分配矛盾。[②]在国家层面，数字税是政府引导调节数据收益再分配的核心手段，加快探索研究数字税是政府调节数据收益再分配的必然选择。[③]此外，应完善现行财政转移支付制度，实施税收改革。[④]对此，路文成等提出，以数据要素规模为税基的

[①] 马康凤.个人数据财产利益的实现及分配[J].安徽大学学报(哲学社会科学版)，2023，47(02): 77-85.

[②] 丁晓钦，王艺宣.政治经济学视域下的国际数字税改及其对中国的启示[J].马克思主义与现实，2023(03): 100-110.

[③] 胡拥军，高聚辉.探索数字税 调节数据收益再分配[J].中国信息界，2023，355(01): 28-30.

[④] 曹静韬，张思聪.数字经济对我国地区间税收收入分配影响的实证分析——基于空间杜宾模型[J].税务研究，2022(06): 13-21.

从量税设计可以解决数字服务税的税收转嫁、双重征税等缺陷所带来的问题。[①]

三、数据要素参与第三次分配的理论进路

随着数据资产化的展开，数据逐渐成为财产配置的重要组成部分，因而可以参与到第三次分配中。我们应积极引导大型平台企业以及微观个体等相关主体参与社会捐赠，提升三次分配规模。

首先，企业社会责任在数字经济时代变得更为重要。享受了数据要素带来的大量价值增值的大型数字平台企业，应当承担企业社会责任，积极反哺社会。三次分配应重视落后地区建设以及弱势群体需求，从而缩小数字鸿沟，促进社会公平、共同富裕，让数据要素更好地造福整个社会的发展。

其次，在保证微观主体敏感数据信息得到保护的前提下，也应该鼓励微观主体积极贡献个人数据，这样便于科研机构等通过大数据提高科研水平，比如医疗系统病例信息的共享可以助力医疗科研机构研究创新。

[①] 路文成，魏建，贺新宇. 数据税：理论基础与制度设计 [J]. 江海学刊，2022(01)：91-97，255.

第十章　数据经济治理[1]

作为新的关键生产要素，数据在经济发展中发挥着越来越重要的作用，这也对数据经济治理提出了新的要求。数据能否在健康良性的轨道上发挥价值，取决于我们能否合理高效地监管数据交易和平衡数据安全问题。本章分为三个部分，即数据经济治理的主要内容、数据交易市场监管和数据反垄断治理。通过对这些问题的深入探讨，我们将了解如何打造一个竞争有序的数据市场。

---

[1] 本章作者：戎珂、凌昀舒。

第一节　数据经济治理的主要内容

随着数字技术兴起和数字经济发展，数据已经成为重要战略资源和关键生产要素。然而，大数据的使用是一把双刃剑，既可以提高经济效率，也可能造成严重冲击。因此，数据安全问题逐渐走入人们的视野，数据安全成为影响数据流通、价值释放以及参与国际竞争的重要因素。

一、数据经济治理的重点领域

个人层面的数据治理聚焦于个人隐私保护。首先，未经妥善处理的数据披露可能导致个人隐私泄露。国内外因企业滥用用户个人数据导致的个人隐私泄露案件层出不穷，严重侵犯了用户主体的隐私权。如 A 公司曾公布了一份搜索历史数据，虽然该数据已经经过了匿名处理，但通过剩余的信息依然可以定位到某些具体个体。国内也曾发生过银行员工兜售用户银行卡信息等情况。其次，未经许可进行数据处理甚至擅自预测主体状态和行为，可能违背个人意愿。平台企业凭借其掌握的浏览历史和搜索记录等信息，可能比用户更了解其内心的期望。[1]

---

[1] 冯登国，张敏，李昊. 大数据安全与隐私保护 [J]. 计算机学报，2014，37（01）：246-258.

企业和组织层面的数据治理着眼于核心资产流失和机密信息泄露。数据既是企业等组织的核心资产，也是机密信息的载体，日益受到企业的重视。企业通过不断改进数据收集、分析、处理等技术以最大化数据使用的价值。然而，在数字技术发展不足、数据交易体系不完善、数据安全监管不到位的前提下，对数据的不恰当利用极易造成企业等组织的核心资产流失和机密信息泄露。频繁发生的数据纠纷不仅重创了相关企业，也对社会数据安全与经济发展造成了威胁。

国家层面的数据治理关切国家安全隐患。跨国企业掌握大量的国家数据资源，其中不乏一些涉及国家安全的核心关键数据，部分企业甚至可以实现原始数据的重溯，这些情况如果不能妥善管理，将对我国信息安全构成极大威胁。

因此，数据经济治理应着眼于个人、企业和国家等不同层面。同时，要完善数字经济治理体系，健全法律法规和政策制度，完善体制机制，提高我国数字经济治理体系和治理能力现代化水平。我国的数据经济治理尚处于起步阶段，如何妥善保护个人隐私、企业信息和国家安全成为数据治理的重点。2023年3月，我国确定组建国家数据局，负责协调推进数据基础制度建设，统筹数据资源整合共享和开发利用，统筹推进数字中国、数字经济、数字社会规划和建设等，由国家发展和改革委员会管理。

二、数据经济治理的目的和意义

一是数据治理事关维护数据主体权利和尊严。在大数据时代，个人信息近乎透明，企业通过浏览记录、搜索历史、社交信息等数据可以定位个人的身份特征以及兴趣爱好，个体常常处于隐私被侵犯和维权无门的困境。在个体层面，数据安全治理旨在为个人隐私构筑坚不可摧的保护层，维护数据主体信息不被泄露和非法利用的权利和自由。在法律层面，对数据安全的监管和治理根植于宪法对公民基本权利的保护，目的在于保障每个公民最基本的尊严和自由。[①] 从更一般的价值层面上看，公民作为数据的拥有者，理应享有数据不被侵犯和非法窃取的权利。

二是数据治理事关保障企业合法权益和经济发展。作为信息时代的重要战略资源，数据对企业的重要价值不言而喻。一方面，数据安全治理有助于保障企业的数据财产安全，防范核心资产流失和机密信息泄露。[②] 另一方面，数据安全治理有利于保障企业在底线之上合法高效地流通和利用数据，最大限度地发挥数据的价值。

三是数据治理事关保障新形势下国家的数据主权和安全。对于国家安全利益，数据正在逐渐成为国家核心信息的重要载体之一，数据安全成为国家安全的重要组成部分，是维护国家安全的有力

[①] 高富平. 论个人信息保护的目的——以个人信息保护法益区分为核心 [J]. 法商研究，2019，36(01):93-104.

[②] 侯郭垒. 大数据安全的立法保障研究 [D]. 中南财经政法大学，2020.

屏障。对于国家发展利益，数据在国际竞争中发挥着日趋重要的作用，对数据的治理程度在一定程度上影响着全球经济战略格局，数据安全治理是国家发展的战略性保障。这对大数据时代的"中国方案"提出了更高要求，完善贯穿数据价值链治理的数据治理体系迫在眉睫。

三、数据经济治理的主要手段

数据安全和应用是相辅相成的关系。安全是应用的基础和保障，只有保证数据安全才能实现数据高效利用，建立在不安全基础上的应用隐患重重；应用是安全的目的和发展方向，只有不断投入应用才能实现数据的最大价值，同时，在应用过程中可以发现并解决新出现的安全问题。据此，我们提出基于数据要素分类分级完善全产业链数据治理制度的思路，具体建议如下。

（一）完善数据要素分类分级国家标准体系

根据数据要素市场参与主体的角色和数据要素基本特征，我们可以建立个人数据、组织数据、公共数据的分类分级管理、授权和流通的基本制度体系，逐步形成数据要素分类分级的国家标准，明确数据要素市场各参与方的权利和义务，从源头上规范数据处理行为，在保障数据安全的基础上充分促进数据要素的流通和应用。

1.建立数据要素分类标准体系

数据要素分类的标准是在保障国家安全和数据来源主体权益的前提下，按照数据遭到破坏或泄露后对国家安全、社会秩序和公共利益以及个人、法人和其他组织的合法权益的危害程度，对数据的敏感程度和流通属性进行分类。数据遭到破坏或泄露后对相关方造成的危害越大，数据的敏感程度可能越高，同时，在商用时的审慎程度也应越高。具体而言，数据可以分为五类，按敏感性由低至高分别为：不敏感的公开数据（Type 0），低敏感的宽松条件下可商用数据（Type 1），较敏感的一定条件下可商用数据（Type 2），敏感的严格限制条件下可商用数据（Type 3），高敏感的禁止商业化数据（Type 4）。当数据敏感程度发生变化时，应重新确定和及时调整数据要素类别。

2.建立数据要素分级授权标准体系

根据赋予数据持有者的数据流通使用权限范围，我们可以对数据授权内容和程度进行分级，规范数据在交易、流通和应用中的用途用量。数据在交易流通中转让权利的范围越大，授权级别（Level，简称L）越高。据此可将数据授权分为8级，由低至高分别为：拒绝授权（L0级），最小必要授权（L1级），内部授权（L2级），再交易授权Ⅰ（L3级），再交易授权Ⅱ（L4.1级），再交易授权Ⅲ（L4.2级），完全授权Ⅰ（L5.1级），完全授权Ⅱ（L5.2级）。

（二）基于数据分类分级建立数据跨境的国际标准

在保障数据安全的基础上，我们应推动在保障数据主权前提下的数据流通。

第一，立足国内，规范数据安全、有序、高效流通，建立分类分级数据跨境流通和监管的多元治理模式；放眼世界，积极参与全球数据治理和规则制定，推动全球数据治理体系建立和完善。

第二，通过自贸区、自贸港等开展数据跨境流通的试点，探索安全、有序、多元的数据跨境流通新模式。一方面，要鼓励中国企业参与数据国际合作竞争，推动数据出海；另一方面，要鼓励以硬、软、云、网为代表的计算产业生态出海，形成中国产品的生态出海。

第三，基于"一带一路"倡议、《区域全面经济伙伴关系协定》（RCEP）等双边或多边合作框架，加强数据跨境流通监管的合作，探索区域数据流通的有效模式，提升全球数据治理中的中国影响力。

第二节 数据交易市场监管

随着数字经济的发展，数据交易市场应运而生。数据交易具有短期性、流动性、联动性等特殊性，传统监管模式对其而言相对滞后，因此，监管机制应当与时俱进，聚焦数据交易过程中的新问题、新困境，回应数据交易和经济发展的新痛点、新关切。

一、数据交易市场监管的方向

首先,数据交易市场监管关注数据交易的短期性和流动性。以往周期更长、速度更慢的监管模式不再适用,针对数据交易市场的监管需要覆盖交易全流程,实现事前事中事后的无缝衔接和全程监管。

其次,数据交易市场监管关注数据交易的协同性和联动性。数据交易市场并不局限于某个地区、某个企业的数据流通,而是突破地区、行业等限制。因此,监管机构不能只关注自己眼下的"一亩三分地",而应当加强跨地区、跨行业、跨部门、跨层级的协同联动监管。此外,数据要素呈现线上线下相融合的发展态势,监管部门也应当注重多渠道、多平台监管,线上线下相结合。[①]

二、数据交易市场监管的主要目的

一是数据交易市场监管旨在保护公平交易和正当竞争。在市场的基础作用之上,数据市场监管有助于充分发挥政府作用,缓解市场失灵问题,打击非法交易行为,为数据交易创造天朗气清的交易环境。数据交易市场监管既有利于保障消费者的合法权益,也有助于加强企业创新动力。

---

① 于施洋,王建冬,郭巧敏.我国构建数据新型要素市场体系面临的挑战与对策 [J].电子政务,2020(03):2-12.

二是数据交易市场监管旨在促进数字经济发展。监管是发展的保障，发展是监管的目的，监管服务于发展。数据交易市场监管有助于维护数据市场的良性运转，推动数据要素在市场上的高效交易和流通，使数据要素的价值得到充分发挥，促进数字经济蓬勃发展。

三、数据交易市场监管的手段

随着数据交易市场蓬勃发展和数据交易需求增加，强化数据交易市场监管成为规范数据交易、保护正常交易的必然选择。

（一）确定数据交易市场监管模式

各国在实践中往往采取多种方式对数据交易市场进行监管。

美国数据交易模式以数据经纪人模式为代表。为规范数据交易市场，美国一方面通过行业自律等内部措施使其进行自我管理和自我完善，另一方面通过立法规范、政府监管等外部措施加强硬性监督约束。美国国会针对数据经纪业提出了《数据经纪商问责和透明度法案》《数据问责和信任法案》等多项立法提案，佛蒙特州和加利福尼亚州也相继颁布数据经纪人法案。美国联邦和州层面的相关立法通过赋予个人数据知情权和决定权、提高数据经纪业的行业透明度等手段，进一步加强了对数据经纪业的约束和对数据交易安全的保障。

欧盟通过欧洲数据保护委员会和成员国数据监管机构对数据交易进行监管，监管部门利用第三方专业机构规范和监控数据处理行为。[①] 此外，欧盟出台了《数据治理法》《数据法》《数字市场法》《数字服务法》等多项法案，在加强对数据交易市场约束的同时促进了数据流动和数据利用，并致力于构建欧洲统一数据交易市场。

我国数据交易市场还处于发展起步阶段，国家出台了"数据二十条"以及《中华人民共和国网络安全法》《中华人民共和国数据安全法》《中华人民共和国个人信息保护法》等政策法规，通过政策引领立法，加强执法，保障司法，带动守法，约束市场主体在规定的红线内交易，明确数据交易中介服务机构的责任义务，在完善数据交易所运行模式的同时关注场外交易，为数据交易市场的建立健全提供安全保障。

（二）强化数据交易市场监管机制

合理规范的监管机制是建立竞争有序、健康发展的数据交易市场的重要保障。数据交易市场的构建和完善应当注重强化监管机制，坚持监管和发展两手抓、两手硬，探索形成与发展数字经济和完善数据交易市场需求相匹配的监管模式。

1. 组建统一监管机构

随着数据要素在经济发展中扮演日益重要的角色，北京、浙江、

---

① 田杰棠，刘露瑶.交易模式、权利界定与数据要素市场培育[J].改革，2020(07)：17-26.

山东等省市逐渐设立了大数据管理局，搭建起部门间信息互通共享的桥梁，这有助于深入利用和挖掘数据要素价值。

从省市层面上升到国家层面，国家数据局的成立，标志着数字中国建设步入新的快车道。从顶层设计而言，这充分体现了国家战略对数据要素的重视，让数据在经济发展中充分发挥作用；从落地实践而言，成立专门机构可以集中整合各部门数据资源，打通数据流通链条，加速数据流通和使用，推动数据确权交易等数据要素市场发展，从而全面推进数字中国建设。

2. 明确和强化监管机构职责

数据交易行为通常涉及工信、网信、市场监管等多部门、多领域，容易出现监管越位和缺位等情况。因此，应当明确和强化监管机构职责，尽快建立健全专门统一高效的数据交易监管机构。

应当科学监管。基于数据交易的特殊性，我们应创新监管机制和方式，改变原有针对传统交易的分割式监管模式[①]，建立全方位、多层次、立体化监管体系，实现事前事中事后的全流程覆盖。

应当适度监管。一方面，监管机构不能空位、缺位，要精准打击违法违规交易行为，保障数据交易公平公正开展；另一方面，监管机构不能越位，要尊重市场竞争规律，不能随意干涉正常交易活动，应充分发挥数据交易市场的作用，释放市场活力。

3. 推动协同治理和合作监管

首先，在监管部门内部，应当加强交流合作，横向上加强跨部

---

① 于施洋，王建冬，郭巧敏.我国构建数据新型要素市场体系面临的挑战与对策[J].电子政务，2020(03):2-12.

门、跨区域的协同监管，纵向上加强跨层级的协同监管，不同监管部门和执法机构明确具体监管范围和监管标准，避免出现重复监管、监管缺位等情况。

其次，在监管部门外部，应当加强监管部门与行业组织、第三方机构的交流协作，共同监管数据交易市场，充分发挥社会组织作用，弥补政府单一监管模式的不足。[1]

（三）围绕数据价值链建立数据要素分类分级监管体系

为最大限度减少数据在采集、交易、流通和应用中的负外部性，最大限度维护数据资源正常的开发与应用，应围绕数据价值链建立相应的分类分级的数据要素监管体系，规范各级各类的数据交易，从而增加整个经济社会的总福利。

1. 建立数据要素全产业链分类分级标识体系

针对数据收集、存储、处理和交易的关键环节，建立全产业链分类分级标识体系。第一，原始数据收集的分类分级标示。数据收集者通过订立合同等方式向参与数据生成的相关主体明示所收集数据的分类，并通过获得数据使用的明确授权进行分级。授权条款必须至少包含 L1 级或 L0 级中的一项。获得各类数据各级授权后，收集者应在保存数据时对数据类别、级别打上明确标签。第二，数据存储和处理的分类分级标示。当数据相关信息没有发生重要改变时，应维护好原数据分类分级的标签标识；数据信息

---

[1] 茶洪旺，袁航. 中国大数据交易发展的问题及对策研究 [J]. 区域经济评论，2018，34(04):89-95.

发生重要改变后,应按照标准及时对新数据集进行分类分级标识标定。第三,数据交易流转的分类分级标示。该过程主要通过约束数据交易主体来实现。发生流转时,数据出让方应对数据交易流转过程中的分类分级变动情况进行存档,保证分类分级信息可追溯;数据接收方成为数据持有者后,则应维护好标示信息。

2. 齐抓共管积极推动数据要素分类分级体系落实

企业、行业协会、政府等多方主体应当群策群力,共建共治共享。第一,各相关企业应对所收集数据建立分类分级体系;第二,相关行业协会和行业组织应通过制定行业标准,发展第三方认证体系;第三,各级政府及主管部门应该督促落实数据要素分类分级工作。

3. 完善各类各级数据要素的监管措施

监管措施应当与数据类别相匹配,类别和级别越高,监管措施越严格,据此可建立四个层级的监管机制。

第一层级:Type4 以及 Type3/L5 以上,采取负面清单制度,原则上不允许收集交易,对于确有需要的情形,应采取许可经营制度。

第二层级:Type3/L1~L4 以及 Type2/L5,针对严格限制条件下可商用但授权程度较低的数据(Type3/L1~L4),以及一定条件下可商用但授权程度高的数据(Type2/L5),主要采取备案制。

第三层级:Type2/L1~L4 以及 Type1/L4~L5,针对一定条件下可商用并且授权程度较低的数据(Type2/L1~L4),以及宽松条件下可商用但授权程度较高的数据(Type1/L4~L5),采取自主经营原则。

第四层级：Type1/L0~L3 以及 Type 0，针对公开数据（Type 0）以及宽松条件下可商用并且授权程度较低的数据（Type1/L0~L3），采取自主经营、鼓励共享的原则，鼓励数据市场的要素流动和开放共享。

第三节　数据反垄断治理

数字平台利用其掌握的海量数据和先进算法技术，极大程度发挥了数据在生产流通中的潜力，但与此同时，其庞大体量和市场优势地位也无形中造成了对现有反垄断体系的冲击和重构。

一、数据垄断的危害

比起以货币为基础的传统市场，数据驱动型市场存在结构性弱点，容易受到集中控制的困扰，还有系统失灵的风险，这种海量数据市场有可能被冷血公司和激进政府利用，成为操纵别人的工具。[1] 由于单个企业需要持续拓展边界才能形成更强的网络效应，

---

[1] 维克托·迈尔-舍恩伯格，托马斯·拉姆什. 数据资本时代 [M]. 李晓霞，周涛，译. 北京：中信出版社，2018.

进而达到规模经济，提高经济效率，平台垄断由此产生，这在数字经济时代逐渐成为常态。作为平台企业的核心资本，数据要素具有海量性和自生长性特点，因此，平台数据垄断现象也容易随之产生。平台数据垄断问题的核心在于平台垄断行为及其带来的负面影响，而非平台规模。这一负面影响可能涉及消费者、企业、社会，以及福利分配等多个方面，具体包括以下几点。

（一）滥用市场支配地位

事前，平台企业汇集海量数据，在数据的收集、分析利用等过程中存在不规范行为，侵犯用户隐私，如利用垄断地位非法获取个人信息、不当使用个人信息、"大数据杀熟"等，这些现象屡见不鲜。一方面，平台传统垄断行为屡见不鲜。平台企业合并现象频发，横向和纵向一体化程度均有所提高，滥用市场支配地位限制竞争，市场集中度不断提升，这不仅损害了上下游企业、小微企业和消费者的利益，还影响了整个市场的竞争和活力。另一方面，平台新型垄断行为层出不穷。互联网行业的新业态既是对商业模式的冲击，也是对反垄断规制的冲击，传统的反垄断经验和方式可能不再适用。2018年，中国消费者协会通过对App测评发现，超九成App涉嫌过度收集用户个人信息，还有大量App的"霸王条款"严重威胁用户个人隐私。

事后，数据反垄断治理关注平台垄断行为的认定。平台性质和结构的复杂多样使得垄断行为存在隐蔽性和复杂性，在司法实践中如何准确识别平台是否存在垄断行为尚无成熟统一的标准。一方面，平台企业的相关市场和市场力量更加模糊，界定其边界存在较大的技术难题；另一方面，对市场支配地位的认定和滥用支配地位的判定没有普适标准，传统的认定方法很难适用于平台纠纷。

（二）阻碍市场竞争和企业创新

数据不仅是平台实现垄断的工具，更是平台垄断的目标资源。面对市场上现存的竞争者，为巩固垄断地位、收割垄断利益，大企业借助垄断协议、扼杀式并购等方式排挤竞争对手，限制小企业的发展和生存空间。

面对潜在竞争者，占据市场支配地位的经营者通常可以更早发现这些潜在的对手，并通过限制其进入市场、迫使其接受不合理的交易条件等方式阻碍竞争者的进入和发展。[1] 平台经济领域"强者愈强，弱者愈弱"的马太效应不断加剧，由此造成的"赢家通吃"局面不利于市场竞争和企业创新。

（三）阻碍数据要素流通和价值实现

数据成为平台竞争的关键要素，企业通过垄断实现了数据集中，而独占数据又进一步成为企业巩固垄断地位的工具。在企业之间，各个企业分别掌握不同数据，在尚未建立安全高效的数据要素流通市场之前，企业往往封锁数据流通并设置了流通壁垒；在企业

---

[1] 陈兵. 大数据的竞争法属性及规制意义 [J]. 法学，2018，441(08):107-123.

内部，企业没有数据共享的内生动机。"数据孤岛"由此产生，这阻碍了数据要素在流通过程中最大限度地实现其价值。

（四）损害消费者利益

首先，平台垄断威胁消费者的隐私安全。消费者为使用平台通常需要先完成授权，这为经营者提供了掌握消费者行动轨迹和利用技术挖掘用户更多信息的可能。消费者信息安全依赖于平台的隐私保护服务，而平台数据垄断地位的形成很可能导致现存免费服务的质量下降，同时造成消费者转向其他提供更优质的隐私安全服务的平台不可能实现或成本过高。[①]

其次，平台垄断损害消费者的可得利益。凭借海量数据资源，企业可以进行研究分析和产品开发，创造丰厚利润。然而，消费者作为信息的提供者和创造数据的参与者，却无缘分享利益。在数据主权不明晰、数据要素分配制度不健全的背景下，数据平台的垄断行为将极大损害消费者福利。

（五）增加数据集中的风险

海量数据的汇集既为企业带来新的发展机遇，也对企业造成了新的挑战，如何安全合理地收集、存储、利用数据成为摆在企业和社会面前的难题。尽管相关政策法规试图规制约束企业的相关行为，但实践中如何高效践行相关规定、如何监控数据的流动使

---

① 陈兵. 大数据的竞争法属性及规制意义 [J]. 法学，2018，441(08):107-123.

用，依然问题重重。海量数据的集中容易带来数据安全、经济治理和社会秩序等方面的问题。[1]

二、数据反垄断治理的目的

数据反垄断治理的目的在于推动数据要素的可持续健康发展。

首先，数据反垄断治理致力于促进竞争，鼓励创新，推动经济发展。大平台企业滥用数据优势形成市场集中和独占，会压制和阻碍小企业发展，"赢家通吃"的局面不利于"百花齐放、百家争鸣"。数据反垄断通过保护市场竞争机制进而平等保护不同企业的利益，鼓励企业公平、良性、有序竞争和不断创新，推动建立竞争有序、公平开放的健康市场体系。

其次，数据反垄断治理保护个人隐私，捍卫个人基本权利。平台收集用户大量数据，除消费偏好、网络使用习惯方面的数据外，还包括住址电话、收入账号等更加私密的信息。作为利益主体和信息优势方，平台很可能在加工利用用户信息时侵犯其合法权益，滥用优势地位非法获取个人信息以及对个人信息不当使用。数据反垄断治理旨在保护个人隐私不受大平台企业侵犯，加强对用户隐私和安全的保障。

---

[1] 李勇坚，夏杰长. 数字经济背景下超级平台双轮垄断的潜在风险与防范策略 [J]. 改革，2020(08):58-67.

三、数据反垄断治理的手段

导致平台数据垄断的原因主要集中在数据确权授权制度不规范、交易制度不完善、监管制度不健全等方面,反垄断治理应当对症下药。

(一)明确反垄断规制的基本原则

首先,应当坚持适度监管。监管部门要包容审慎,在充分发挥市场作用和竞争机制的基础上进行监管[1],避免两极分化,既不能对垄断行为视而不见,纵容损害市场公平竞争的恶行,也不能过度干预市场主体的竞争活动和正常经营行为,打击企业的积极性和市场活力。

其次,应当坚持科学监管。执法机构需要与时俱进、联系实际,根据平台领域的行业特点、发展状况,结合理论和具体问题具体情况,不断加强和完善反垄断监管,实现依法、科学、高效监管。

(二)通过数据要素分级授权体系进行确权

数据权属模糊,数据主体难以确定,是造成平台垄断现象的原因之一。针对这一问题,应从数据产生之初就对数据进行确权,通过授权的方式(合同等)对数据产业链的每一环节都进行明确规定。

---

[1] 熊鸿儒. 我国数字经济发展中的平台垄断及其治理策略 [J]. 改革,2019 (07):52-61.

1.构建分级数据授权体系

数据交易流通的本质是权利的交易流通,应根据数据持有者对数据流通使用的权限范围,对数据授权内容和程度进行分级,使不同级别的数据得以在相匹配的程度上流通使用,发挥价值。数据在交易流通中转让权利的范围越大,数据的授权级别就越高。数据的授权级别分为8级,各级授权在确定时一般应有明确的期限。

2.通过授权方式厘清数据权属

在数据生成之初,通过相关利益主体达成的授权共识机制（如现有法律或者授权协议合同等相关文件）可以实现数据产业链每一流转环节的确权,这也是目前平台企业获取数据的常用方式。然而,平台授权机制的内容需要审慎确定:一方面,授权协议应当保证用户自由选择的权利,"一揽子协议"等霸王条款严重损害了用户作为数据主体的决定权;另一方面,授权协议应当覆盖数据流转的全过程,很多协议往往只针对初始数据使用环节征得用户同意,并未考虑到数据再流转环节中用户的权利义务,一定程度上也侵犯了用户的数据知情权与收益权。

数据分级授权这一措施不仅可以完成数据时代的反垄断任务,而且可以防范那些可能危害社会的更重大、更凶险的问题。[1]

（三）加强对平台垄断行为的约束和监管

平台反垄断的重点在于反破坏公平竞争的垄断行为。

---

[1] 维克托·迈尔-舍恩伯格,托马斯·拉姆什.数据资本时代[M].李晓霞,周涛,译.北京:中信出版社,2018.

1. 明确平台反垄断的监管理念和执法方式

反垄断监管的焦点应当从合并行为本身转向合并后可能发生的价格合谋行为[1]，反垄断政策需要从注重市场规模的静态效率转向注重竞争行为的动态衡量[2]。面对数字平台领域的新挑战、新困境，反垄断监管也应当因时制宜，创新思路，回应核心关切。在实践中，应当加强反"大数据杀熟"、违规收集、非法滥用数据等垄断行为。

2. 提升相关法律建设水平

一是加快完善法律法规体系，以更加适应平台发展的现实需要和执法困境，减少立法层面的真空和漏洞。二是提升执法能力，完善执法队伍建设，加大对垄断行为的惩戒力度。三是规范司法实践，针对市场支配地位认定、相关市场界定等实践中的常见问题尽快形成科学统一的判定标准，避免"同案不同判"等情况。

3. 加强协作监管

一方面，执法机构应当与行业组织、平台等合作，平台自治与外部监管相结合，完善行业内外部共同监管。另一方面，面对跨区域数据纠纷，不同地区乃至不同国家的执法机构应当加强合作和协调，提升综合监管、协作监管水平。

---

[1] 谢运博，陈宏民. 互联网企业横向合并、价格合谋与反垄断监管建议 [J]. 工业工程与管理，2017, 22(06): 142-147.

[2] 冯振华，刘涛雄. 平台型垄断与反垄断政策 [J]. 研究与发展管理，2019，31(05): 51-63.

（四）完善数据要素市场体系

数据要素市场是数据流通和交易的前提与保障，应当兼顾数据安全与流通需求，在保障安全的前提下，发挥市场的基础作用，促进数据要素的充分流通和高效交易，最大限度实现发挥要素价值和控制规避风险的有机统一，促进数据交易机制更加完善。从交易内容和交易模式两大维度出发，构建多层次、多样化的数据要素市场体系，具体包括以下几个方面。

1. 明确构建数据要素市场的基本原则

第一，兼顾数据安全与流通，数据要素既需要保护也需要市场；第二，数据要素所有权和用益权二元分离；第三，通过数据市场实现数据本身和数据价值的流通；第四，数据交易模式多元化，应根据数据供求双方的需求匹配合适的交易模式。

2. 基于交易内容，构建多层次的数据要素市场体系

在交易内容维度，拓展现有的两级市场体系[1]，建立多层次数据要素市场，具体包括三层：一级市场主要包括数据授权市场，在解决原始数据授权问题后进入二级或三级市场；二级市场主要包括原始数据交易市场；三级市场主要包括数据产品和服务交易市场。

3. 基于交易模式，构建多样化的数据要素市场体系

在交易模式维度，由于数据的交易模式受应用场景、买方异质性的影响较大[2]，应该建立多种数据要素交易模式，具体包括三

---

[1] ADMATI A R, PFLEIDERER P. A monopolistic market for information[J].Journal of Economic Theory, 1986, 39(02): 400-438.

[2] 熊巧琴，汤珂. 数据要素的界权、交易和定价研究进展 [J]. 经济学动态，2021(02): 143-158.

种：第一种交易模式是场内集中交易模式，即通过包括数据交易所、交易中心等在内的、政府可监管可溯源的平台进行数据集中交易，鼓励多主体、多层级的数据集中交易平台建设；第二种交易模式是场外分布式交易模式，即在集中交易平台外进行数据分散交易；第三种交易模式是场外数据平台交易模式，即通过数据平台进行多方数据交易。

根据上述原则和设计方案，可建立并完善六种具体的数据要素交易模式：第一，在数据要素一级市场中，应该建立分布式授权交易模式。在此市场下，不同主体确定数据可授权的类别级别，使原始数据进入交易流程。第二，在数据要素二级市场中，应该建立场内交易中心模式和场外分布式交易模式，场内、场外交易并存，规范数据流通。第三，在数据要素三级市场中，应该建立场内交易中心模式、场外分布式交易模式和数据平台模式，场内、场外交易并存，鼓励培育数据产品多样化，提高数据要素市场活力。其中，数据平台模式是一种集成模式，往往有多个数据主体进行联合交易和计算，可以通过隐私计算等技术手段实现大规模联合计算并生成相应的数据产品/服务。数据平台有多种类型，其运营主体也有多种类型。

（五）建立合理的数据税费制度

合理的数据要素税费制度可以促进数据交易流通，推动数据要素合理配置，激发数据市场活力。具体来说，数字税费包括数据收集费和数据增值税两部分。数据收集费，即授权许可证，是指在企业获得用户授权的阶段，根据用户授权数量收取一定费用，这有助于提高收集门槛，防止企业恶意和随意收集数据，从总体上补偿用户提供数据的福利损失。数据增值税是指对平台企业通过数据生产资料获得的增值总额所收取的税费，具体参考其年收入中数据收益的增值数据。数据增值税主要用于社会再分配中提高普通民众福利，促进中小微企业进行创新，一方面，使全民共享数字经济发展成果，另一方面，提高中小微企业的创新能力，且能倒逼大企业进入更高端创新阶段，进一步提高整体市场效率水平。

第十一章　数据经济的对外开放[①]

在全球化的背景下，数据经济在开放条件和封闭条件下的运作存在着一些差异。在开放条件下，全球数据流动规模不断扩大，数据贸易在数字贸易中的地位日益凸显，数据经济的价值呈现出倍增的趋势。然而，在开放条件下，数据流动引发的安全性问题也愈发引起关注。因此，跨境数据流动的治理成为全球治理的新领域，各国对跨境数据流动相关国际规则的重视程度也在不断提高。

[①] 本章作者：赵昌文、戎珂、刘常瑜、黄成。

第一节　开放条件下的数据经济

在经济学中，为了使分析简化，经常假设一个封闭经济——一个不与任何其他经济体相互交易的经济。但是，现实世界中基本不存在这样一个完全封闭的经济体系，更多的交易情景发生在开放经济体系中——一个与世界上其他经济体自由交易的经济。[1]对于数据经济而言，同样存在这种封闭经济和开放经济的情况。

一、开放条件下数据流动的特点

开放扩大了资源配置的范围。在理论上，商品、资本、技术乃至其他要素的自由流动可以实现全球范围内的资源最优配置，数据作为新生产要素同样符合此规律。马克思在《1857—1858年经济学手稿》中指出，"生产力或一般财富从趋势和可能性来看的普遍发展成了基础，同样，交往的普遍性，从而世界市场成了基础"[2]。在开放条件下，生产要素、商品与服务可以较自由地跨国界流动，从而实现更优资源配置和更高经济效率。从本质上

---

[1] N.格里高利·曼昆.经济学原理（第6版）：宏观经济学分册[M].梁小民，梁砾，译.北京：北京大学出版社，2012.
[2] 马克思恩格斯全集[M].北京：人民出版社，1998年。

看，开放经济实际上把一国市场与世界市场连接起来，鼓励尽可能充分地参加全球分工，同时在国际分工中发挥出本国经济的比较优势。[①]

在经济全球化的趋势下，开放经济已成为世界经济的主流形态和各国的主动选择。[②]一个开放经济一般以两种方式和其他经济体相互交易：在世界产品市场上购买并出售物品与劳务；在世界金融市场上购买并出售股票和债券这类资本资产。[③]对于数据经济而言，交易方式主要体现为前者。不同于传统商品，数据在世界市场上的流动并不直接发生在数据生产者和数据消费者之间。理解数据流动，需要采取多个不同的视角。第一，一直存在与商业交易相关的数据和信息，如账单数据、银行数据、姓名和送货地址，这些数据通常是自愿提供的，只要新的数字经济参与者遵循与传统经济相同的规则，就很少会造成政策方面的问题。第二，从个人活动、产品、事件和行为中收集到的原始数据本身没有价值，而一旦经过汇总、处理和变现，或用于社会目的，就能产生价值。第三，将原始数据处理成数字智能（包括统计数据、数据库、见解、信息等形式），就形成了数据产品，这些产品在跨境销售时可

[①] 余万里. 开放条件下的经济安全研究：概念、理论与议程[J]. 公共外交季刊, 2022（02）：64-70, 125.

[②] 同上.

[③] N. 格里高利·曼昆. 经济学原理（第6版）：宏观经济学分册[M]. 梁小民, 梁砾, 译. 北京：北京大学出版社, 2012.

被视为贸易统计中的服务项。[1]

数据在一国与世界其他经济体之间的流动，即形成了数据跨境流动。传统经济学中的进口和出口在数据经济中体现为，在国内产生而流入国外的数据，以及在国外产生而流动到国内的数据。传统意义上，国际贸易可以使每个国家专门生产自己具有比较优势的物品与劳务，从而提高所有国家的生活水平。但是，在数据经济下，数据贸易是否符合这一规律有待进一步深化认识。

当前阶段，很多数据在国际市场中并没有产生明显的交易行为，它们是自由流动的（除了人为政策干预外），并且为收集数据方创造了价值，但只有少部分数字企业实现了在世界数据市场上购买并出售数据。开放条件下数据要素自由流动，突破了以国家内部为主的研究视角。一般而言，一国的经济发展水平越高，市场化程度越高，就越接近于开放型经济。[2] 具体到数据经济领域，由于数据流动带来的安全性问题，这一规律体现得并不明显。数据经济的开放性很大程度上受国家对数据流动的认识态度影响，以及由此制定的相关政策规定的限制。

开放条件下，复杂且动态变化的现实利益和有限的实践经验，使得数据经济较难在"效率—安全—公平"三个维度达到完美的均衡状态。显而易见的是，要素、商品与服务的自由跨界流

---

[1] 联合国贸易和发展会议.2021年数字经济报告——跨境数据流动与发展：数据为谁流动[R].2021.

[2] 余万里.开放条件下的经济安全研究：概念、理论与议程[J].公共外交季刊，2022（02）：64-70，125.

动通常能够实现经济效率最大化。但数据要素流动中的安全性问题悬而未决，导致数据经济对效率的追求经常让位于对安全的追求。哥本哈根学派创始人巴瑞·布赞（Barry Buzan）等在《新安全论》中指出，某些问题一旦被定义为安全事务，就会使这个问题比其他任何问题都更为重要，获得绝对优先讨论的地位，甚至取得非常规方式处理问题的权力，打破常规的政治规则，调集整个社会力量和资源加以处理。[1] 目前，类似的现象在数据经济领域确实存在。数据经济存在的"效率—安全悖论"体现为，在开放经济下数据流动的效率来自数据要素市场的自由竞争，而竞争则意味着市场的所有行为体（个人、公司、国家）处于某种程度的不安全状态，如果数据经济要实现所有行为体绝对的安全环境，那就必然以牺牲数据经济效率甚至数据自由流动为代价。

与此同时，在开放条件下，数据要素的收益实际上很难在不同经济体和利益集团间公平分配。各国都希望在保障本国国家安全的前提下，公平地从数字经济发展中获利。发达国家基于科技先发优势，较早认识到数据流动对经济社会发展的作用，建立了对自己有利的跨境数据流动规则；发展中国家由于技术上处于追赶阶段，在跨境数据流动规则制定上更多处于防御地位。[2]

---

[1] 巴瑞·布赞，奥利·维夫，迪·怀尔德. 新安全论 [M]. 朱宁，译. 杭州：浙江人民出版社，2003.

[2] 参见《保障国家安全 促进互利共赢 积极参与制定跨境数据流动规则》，载于 http://www.cac.gov.cn/2018-06/05/c_1122937125.htm。

二、开放条件下数据流动的主要趋势

（一）全球数据流动规模不断扩大

跨境数据在支撑国际贸易活动、促进跨国科技合作、推动数据资源共享方面的作用越来越凸显。跨境数据流动是世界经济的新要素流动。其中，很大一部分流量是由公司与其全球业务、海外供应商和国际客户进行交流和交易产生的。同时，物联网、云计算和数据分析极大地增加了全球数据流，2005年以来，全球数据流增长了数百倍。[①]

中国具有超大规模数字经济市场优势，数据应用场景丰富，数据产生量和数据总量规模世界领先。2022年中国数据产量达8.1ZB，同比增长22.7%，全球占比达10.5%，位居世界第二。截至2022年底，中国数据存储量达724.5EB（艾字节），同比增长21.1%，全球占比达14.4%。[②] 中国有望成为数据量增长最快地区，预计中国的数据总量每年以30%的增速提升，从2018年的7.6ZB（约占全球比重23.4%）增长至2025年的48.6ZB（约占全球比重27.8%），

[①] 参见《加强数据跨境流动探索 推动数字贸易高质量发展》，载于http://finance.people.com.cn/n1/2023/0223/c1004-32630079.html。

[②] 参见《数字中国发展报告（2022年）》，载于http://www.cac.gov.cn/rootimages/uploadimg/1686402331296991/1686402331296991.pdf?eqid=97108e280004e0d2000000026486781a。

并将在 2025 年成为全球最大的数据区域。①②

（二）全球数据流动范围趋于集中

2004—2020 年全球数据流动主要集中在北美、欧洲和亚洲之间，其他地区的份额十分有限。③《全球数字契约》政策简报中提到，数据所产生的价值被少数主体所享有。④ 大多数发展中国家的数据外流是以原始数据的形式进行的，而其流入的多是那些享有主要数据优势和处理原始数据能力较强的国家。很多发展中国家虽然成为原始数据的提供者，但仍要为基于这些数据而形成的相关服务付出高额费用。⑤

目前，全球数字化发展集中于以欧美发达国家国际化数字大平台为中心的生态网络，发达国家几乎垄断了主要的数字平台、产业集群以及人才和数据资源。与之相比，经济规模较小的发展中国家限制了可用于机器学习的数据数量，导致本国难以出现具有全球竞争力的平台企业。⑥ 因此，发展中国家更多是提供应用场景和基础

---

① 参见《IDC：2025 年中国将拥有全球最大的数据圈》，载于 http://www.cioall.com/uploads/f20190214144941 85182.pdf。
② 参见《数字中国发展报告（2022 年）》，载于 http://www.cac.gov.cn/rootimages/uploadimg/1686402331296991/1686402331296991.pdf?eqid=97108e280004e0d2000000026486781a。
③ 联合国贸易和发展会议.2021 年数字经济报告——跨境数据流动与发展：数据为谁流动 [R].2021.
④ 参见《全球数字契约——为所有人创造开放、自由、安全的数字未来》，载于 https://www.un.org/sites/un2.un.org/files/our-common-agenda-policy-brief-gobal-digi-compact-zh.pdf。
⑤ 同上。
⑥ World Bank. World development report 2021: Data for better lives[R]. 2021.

数据。这也导致发展中国家在数据驱动的新经济形态中可能处于从属地位，沦为少数几个全球性数字平台的原始数据提供方。①

（三）数据贸易在数字贸易中的地位凸显

数据是数字贸易发展的基础和重要载体。一方面，跨境电商在不同国家的渗透率不断上升，社交媒体生产海量视频数据，工业互联网平台带动数字基础设施建设等相关应用场景的扩展，这将推动跨境数据流动规模快速增长，促进数字贸易发展。数据在数字贸易发展中赋值赋能的重要作用进一步凸显。另一方面，目前跨境数据流动相关业务内嵌在数字产品贸易、数字服务贸易、数字技术贸易中，随着数据产权、数据确权、数据治理等相关法律法规的发展和完善，未来数据贸易或将分离，成为独立的贸易形态。②

数据贸易正成为数字贸易发展的新赛道，部分发展中国家的数据贸易枢纽地位显现。 2021 年，中国数据产生量达 6.6ZB，全球占比 9.9%，位居世界第二。国际电信联盟（ITU）数据显示，2021年，中国国际出口带宽（不含港澳台地区）达到 52 929.7 Gbps。③值得关注的是，数字服务贸易的快速发展表现为跨境数据流动量

---

① 联合国贸易和发展会议.2021年数字经济报告——跨境数据流动与发展：数据为谁流动[R].2021.
② 参见《中国数字贸易发展报告 2021》，载于 https://cif.mofcom.gov.cn/cif/html/upload/20230202091317300_%E4%B8%AD%E5%9B%BD%E6%95%B0%E5%AD%97%E8%B4%B8%E6%98%93%E5%8F%91%E5%B1%95%E6%8A%A5%E5%91%8A2021.pdf。
③ 参见《中国数字贸易发展报告 2021》，载于 https://cif.mofcom.gov.cn/cif/html/upload/20230202091317300_%E4%B8%AD%E5%9B%BD%E6%95%B0%E5%AD%97%E8%B4%B8%E6%98%93%E5%8F%91%E5%B1%95%E6%8A%A5%E5%91%8A2021.pdf。

的高速增长，既为全球经济带来新的分工和活力，也对现行的全球监管体系形成新的挑战，需要全新的政策工具。[1]

（四）开放使得数据经济价值倍增

全球数据流动对经济增长有明显的拉动效应。麦肯锡预测，数据流动量每增加10%，将带动GDP增长0.2%。预计到2025年，全球数据流动对经济增长的贡献将达到11万亿美元。OECD测算，数据流动对各行业利润增长的平均促进率在10%，在数字平台、金融等行业中可达到32%。[2]

根据梅特卡夫定律，一个网络的价值等于该网络内的节点数的平方，而且该网络的价值与联网的用户数的平方成正比。一个网络的用户数越多，那么整个网络和该网络内的每台计算机的价值也就越大，表现为网络经济的高渗透率。在开放条件下，数据流动网络节点大幅度增加，数据流的价值也进一步增加。

第二节　开放条件下数据流动的安全性考量

越是开放越要重视安全。相对于封闭条件下，开放条件下跨境

---

[1] 参见《加强数据跨境流动探索 推动数字贸易高质量发展》，载于 http://finance.people.com.cn/n1/2023/0223/c1004-32630079.html。
[2] 同上。

数据流动的特殊性主要体现在安全方面。跨境数据流动的安全性可以从个人和国家两个层面来考虑，个人层面主要涉及隐私保护问题，国家层面主要涉及经济安全问题，当然也不可避免会牵扯到政治议题等。

一、跨境数据流动在国家层面的影响

跨境数据流动带来的国家安全问题首先与经济安全有关。2005年，中国现代国际关系研究院经济安全研究中心在《国家经济安全》一书中将经济安全视为国家安全的基础，并提出"经济发展与经济安全休戚相关，因为发展是一国经济安全的关键，弱国无安全"。2014年，总体国家安全观强调"以人民安全为宗旨，以政治安全为根本，以经济安全为基础，以军事、文化、社会安全为保障，以促进国际安全为依托"。著名国际安全学者巴里·布赞在《人、国家与恐惧——后冷战时代的国际安全研究议程》中指出："'经济安全'代表了一种可广泛应用的绝对价值，他是一个虚幻的观点、一个妄想。真的'经济安全'是由各种矛盾、妥协、交易拼凑起来的奇怪而又模糊的东西，是一个相对概念。"[1]

在经济全球化的背景下，开放经济体的数据流动往往超越一国的范围，需要从全球、区域等更大的视角加以关注。跨境数据流

---

[1] 余万里. 开放条件下的经济安全研究：概念、理论与议程 [J]. 公共外交季刊，2022（02）：64-70，125.

动带来的国家安全问题主要是当数字平台企业在跨国服务中获取的数据量达到一定量级时，便能对国家安全事务进行分析，进而给被服务国带来安全隐患。

不可否认的是，从国家角度考察跨境数据流动容易局限于国家安全需求的满足，从而忽视经济及经济安全本身的运行特征和规律。[①] 国家安全通常遵循零和博弈的逻辑，而基于市场的跨国经济关系往往是"非零和"关系，国家安全的逻辑有可能诱导经济安全的极端化。[②] 这在数据流动领域已经略有体现。

二、跨境数据流动在个人层面的影响

相比于一般数据流动造成的安全性问题，跨境数据流动在个人层面造成的安全问题更加复杂，主要体现在不同国家或地区对于隐私的态度有所差异，包括性别、年龄、经济状况、健康水平、性生活或性取向、种族或民族起源、政治观点、宗教或哲学信仰、工会成员身份、遗传或生物特征数据等方面。

欧洲国家历来重视个人隐私安全问题，因此在跨境数据流动方面也实行了极其严格的保护条例。以欧盟为例，早在 2018 年就颁布《通用数据保护条例》，对个人数据流出欧盟进行了严格限

---

① 余万里. 开放条件下的经济安全研究：概念、理论与议程[J]. 公共外交季刊，2022（02）：64-70，125.
② 同上。

制，以此保护个人数据。数据如需跨境流动，必须通过欧盟的充分性认定（adequacy decision），即只有当第三国对于个人数据的保护水平达到欧盟的要求，欧盟成员国的个人数据才能进行跨境流动。

作为欧洲老牌强国，英国也在跨境数据流动的隐私安全方面提出很高的要求。2019年，英国信息专员办公室（ICO）出台的《特殊类别数据的处理指南》（以下简称"指南"）强调，为了避免可能存在的风险，要求控制者采取一切必要的预防措施来保护特殊类别个人数据。指南中提到的特殊类别个人数据是指：揭示种族或民族起源的个人数据；揭示政治观点的个人数据；揭示宗教或哲学信仰的个人数据；揭示工会成员身份的个人数据；遗传数据；生物特征数据（用于识别目的）；有关健康的数据；有关个人性生活的数据；有关个人性取向的数据。2020年，英国与欧盟签订《自由贸易协定》，在"DIGIT.3规制权"第116段明确规定了隐私和数据保护的条件，并在"DIGIT.7个人资料和隐私保护"第118段强调"每一方都承认个人有权保护个人数据和隐私，并且在这方面的高标准有助于增加人们对数字经济和贸易发展的信任"。

此外，俄罗斯是极力强调数据隐私安全的发展中国家代表。2006年，俄罗斯联邦议会颁布《关于信息、信息技术和信息保护法》，规定公民个人数据及相关数据和数据库必须存储在俄境内（必须设置本地服务器），公民个人数据的处理活动必须在俄境内进行。2021年，谷歌就因违反此法案相关条款被罚款。2020年，《俄罗斯联邦行政违法法典》修正案出台，将泄露个人数据的罚款额提高十倍。可见俄罗斯对跨境数据流动带来的隐私安全问题重视程度之高。

虽然大多数国家和企业在跨境数据流动方面都能遵守相关规定，但隐私泄露问题仍然令人担忧。根据 Termly（提供数据隐私合规解决方案的企业）于 2022 年 11 月更新的《98 个最大的数据泄露、黑客和曝光事件》资料，每一次数据泄露影响的用户数量从几十万到上千万不等，其中发生在 2022 年的最大数据泄露事件来自 Neopets（尼奥宠物）数据库。2022 年 1 月至 7 月，黑客入侵了 Neopets 的数据库，并窃取了潜在的 6 900 万用户的个人数据和 460MB 的源代码。个人数据频繁成为国际黑客的窃取目标是因为其包含的隐私和安全信息具有极高的价值，或泄露后给用户带来的危害极大。

2021 年 6 月，中国的《数据安全法》出台，该法首次较为系统地明确对数据处理、使用、流动的规制要求，旨在加强数据安全保护和监管。2021 年 8 月，《个人信息保护法》出台，该法细化完善个人信息保护制度规则，对个人信息处理、数据收集和使用、数据跨境传输相关活动进行全面规范。

第三节 跨境数据流动的全球治理

当前跨境数据流动的全球治理呈现出两个特点：一是不同国

家和地区的数据监管模式各异，但本质上都是在数据安全和自由流动中寻求合理取舍和动态平衡；二是国际机构针对数据贸易制定部分治理规则和议程，但各框架尚未达成一致或在全球层面形成统一。目前，欧美发达国家基于"数据保护主义"或"数据自由主义"的原则，纷纷构建区域性的跨境数据流动朋友圈，争抢制定全球数字经济规则的领导权。以中国、俄罗斯、印度、南非等为代表的新兴国家则对数据主权存在担忧，部分国家秉持"数据发展主义"的原则，部分国家则秉持"数据保护主义"的原则。从总体上看，世界各国数据治理呈现"多极化""俱乐部化"发展格局，对发展中国家形成了排挤之势。

一、跨境数据流动治理的国际规则

（一）欧美发达国家相关国际规则

以欧盟为代表的发达国家倡导"数据保护主义"。欧盟旨在建立欧盟单一数字市场，2018年通过《通用数据保护条例》对内大力促进数据流动和共享，对外严格把控数据跨境，维护数据主权。欧盟通过颁布法案形成的规则壁垒，天然将非欧盟国家排除在外。为了促进数据跨境流动，欧盟通过"充分性认定"、标准合同条款等方式与日本、韩国等多个国家和地区构建跨境数据流动朋友圈（见图11-1）。2022年3月25日，美欧就《跨大西洋数据隐私框架》重新达成原则性协议，希望恢复美欧数据传输的合法性。时至今日，中国尚未通过欧盟的"充分性认定"，欧盟向中国传输个人数据仍然需要其他替代性途径（如标准合同条款）。

欧盟
对内：促进共享流动
对外：严控数据跨境

安道尔公国、阿根廷、加拿大（限于商业组组）、根西岛、以色列、马恩岛、日本、泽西岛、新西兰、韩国、瑞士、英国、乌拉圭及法罗群岛。

美国
尚未与中国建立伙伴关系

- 2018年，《通用数据保护条例》
- 2018年，《非个人数据自由流动条例》
- 2019年，《开放数据指令》（修订）
- 2020年，《欧洲数据战略》
- 2022年，《数据法案》（侧重于私人部门释放数据）
- 2022年，《数据治理法案》（侧重于公共部门释放数据）
- 2022年，《数字市场法》《数字服务法》

- 2022年3月25日，美欧就《跨大西洋数据隐私框架》重新达成原则性协议
- 2023年7月，美国通过GDPR的"充分性认定"

2023年之前通过GDPR个人数据跨境传输"充分性认定"的14个国家和地区

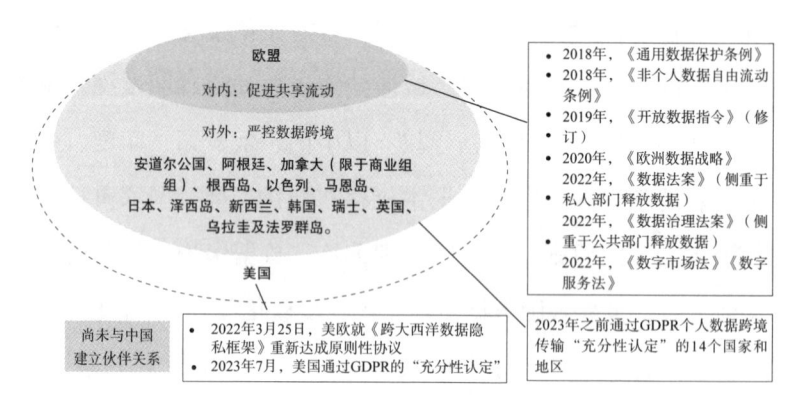

图 11-1　欧盟主导的"数据保护主义"朋友圈

资料来源：作者根据相关公开规则制度绘制。

以美国为代表的发达国家倡导"数据自由主义"（见图 11-2）。美国主张减少数据流动障碍，意在进一步扩大美国数字平台的已有优势和势力范围。例如，美国通过 APEC 的跨境隐私规则、《韩美自由贸易协定》、《跨太平洋伙伴关系协定》、《美国-墨西哥-加拿大协定》等一系列跨国合作协议来促进区域性的数据流动。

值得关注的是，美国还通过国内法案和国际规则两种路径对中国相关领域采取针对性遏制措施。在国内法案方面，美国在2018—2022 年先后更新《外国投资风险审查现代化法》《出口管理条例》等法案的附录清单，并将 TikTok（抖音海外版）、华为等中

国企业列为重点观察对象。在国际规则方面，2020年6月，美国提议修改APEC跨境隐私规则体系，修改后的规则独立于APEC框架。2022年，美国又将其主导的跨境隐私规则进一步修改为全球跨境隐私规则体系宣言，并以中国"强化信息管控措施"为借口拒绝审核，将中国"拒之门外"。

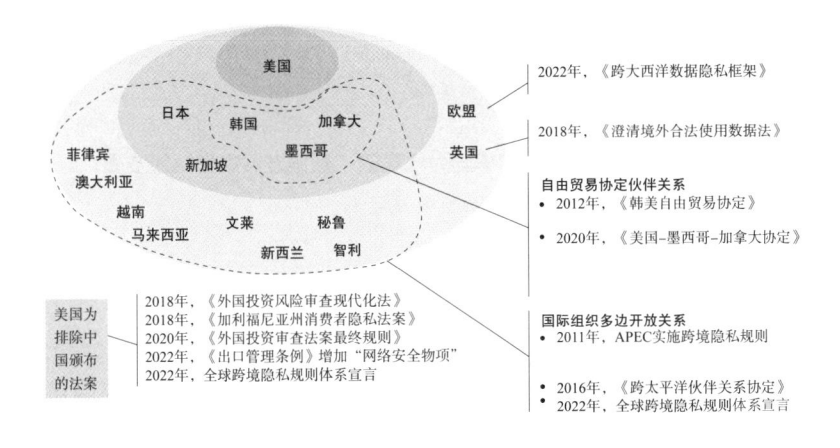

图11-2　美国主导的"数据自由主义"朋友圈

资料来源：作者根据相关公开规则制度绘制。

新加坡、日本等国家倡导"数据发展主义"（见图11-3），兼顾高水平数据保护和数据自由流动，该势力逐渐壮大。新加坡、日本、韩国等国都希望主导"数据发展主义"朋友圈。比如，新加坡以建设亚太地区数据中心为目标，兼顾高水平数据保护和数据自由流动，积极建设、领导或加入各组织或相关协定，包括《数字经济伙伴关系协定》《区域全面经济伙伴关系协定》等。

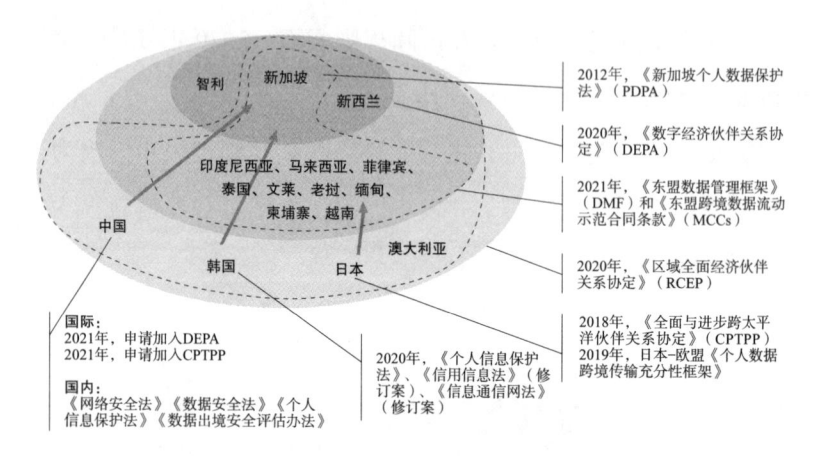

图 11-3　以新加坡、日本等国为代表的"数据发展主义"朋友圈
资料来源：作者根据相关公开规则制度绘制。

（二）新兴国家相关国际规则

数字治理是全球治理的新领域。数据安全风险是各国面临的共同挑战。中国是新兴国家倡导"数据发展主义"原则的主要代表。中国已经初步探索和建立数据治理的制度基础，围绕网络安全、个人信息主权与保护、数据分级分类管理等方面出台制度规范，颁布了《网络安全法》《数据安全法》《个人信息保护法》等法律法规，以及数据制度基础条例。在数据跨境流动方面，2022年7月中国颁布了《数据出境安全评估办法》，并在数据基础法律中明确数据跨境流动应兼顾本地化与全球化的原则。《数据出境安全评估办法》中明确了数据和个人信息出境的"自评估＋国家安全评估"阶梯式安全评估方案。在国际合作方面，中国也积极发出数字治理的"中国声音"。早在2016年9月，中国就作为二十国集团（G20）主席国首次将"数字经济"列为 G20 创新增长蓝图中的一项重要议题。2020 年 9 月，中国提出《全球数据安全倡议》，强调要维护全球信息技术产品和服务的供应链开放、安全、稳定，并积极实施国内数据立法和探索制定国际数据跨境规则。2020 年 6 月，新加坡、新西兰、智利三国联合签署 DEPA，次年 11 月，中国主动申请加入，表达与各成员国加强数字经济领域合作的愿望，并于 2022 年 8 月正式成立中国加入 DEPA 工作组。2023 年 4 月，由中国联合承办的第四届联合国世界数据论坛开幕，这次论坛的主题口号是"拥抱数据 共赢未来"。

以俄罗斯、印度、南非等为代表的新兴国家则对数据跨境流动治理持保留态度，对数据跨境流动给国家政治、个人隐私等带来的不利影响持担忧态度。例如，2006 年俄罗斯发布《关于信息、信息技术和信息保护法》和《俄罗斯联邦个人数据法》，要求实行数据本地化和白名单式的数据流出政策。2019 年 G20 大阪峰会上，印度基于"印度及其公民对其数据享有主权，这种权利不应扩展到非印度人"的认识，反对日本提出的"基于信任的数据自由流动"方案，并和南非、印度尼西亚一起拒绝签署《大阪数字经济宣言》。此外，即便是前述"跟跑型"国家，也更愿意加入与原有体系规则相对兼容、利益相对一致、能够互利共赢的新体系，而不是采取完全自由或完全保护的数据治理合作模式。

二、跨境数据流动治理存在的问题

当前，跨境数据流动治理尚未形成国际通行的有效方案，总体上呈现"俱乐部化"格局，且既有的多边共识也大多被当作抢占数据资源、打压数字经济的工具，而并不一定得到成员国的认同。具体来看，这主要表现为以下四个方面。

第一，传统跨境贸易规则已经不适用于跨境数据流动治理的需求。作为全球重要的多边贸易组织，WTO框架尚未对跨境数据进行专项规制，目前在WTO框架下讨论数据贸易一般参考其《服务贸易总协定》（GATS）、2019年通过的《关于电子商务的联合声明》等现有规则，而事实上数据贸易的范围远超出电子商务等服务产业，且涉及大量实体产业，因此WTO现有框架具有局限性。

第二，跨境数据流动治理的具体方案尚未达成国际共识。当前，全球各国、各地区以及相关国际机构已经在跨境数据流动方面进行了初步探索，包括WTO、G20、欧盟、APEC等。但是，全球数据治理仍大多停留在理念、目标层面，尚未形成广为接受的框架性协议。总体来看，一方面，全球数据跨境呈现碎片化发展的态势，且大国主导多极化发展趋势明显；另一方面，在数字鸿沟逐渐加大的背景下，广大发展中国家完全被排除在外，其数字发展权受到较大挑战。

第三，个别国家在跨境数据流动治理上采取"双标"政策，影响全球数据治理健康发展。一方面，个别国家对美国企业在海外市场提供服务的数据要求自由流动，并为此颁布了《澄清境外合法使用数据法》等，试图实现其"长臂管辖"的目的。另一方面，对海外企业在美提供服务的数据要求本地化，在这方面，针对中国企业的典型案例是2020—2022年TikTok曾面临被美国企业强制收购的风险，2023年3月TikTok又在美国听证会接受了"大考"。

第四，全球大型数据平台企业造成负面影响的事件屡禁不止。大型数据平台企业屡次发生数据泄露和侵害个人隐私事件。2019年，谷歌因数据存储的透明性等问题被GDPR处以约4亿元人民币罚款；2023年，Meta因非法将数据传入美国，被GDPR处以91亿元人民币罚款，这是GDPR目前为止的最高罚款。数据泄露和数据违规跨境流动会给全球国家、组织、企业和个人都带来巨大的负面影响。

中国愿同世界各国一道，在全球发展倡议框架下深化国际数据合作，以"数据之治"助力落实联合国2030年可持续发展议程，携手构建开放共赢的数据领域国际合作格局，促进各国共同发展进步。[①]

[①] 参见《习近平向第四届联合国世界数据论坛致贺信》，载于http://www.news.cn/politics/leaders/2023-04/24/c_1129557219.htm。

第十二章　数据经济学未来展望[1]

面对时代之变，人类对世界的认知亦有进步。在新一轮科技革命和产业变革推动下，数据及其带来的全方位变革，对各国经济社会发展、全球治理体系、人类文明进程产生深远影响。[2] 随着数字时代的丰富实践推动经济学理论和实践前沿不断延伸，数据经济学应运而生。数据经济学是现代化发展的全新理论成果，是一个具有较强的综合性、时代性、实践性的新兴学科，正在不断演进。对数据经济学的探讨，可以从底层的哲学逻辑出发，逐步延伸到对人类文明的关切。

---

[1] 本章作者：赵昌文、刘常瑜。
[2] 参见 2022 年中国国际发展知识中心发布的《全球发展报告》，载于 https://www.cikd.org/detail?docId=1538692405216194562。

第一节　数据经济学的综合性不断加强

新古典微观经济学之父阿尔弗雷德·马歇尔（Alfred Marshall）在《经济学原理》中阐释，"经济学是——而且必然是——一种缓慢和不断发展的科学……新的学说补充了旧的学说，并扩大和发展了，有时还修正了旧的学说"[1]。数据经济学诞生于数字经济方兴未艾、数据要素成为全新生产要素之际，它既是经济学的分支，又有别于传统经济学范畴，本身具有较强的学科综合性。伴随着各行各业数字化转型，数据要素不断积累，成为一种宝贵的资源，数据经济学涉及的研究议题也不断扩大，与其他学科的交叉融合正逐渐增强。

一、数据经济学研究范围不断突破

被誉为"数字经济之父"的著名的新经济学家唐·泰普斯科特（Don Tapscott）于1996年出版了被公认为关于数据经济的首本著作《数据时代的经济学：对网络智能时代机遇和风险的再思考》，自此开启了对数据在经济学范畴的研究。本书第一章已经对当前数据经济学的核心研究议题进行了阐释，包括数据产权、数据监

---

[1] 马歇尔. 经济学原理 [M]. 北京：中国社会科学出版社，2007.

管、数据隐私等，随着数字时代的变革发展，国内外对于数据经济的研究将更加丰富多元。

（一）数据经济与创新

科技创新在不同时代有不同的特点，当今时代数据成为创新的重要资源，甚至可以重新定义创新。①在这种趋势下，科技创新和产业一体化程度的增强，对各创新主体以及其相互之间的关系也产生了影响。大型数据企业在创新链条中的地位上升，开源开放成为创新资源配置的重要的组织形态。②

数据经济对创新的贡献能够回馈经济增长。布莱恩·阿瑟（Brian Arthur）在《技术的本质》一书中提出，"创新就是要找到原本已经存在的东西"。创新在一定程度上可被视为对已经存在的要素的重新组合，通过知识积累和技术创造，人们可以不断地发现事物的新特质以及组合后的特质，并加以应用。③数据经济就是用新的方式对已有的数据进行组合，创造新的价值。数据经济正在成为独立于实体经济和金融经济（虚拟经济）的一个重要领域，同时也发挥着为实体经济赋能以及通过金融科技改变传统金融格局的重要作用。④

与此同时，当前一系列数据交换和使用正为全社会解决关键问

---

① 参见《江小涓最新演讲：信息、数据与数字时代的创新（重磅全文）》，载于 https://finance.sina.com.cn/china/2023-07-05/doc-imyzrvhi2918053.shtml。
② 同上。
③ 刘志毅. 数字经济学：智能时代的创新理论 [M]. 北京：清华大学出版社，2022.
④ 同上。

题,提供创新方案。^①数据交换可以释放农业、健康、智慧城市和物流等领域的创新发展^②,推动相关行业的经济增长。依赖大数据发展起来的人工智能技术在制造、汽车、零售、医疗和金融等行业应用前景良好,尤其在自动驾驶、金融风控以及智慧医疗等领域。数据经济的发展为政府、行业、初创企业、研究机构和学术界等各种利益相关者提供了一个平台,使其能够利用数据的力量来释放万亿美元的数字机会。^③

(二)数据经济与统计

当前大部分数据流动往往被排除在经济计量(如 GDP)和投资者的公司估值模型之外,但是要想准确了解经济的真正运作方式以及公司的价值,需要承认这种数据的流动和交易。^④了解"数据价值链"的概念是估计数据价值的关键。价值形成于原始数据的转化过程中,从数据收集、分析和处理到数字智能,都可以被货币化并服务于商业或社会目标。尽管个人数据的价值有限,但是没有这些原始数据就没有数字智能。为了创造和获取更大价值,需要原始数据和将其处理成数字智能的能力,为数据增加价值有

---

① 参见世界经济论坛 2021 年 8 月发布的白皮书《面向数据经济的数据交换框架》,载于 https://www.weforum.org/publications/towards-a-data-economy-an-enabling-framework/。
② 同上。
③ 同上。
④ TETT G.The data economy is a barter economy[J]. Harvard Business Review, 2021(07).

助于在开发数据的过程中推动经济社会向前发展。[①]

在数据经济发展过程中，一般情况下相应数字产品和服务的价格是不断下降的，这也是数字行业逐渐改变其他行业并能够受到消费者欢迎的重要原因。其他行业的绝对价格一直不断上涨，而信息或者IT领域内相关价格事实上是不断下降或者相对增长较慢的，与此同时，其产品的性能和服务在明显提升，甚至大多数推出市场的应用是免费的。[②]

（三）数据经济与效率

对于数据经济来说，基于网络结构的基础设施和网络化的企业组织共同作用于数据经济的高效率。基于共识的社群网络组织用一个连续的、扁平化的、低摩擦的短期契约，替代了市场以及企业所提供的长期契约，其内在逻辑是共识社群网络通过技术契约的方式建立了基于共识的信用（在区块链时代不需要熟人关系即可建立），在这样的信用网络中实现了资源配置的高效率，超越了传统经济学中的市场和企业的配置效率。因此，基于网络结构的主体——社群组织——就具备了企业和市场的双重特性，从而形成了一种同时具备多样性效率和专业化效率的双重构架，这样的网络具备报酬递增的可能性，这就是数据经济增长理论的新视角。[③]

数据规模并不等于数据效率。质量更好和时效性更强的数据，

---

① 联合国贸易和发展会议.2021年数字经济报告——跨境数据流动与发展：数据为谁流动[R].2021.
② 同上。
③ 刘志毅.数字经济学：智能时代的创新理论[M].北京：清华大学出版社，2022.

更好的算法和更强的算力,以及互补性更强的数据平台更为重要。[1]在数字经济时代,平台成为数据聚合的主要渠道,提升了数据的资本价值。此外,数据经济通过数字资产的运作来实现收入分配的效率和公平之间的平衡,从而为扩大人民的需求以及推动供给侧的改革提供了很好的机会。[2]

二、数据经济学与其他学科交叉融合

主流的经济学逐步以数学化经济模型为主导,在一定程度上忽略了经济学研究中涉及的很多重要方面,包括政治学、社会学等在经济学发展中产生重要影响的学科。对于综合性较强的数据经济学,我们更应该通过跨学科的方式来理解和建设。[3]数据经济学与其他学科的"碰撞",不仅拓展了传统学科在数据时代的外延,也是数据经济学本身不断丰富完善的过程。从数据经济学视角尝试研究讨论其与其他学科之间的关系,对我们更全面系统认识该学科有一定意义。

(一)数据经济与哲学

"学习马克思,就要学习和实践马克思主义关于生产力和生产

---

[1] 杨虎涛,胡乐明. 不确定性、信息生产与数字经济发展 [J]. 中国工业经济,2023(04):24-41.
[2] 刘志毅. 数字经济学:智能时代的创新理论 [M]. 北京:清华大学出版社,2022.
[3] 同上。

关系的思想。"[1] 从农耕文明到工业文明，再到如今的数字文明，生产力和生产关系这对矛盾在不断地发展演进。一般而言，生产力的发展往往是领先于生产关系的，生产关系不断创新以适应生产力的发展。**随着以区块链、物联网、大数据、人工智能、云计算等技术为代表的先进生产力出现，寻找能适应新技术的生产关系成为全球经济转型过程中的重头戏。**

数据产品/服务表现出边际成本趋向于零的特性。杰里米·里夫金在《零边际成本社会》中表示，边际成本趋于零，产品和服务近乎免费，这是生产力进步所产生的功效之一。生产力是"一种生产效率的衡量方法，由产品与生产产品所需条件的比率计算得出"。如果生产一件额外的商品或服务的成本几乎为零，则代表着生产力处于最佳水平。[2] 值得关注的是，当前与新技术带来的先进生产力暂未匹配的生产关系导致数据经济发展中出现一些矛盾和问题。一方面，数据时代使社会向透明、诚信、公平的方向发展，走向人类共同体；另一方面，单边主义、保护主义对数据流动和利用形成掣肘，相对不透明的生产关系容易导致"劣币驱逐良币"的产业转型困境。

数字化和数据经济的发展对劳动力以及生产关系产生微妙影响。蒂齐亚纳·泰拉诺瓦在《免费劳动：为数字经济生产文化》（2000）

---

[1] 参见《习近平：在纪念马克思诞辰 200 周年大会上的讲话》，载于 http://www.xinhuanet.com//politics/2018-05/04/c_1122783997.htm?ivk_sa=1021577g。

[2] 杰里米·里夫金. 零边际成本社会 [M]. 赛迪研究院专家组, 译. 北京：中信出版社, 2014.

中指出，"免费劳动"（free labor）正产生于这样一个时刻：知识性的文化消费被转化为生产性活动，这种活动在被愉快地接受的同时往往遭受着无耻的剥削。[1] 建立网页、修改软件包、阅读和撰写邮件等"网奴"（net slaves）行为已不再是单纯的文化知识消费过程，而是一种普遍存在于资本主义社会中并遭受剥削的生产性活动，即自愿与免费的数字劳动。英国学者克里斯蒂安·福克斯在《数字劳动与卡尔·马克思》中指出，传统上，玩和劳动是两个分开的活动领域，前者发生在私人业余时间和公共时间，后者发生于工作期间的工厂和办公室里。"玩"劳动意味着玩和劳动之间的界限区域模糊：劳动呈现为玩，而玩则成了一种价值生成形式。玩是一种新的管理理念，例如，公司的社交媒体应用都很有趣，在"玩"中使用这些平台就隐藏了这一情况：这些平台是由公司经营的，以便赚取更多利润并剥削用户的劳动。[2] 只要数据-流量不断地在各种平台上流动和交换，数字资本主义就能从中获得前所未有的高额利润。在这样的过程中，生产关系在一定程度上从原来资本家的工资-雇佣的模式变成了平台-用户模式。[3]

数据透明所带来的公平性是构建新型生产关系的基础特征。哪个国家能率先利用新技术构建一个促进社会公平性的生产关系，

---

[1] 蒂齐亚纳·泰拉诺瓦.免费劳动：为数字经济生产文化[J].杨嵘均，曹秀娟，译.国外社会科学前沿，2023(01).

[2] 克里斯蒂安·福克斯.数字劳动与卡尔·马克思[M].周延云，译.北京：人民出版社，2020.

[3] 参见《"马克思主义哲学在数字经济时代的挑战与机遇"高峰论坛举行》，载于https://www.sinoss.net/c/2022-04-07/621633.shtml。

哪个国家就具备释放和发展新生产力的更大空间。一方面，信用是经济的基石，信用可以说是数字经济时代的"货币"，只有信用机制被接受时，交换才能发生。全员可信的信用体系是建立新型生产关系的另一个重要基础。① 另一方面，货币也是生产关系的重要内容。人类货币从农业社会以金、银等贵金属为代表的三维货币，演变至工业社会纸币的二维形式。今天，人类货币开始以数据的形式呈现，变成了存储器中的一串符号，以比特币为代表的数字货币让货币迎来了一维时代。②

数据以及数据经济的发展使人们对现实世界的理解有了新内涵。早在 1991 年，耶鲁大学教授大卫·盖伦特就预测过"镜像世界"，即基于数据并由数据推动的人类生活的新维度。随着越来越多的物理现实开始在虚拟世界中被呈现和模拟，与柏拉图理论相颠倒的情况出现了，即现实世界的物体只是它们在精神世界真实存在的不完美复制品。越来越多的数字副本正在拥有生命，这不仅是真实世界的数字表示，还赋予了"知识就是力量"这句格言新的意义，即数据作用于物理世界，用于优化一切。虚拟世界的出现带来一种独特的经济，它对新的市场、机构、基础设施、商业甚至地缘政治安排提出新要求。③ 2013 年，"**数据主义**"作为一种新兴哲学被首次提出。尤瓦尔·赫拉利在《未来简史》中指出，宇宙由数据流组

---

① 黄奇帆，朱岩，邵平. 数字经济：内涵与路径 [M]. 北京：中信出版集团，2022.
② 同上。
③ 参见《镜像世界》，载于 https://www.businessreview.global/latest/5e5331d816f470364f4978e4。

成，任何现象或实体的价值就在于对数据处理的贡献。因此，在人类实现现代化的道路上，数据要素对现代化的贡献，一定程度上取决于以数据等形式收集和处理的经济社会活动的规模。

（二）数据经济与社会学

人工智能伦理的标准化是数据经济发展的基本要求之一。随着数据日益成为争议焦点，由数据所创造的价值可能以牺牲人权为代价，并且仍有很多人无法从这种价值中受益。① 社交媒体网络或在线零售和面向大众的平台中生成的数据，是对机器学习和人工智能的重要输入，但这些数据缺乏适当的所有权权利。在缺乏明确的道德和监管准则的情况下，发展中国家的用户可能成为许多前沿技术测试的对象。② 在未来的数据经济中，个人和企业共享数据可以提供复杂的人工智能算法，这可能会改变我们的生活。③

数据经济的最大问题可能不在于侵犯隐私，因为当前有法规的强制要求。**真正的问题是，以数据为"食"的人工智能系统是否会做出符合人们最大利益或自由意志的决策。**以保险为例，客户可以通过同意共享数据获得较低的健康保险费。人工智能系统可以向客户提出使用某些产品或养成某些习惯的建议，这样可以通过让客户

---

① World Bank. World development report 2021: Data for better lives[R]. 2021.
② 参见联合国发布的《2018年世界经济和社会概览》，载于 https://www.un.org/development/desa/dpad/publication/world-economic-and-social-survey-2018-frontier-technologies-for-sustainable-development/。
③ RECIO P U. How the data economy can enable data to be fluidly valued and privately shared[R]. Forbes Technology Council, 2022.

保持健康来增加保险公司的利润。这些习惯可能包括保持均衡的营养和锻炼，甚至可能推荐与谁交朋友或从事什么工作，因为这些因素对一个人的未来有重大影响。然而，从道德的角度来看，通过利润最大化的人工智能来影响客户做出这种个人决定，即便不涉嫌操纵的话，至少也是值得怀疑的。①

  关于数据经济学的本质，我们可以从更广泛的人类学的角度来思考。以 18 世纪知识分子亚当·斯密为代表的经济学家倾向于认为，易货贸易是一种货币发明之前的实践，它塑造了今天的经济思维，市场接受了"金钱让世界运转"的文化假设，即经济中最重要的东西是以货币单位来衡量或用货币组织的，不涉及钱的交易即那些"免费"的部分被淡化或忽略。然而，人类学家对经济如何运作有着更广阔的视野。他们着眼于交易如何在广义上将社会联系在一起，并知道基于货币的交换只是创造联系的流动之一。隐藏在众目睽睽之下的东西，即非货币流动，可以帮助构建现代数字经济。②数据经济可以被视为一种"易货经济"（barter economy）。毕竟，推动 Meta、谷歌等众多公司商业战略的相当一部分不是它们用金钱交换来的，而是消费者以数据被收集为代价换取互联网服务所带来的。现代科技经济依赖于双向而非单向流动，数据交换使每个人都更了解交易双方。根据相关研究试验，消费者似乎并不想用"出售"自己数据的方式来换取金钱。**数据**

---

① RECIO P U. How the data economy can enable data to be fluidly valued and privately shared[R]. Forbes Technology Council, 2022.

② TETT G.The data economy is a barter economy[J].Harvard Business Review, 2021(07).

"易货"无形而高效,以至于我们可能要重新思考亚当·斯密关于社会演变的假设。① 此外,经济学家和技术人员也经常忽略另一个文化方面的小提醒:data(数据)一词来自拉丁文 dare,意思是"给予"。这或许提醒人们,在数字时代把人们联系在一起的数据交换,并不只关乎金钱。②

数据经济有着巨大的潜力。但是,能否消除数据使用带来的风险,应对当前人们关注的数据治理困境③,取决于各国能否在加强国际合作的同时努力改善国内数据治理,**建立以价值、信任和公平原则为基础的数据社会契约**④。

(三)数据经济与政治学

随着数字化的发展,从 2013 年"棱镜门"事件发生到 2021 年再次爆出"窃听门"事件,我们可以看出国家之间的数字主权争端由来已久。**数据经济与国际政治、科技竞争、意识形态等问题密切交织,数据领域的制度博弈已大大超越经济范畴**。国家安全利益的潜在冲突进一步加剧了数据领域的规则博弈。当前,不同国家和地区在数据治理的态度、方法和能力上存在差异。欧盟高度注重隐私保护,设立了高标准的《通用数据保护条例》,仅允许个人数据流入与其隐私保护水平相当的国家或地区,同时积极推

---

① TETT G.The data economy is a barter economy[J].Harvard Business Review, 2021(07).
② 同上。
③ RECIO P U. How the data economy can enable data to be fluidly valued and privately shared[R]. Forbes Technology Council, 2022.
④ World Bank. World development report 2021: Data for better lives[R]. 2021.

动成员国之间的数据自由流动。美国通过《美国-墨西哥-加拿大协定》《日美贸易协定》《韩美自由贸易协定》等协定推广和开辟新的双边或多边规则，并与这些国家一起推行其数据流动主张。以新加坡、日本等国为代表的国家试图兼顾高水平数据保护和数据自由流动。发展中国家在治理规则构建上相对比较滞后。大多数发展中国家执行数据开放流动的政策并非有意为之，而是暂未出台数据治理的相关政策。监管能力不足的发展中国家由于国内法规不完善，容易对隐私和安全造成不利后果，以及损害用户利益。

发达国家严守垄断优势，发展中国家赶超难度增加，双方竞争更趋激烈。 大型科技企业已具备全球意义上的数据资源优势，拥有巨大的资本、技术和市场力量，甚至在一定程度上形成"数字地缘权力"。在传统产业领域，发展中国家普遍因全球化和产业转移而获得机遇，但是在人工智能、5G网络、区块链等新技术领域，只有中国等极少数发展中国家具备与其竞争的能力。相较于传统领域，在数字技术推动的新领域中，技术迭代更新的周期更短，但却具有强大的网络特征，一旦实现更新就意味着上一代技术和相关应用都将退出市场，而不会像传统产业技术那样进入成熟周期后逐渐向其他国家进行梯度转移。未来，随着新技术的进一步迭代、发展和传播，发达国家与发展中国家之间垄断与反垄断的斗争将更趋激烈。[①]

受民粹主义和政治偏见影响，部分国家将全球数据治理问题

---

① 总体国家安全观研究中心.总体国家安全观透视——历史长河、全球视野、哲学思维[M].北京：时事出版社，2023.

与大国竞争联系起来。以美国为首的发达国家试图利用发展中国家崛起的不均衡特征、新领域技术更迭的特性以及现阶段掌握的技术优势情况，打压发展中国家的"排头兵"和"先锋队"，加速新领域技术研发和换代，制定更严格的规则和标准，形成新的壁垒以保护其主导地位。[1] 其甚至将良性的治理理念争鸣打上政治化、阶层化的烙印，给传统发达经济体与新兴经济体的数字发展差异强行贴上"民主与独裁、自由与专制"等意识形态对立标签，还抵制一些深层次的全球制度变革。为此，越来越多的跨国数字企业正试图推动建设所谓"去政府化"的跨国协调机构，这既是为了维护"言论自由权利"，也是寻求减少地缘政治与国家内政对自身全球数字业务发展的负面影响。[2]

第二节　数据经济学的时代性日益彰显

数据经济学是一个具有较强时代性的学科。数据经济随着第四次科技革命的发展而蓬勃兴起，也推动了数字革命日新月异。在百年未有之大变局下，数据经济的发展伴随着世界经济格局的演变，这在带来机遇的同时也带来了挑战，促进公平的数据经济已成为时代声音。

---

[1] 总体国家安全观研究中心.总体国家安全观透视——历史长河、全球视野、哲学思维[M].北京：时事出版社，2023.

[2] 参见《无国界溯源——迈向网络空间国际问责》，载于 https://www.rand.org/pubs/research_reports/RR2081.html。

一、科技革命牵引数据经济不断演进

（一）数字时代的技术进步超越了"摩尔定律"

1965年，英特尔公司创始人之一戈登·摩尔提出了摩尔定律，即当价格不变时，集成电路上可容纳的元器件的数目，每隔18~24个月便会增加一倍，性能也将提升一倍。[①]摩尔定律自提出以来，已经超过半个世纪，这一定律揭示了信息技术进步的速度。然而，数据革命正在改变社会，包括开放的数据移动、众包的兴起、新数据收集、信息通信技术的涌现、大数据可用性的爆炸式提高以及人工智能和物联网的出现。计算和数据科学的进步，使得实时处理和分析大数据变成了现实。[②]随着大数据、云计算、区块链、5G、物联网、人工智能等新一代数字技术的创新应用，**摩尔定律已不足以充分反映当下信息技术进步的速度，其他数字领域尤其是数据的飞速发展更令人印象深刻。**[③]

技术进步催生的数据量正以指数级增长。从全球层面来看，2010—2020年，全球互联网流量增长了近16倍。[④]据估计，

[①] MOORE G E. Cramming more components onto integrated circuits[J]. Electronics, 1965, 38(8):114–117.

[②] 参见《大数据促进可持续发展》，载于 https://www.un.org/zh/global-issues/big-data-for-sustainable-development。

[③] 参见《数据4.0——重新思考数据驱动型经济的规则》，载于 https://www.weforum.org/agenda/2022/01/data-4-0-rethinking-rules-for-a-data-driven-economy/。

[④] 参见 "Global trends in internet traffic, data centres workloads and data centre energy use, 2010—2020"，载于 https://www.iea.org/data-and-statistics/charts/global-trends-in-internet-traffic-data-centres-workloads-and-data-centre-energy-use-2010-2020。

2011—2020年，全球数据量从1.8ZB增长至59ZB。2021—2023年世界产生的数据量可能比过去30年产生的还要多，2021—2025年世界创建的数据量将是2016—2020年的3倍以上。① 预计到2025年，生成的数据总量将以指数级增长至175ZB。② 数据的爆炸式增长要归功于"人类"活动。然而，相较于人们创造的数据，全球数据量的增长更多地是由使用和分析的数据驱动的，至少有40%的互联网流量是由机器产生的。在未来几年里这一趋势可能持续，预计2030年全球联网设备数量将达到1 250亿台。③ 数据必须先被创造才能进行分析，而通过数据挖掘获取的新数据，可以作为官方统计和调查数据的补充，促进人类行为和经验信息的积累。新数据与传统数据的结合，可以创造更详细、更及时和更相关的高质量信息。④ 由于数据的递归速率即再次处理相同数据的速度持续呈指数级增长，因此我们需要将"唯一"数据（创造和捕获而非复制和使用数据）降至总数据圈的10%。⑤ "数据红利"为以互联网企业为代表的私营机构带来了巨大的财富，根据标准普尔500指数，数据密集型企业的市场价值优于平均水平。

---

① IDC's Global Data Sphere Forecast Shows Continued Steady Growth in the Creation and Consumption of Data, Business Wire, 2020.
② MIT Technology Review Insights, Capitalizing on the Data Economy, 2021.
③ 参见《数据4.0——重新思考数据驱动型经济的规则》，载于https://www.weforum.org/agenda/2022/01/data-4-0-rethinking-rules-for-a-data-driven-economy/。
④ 参见《大数据促进可持续发展》，载于https://www.un.org/zh/global-issues/big-data-for-sustainable-development。
⑤ IDC's Global Data Sphere Forecast Shows Continued Steady Growth in the Creation and Consumption of Data, Business Wire, 2020.

然而，数据驱动决策带来的巨大机遇可能正受制于有限的分析能力。在一些人看来，私营部门正面临着所谓的"数据悖论"。在麻省理工学院（MIT）的一项调查中，近一半的受访高管表示，他们仅将数据用于基本的业务决策。在当今全球数据经济中，这错失了数据可参与贡献的很多其他机会。① 调查显示，70%的数据决策者收集数据的速度超过了他们分析和使用数据的速度，但67%的数据决策者仍不断地需要更多的数据。这种挑战有时会被"数据保护主义"政策进一步放大，问责、透明度和隐私被放在首位考量。由此出现了一个"万亿美元"的问题：企业如何克服这种需求与能力的不匹配，并采取更"激进"的策略，在确保安全性和合规性的同时从数据中获取最大价值？② 此外，无论一个机构是否参与数据经济，其在拥抱数据驱动型机遇方面几乎都面临着挑战，其中最主要的是安全数据共享、构建正确的技术平台、收集和处理数据以及遵守数据隐私法规。③

（二）关键的新兴技术支撑数据经济主流化

数据交换的激增催生出数据经济，在这个生态系统中，数据在被各方挖掘、定价和交换的过程中获得价值。两种技术将在未来

---

① MIT Technology Review Insights, Capitalizing on the Data Economy, 2021.
② 参见《数据4.0——重新思考数据驱动型经济的规则》，载于 https://www.weforum.org/agenda/2022/01/data-4-0-rethinking-rules-for-a-data-driven-economy/。
③ MIT Technology Review Insights, Capitalizing on the Data Economy, 2021.

10 年内使数据经济成为主流——Web 3.0 和隐私保护算法。[1]

Web 3.0 使个人或公司能够交易他们的数据并从中获利，这是实现数据经济的关键技术之一。Web 3.0 依赖于区块链，即记录货币交易、协议和数据交换等的分布式数字分类账，无须通过 Meta、推特或亚马逊等中心化组织就能够实现数据交易和价值交换。区块链不受任何组织的控制，因此可以创建各方都可以信任的经过验证的证据，而这种公开证据可以防止我们的数据被滥用。这些分类账允许个人和公司无缝、安全和私密地交易或货币化他们的数据。可以说，区块链解决了互联网原本存在的问题：一是数字货币提供了资金流信息在互联网流动的解决方案，二是区块链通过加密和分布式账本的引用解决了交易过程中的确权问题，三是区块链通过共识机制的技术确定了数字资产的交换问题。[2] Web 3.0 催生出令人兴奋的"数据联盟"（data unions）概念，即一种将用户数据与其他人的数据结合起来，并在有人付费访问数据时将一部分收入分配给他们的框架。尽管个人数据的价值不高，但当每个人的数据聚合起来产生洞察力时，这些数据对企业来说就变得有价值了。一些流行的数据联盟有 Pool Data、Swash 和 MOBI。[3]

数据经济对先进的算法提出了要求，致力于实现数据共享的同时保护隐私。保护消费者数据隐私的算法允许公司或个人在不实

---

[1] RECIO P U. How the data economy can enable data to be fluidly valued and privately shared[R]. Forbes Technology Council, 2022.
[2] 刘志毅. 数字经济学：智能时代的创新理论 [M]. 北京：清华大学出版社，2022.
[3] RECIO P U. How the data economy can enable data to be fluidly valued and privately shared[R]. Forbes Technology Council, 2022.

际共享任何数据的情况下利用彼此的数据。其中一项技术是零知识证明（zero-knowledge proof）。这是一个在不向验证者提供任何额外信息的情况下证明特定陈述有效的过程。换句话说，公开所有信息来证明任何陈述很简单，但不公开数据本身就是挑战，这就是零知识证明算法的目的所在。例如，客户可以证明他的年龄超过了进入某些地方的最低要求，而无须透露其身份证上的所有个人详细信息；客户可以证明他有足够收入来购买金融产品，而无须披露他的实际收入或财富。同样，保险公司可以降低客户健康保险的价格，而无须客户透露任何详细的医疗或生活方式信息。①更高级的算法还允许使用来自多方的信息共同得出一个结论，而无须向彼此透露任何信息或在各方之间传送任何数据。例如，银行可以与电信公司合作，为没有银行账户的客户创建信用评分，而无须相互透露任何信息。这些新兴的隐私保护数据共享算法的可能性是无限的，这可能成为数据经济技术领域的真正突破。

由于新兴技术对数据供给和需求的作用不断加强，我们需要以更具前瞻性的方式更新数据领域的方法。为此，仅靠企业努力是不够的，与数据相关的规则、法规、协议和跨国界的管理机构必须实现现代化。将数据从原材料转化为真正的生产要素和创新引擎，仍需要个人和组织层面进行深刻变革。数据生态系统中的所有利益相关者都必须接受和促进真正以数据为导向的文化。值得

---

① RECIO P U. How the data economy can enable data to be fluidly valued and privately shared[R]. Forbes Technology Council, 2022.

高兴的是，病毒大流行加速了这一趋势。① 我们可以通过合适的人、机构和文化来解锁和利用数据，建设未来的经济社会，使数据真正成为变革的驱动力。②

二、数据经济发展伴随世界经济格局演变

（一）发展中国家数据经济成为经济增长新动能

新一轮科技和工业革命催生新的发展动能，为发展中国家提供了加速追赶的时代机遇。从历史经验看，每一次全球技术变革都会缩小后发国家和先发国家之间的差距，凸显后发国家优势。③ 从现实情况看，通信和交通技术的发展进一步降低了贸易和运输成本，互联网空间为知识快速传播和共享创造了条件，帮助发展中国家获得了提升劳动力素质和劳动生产率水平的机遇。数据经济异军突起，使得一些拥有较多传统产业特别是劳动密集型制造业的国家，能够借助大数据实现产品和服务质量的飞跃，加速推动经济转型和产业升级。④

发展中国家正加快融入全球数字化发展格局，其对数据的重视

---

① 参见《数据 4.0——重新思考数据驱动型经济的规则》，载于 https://www.weforum.org/agenda/2022/01/data-4-0-rethinking-rules-for-a-data-driven-economy/。
② 同上。
③ 总体国家安全观研究中心.总体国家安全观透视——历史长河、全球视野、哲学思维[M].北京：时事出版社，2023.
④ 同上。

程度以及数据对发展的作用凸显。2021 年，发展中国家数字经济同比名义增长 22.3%，高于同期发达国家数字经济增速 9.1 个百分点。[①] 2022 年，G20 巴厘岛峰会上，各国领导人一致重申数据对发展的作用，以及数据有助于促进经济增长和社会福祉。在参与数据驱动的数字经济并从中受益的能力方面，中国表现突出，可与美国相媲美。例如，中美两国超大规模数据中心的数量加起来占全球的一半，它们的 5G 采用率全球最高，在过去 5 年两国用于人工智能初创企业的全部资金占世界的 94%，两国全球顶级人工智能研究人员占全球的 70%，以及它们的最大数字平台市值占全球的近 90%。[②]

海量数据正催生新的经济，尤其是数量远超原始数据的衍生数据是带来世界经济巨大转变的一部分。数据是数据经济发展的核心引擎，可以说是数据交换催生了数据经济。[③] IDC 估算，2000—2018 年，美国数据生成量的年均增长率为 31.9%，欧洲、中东和非洲为 35%，而中国数据生成量的年均增长率达到 41.9%，高于亚太地区数据生成量的年均增长率 36.2%。[④] 2020 年疫情大流行导致信息需求增加，也带来了数据量高于预期的增长。数据成

[①] 参见《全球数字经济白皮书（2022 年）》，载于 http://www.caict.ac.cn/kxyj/qwfb/bps/202212/t20221207_412453.htm。

[②] 联合国贸易和发展会议.2021 年数字经济报告——跨境数据流动与发展：数据为谁流动 [R].2021.

[③] MIT Technology Review Insights, Capitalizing on the Data Economy, 2021.

[④] 参见《镜像世界》，载于 https://www.businessreview.global/latest/5e5331d816f470364f4978e4。

为新的战略资产，生成、交换和使用高质量的数据，成为人们当下以及未来经济活动的驱动力之一。明智地使用数据可以对所有经济部门产生变革性影响，并可以为经济增长创造新的机会。

（二）数据经济正推动新的经济全球化

随着经济活动越来越多地进入数字空间，今天如何塑造数据经济将最终决定明天的全球经济发展情况。[①] 数据流动以及数字经济相关活动不仅带来了技术创新的正向整合，也加速了全球商业模式的塑造，为全球经济的持续增长提供了新动力。

数字平台企业越来越多地投资于全球数据价值链的各个环节。大型科技企业渗入全球数据价值链的各个环节，通过面向用户的平台服务收集数据，利用海底电缆和卫星进行数据传输，在数据中心进行数据储存、分析、处理和使用，等等。这些公司通过平台拥有了数据优势，但它们不再仅仅是数字平台，因为它们的业务已横跨多个行业，从核心数字部门到数字经济的狭义范围和数字化的广义范围，存在于数字经济的各个层面，由此它们被视为全球数字企业。[②] 一方面，企业通过实现数据信息的全方面、零时损的共享，提升全球资本与生产对接的效能，实现规模经济效应与数据经济驱动的全球化。另一方面，部分企业依托现代通信技术和数据处理能力，通

[①] 参见 "Data Economy: Path to prosperity or a dystopian future?"，载于 https://www.un.org/development/desa/en/news/policy/data-economy.html。

[②] 联合国贸易和发展会议 .2021 年数字经济报告——跨境数据流动与发展：数据为谁流动 [R].2021.

过合作来推动国际互动交流，这种非官方的合作能够提高全球经济发展的弹性和韧性，为应对各种冲击提供新路径。

基于数据和算法的数字货币也正成为全球化的"新工具"。 基于区块链技术的数字货币通过"挖矿"产生，非主权国家发行的数字货币一旦产生就是全球化的，无论海关还是政府边界管制，都很难从走私的角度、关卡的角度控制它的流动。[①] 数字货币的出现和流通对全球金融体系与货币主权产生重大影响，各国监管机构对此都持慎重态度。这也对全球金融领域的国际合作提出了新问题和新要求。

数据流动以及数字经济相关活动正成为国际合作的新领域。 中国提出全球发展倡议，将数字经济作为倡议重点领域；发起《携手构建网络空间命运共同体行动倡议》《"一带一路"数字经济国际合作倡议》《金砖国家数字经济伙伴关系框架》《金砖国家制造业数字化转型合作倡议》等，共同构建和平、安全、开放、合作、有序的网络空间。截至 2022 年 10 月，中国已与 16 个国家签署"数字丝绸之路"合作谅解备忘录，与 24 个国家建立"丝路电商"双边合作机制，中国-中东欧国家、中国-中亚五国电子商务合作对话机制建设取得积极进展，中国-东盟信息港、中阿网上丝绸之路建设成效日益显著。[②]

[①] 黄奇帆，朱岩，邵平. 数字经济：内涵与路径 [M]. 北京：中信出版集团，2022.
[②] 参见《国务院关于数字经济发展情况的报告——2022 年 10 月 28 日在第十三届全国人民代表大会常务委员会第三十七次会议上》，载于 http://www.npc.gov.cn/npc/c2/c30834/202211/t20221114_320397.html。

探索构建以发展为导向的数据流动全球框架是时代要求。当前，国际一级的体制框架不适用于全球数据治理的具体特点和需要。要使全球数据治理行之有效，需要一个新的全球体制框架，并适当地混合多边、多利益攸关方和多学科参与。关于数据治理和跨境数据流的全球辩论需要具有充分的包容性，理想的情况是在联合国的统筹协调下展开。[①]在探索建立国际通行的数据领域规则的过程中，世界各国需要同步推进数据要素市场改革，吸收和推广全球数字治理最新实践成果。发展中国家只有加强数据开发利用方面的能力建设，才能有机会更多参与全球数据要素市场并从中获益。全球数据治理框架可以补充其他级别的治理。此外，这一领域的全球方案需要考虑一些关键的政策领域和优先事项。

三、弥合数据鸿沟，促进公平的数据经济

（一）数据鸿沟逐步凸显

随着数据这种经济资源以及跨境数据流动变得越来越重要[②]，"数据鸿沟"（data divide）问题正在凸显[③]。发达国家和发展中国家之间的传统数字鸿沟（digital divide）对发展构成的挑战已受到关注，主要是在互联网连接、访问和使用方面。

[①] 联合国贸易和发展会议.2021年数字经济报告——跨境数据流动与发展：数据为谁流动[R].2021.
[②] 同上。
[③] World Economic Forum. We must bridge the 'data divide' for a more equitable future[R]. 2022.

在富国和穷国之间以及一国富裕人口与贫困人口之间,在生成和使用数据以及从数据中受益等多方面都存在很大不平等。[1] 助长数据鸿沟的因素包括无法获取数据,缺乏分析和使用数据的能力(资金、技术和知识),在数据分析和管理上的投资选择,利用数据解决社会问题的有限的可行方案,等等。不管是用于公共意图还是私人意图的数据系统,往往都把落后人群排除在外,而且目前穷国的统计能力和数据素养仍然有限。许多收入较低的国家缺乏在互联网上快速交换数据以及使用低成本现代数据存储和云计算设施所需的数据基础设施。[2] 发展中国家有限的数字技术应用水平限制了其公民参与不断发展的数据驱动型数字经济并从中受益的可能性。[3]

面对层出不穷的新模式、新技术,数字化基础较为薄弱的经济体和企业存在进一步落后的风险。随着元宇宙、NFT（非同质化通证）、Web 3.0 等新模式的兴起,ChatGPT 等新应用的横空出世,很少有发展中国家具备利用前沿技术的能力,这些技术依赖于数字化和连通性,包括区块链、无人机、基因编辑、纳米技术等。拉丁美洲和加勒比地区及撒哈拉以南非洲国家在采用或适应

---

[1] World Bank. World development report 2021: Data for better lives[R].2021.
[2] 同上。
[3] UNCTAD. SDG Pulse 2022-UNCTAD takes the pulse of the Sustainable Development Goals (UNCTAD/STAT/2022/1), 2023. https://UNCTAD. org/publication/sdg-pulse-2022.

前沿技术方面最无准备，并有可能错失当前的机会。[①] 与精通数据的国家相比，欠发达地区不仅面临数字连通性和投资缺口，而且还面临数据科学技能短缺。[②]

随着经济活动转向数字空间，数据治理能力和水平也将在很大程度上决定数据的成本和国家的比较优势。由于缺乏对个人数据的保护和相关隐私标准，发展中国家会发现自己处于特别不利的地位。[③] 截至2021年12月，全球194个联合国贸易和发展会议成员国中，137个国家（占比71%）有数据隐私保护相关法律（见表12-1），其中非洲国家33个（占比61%），美洲国家26个（占比74%），亚太国家34个（占比57%），欧洲国家44个（占比98%），最不发达国家22个（占比48%）。[④] 发展中国家在数字基础设施、数字平台企业、传统产业数字化等方面基础薄弱，尤其在数据治理方面的短板将加大数字鸿沟，可能进一步造成其在全球数据经济中处于劣势地位。[⑤]

---

① UNCTAD. Technology and Innovation Report 2023 - Opening Green Windows: Technological opportunities for a low-carbon world (UNCTAD/TIR/2022), 2023. https://UNCTAD.org/publication/technology-and-innovation-report-2023.
② 参见《数据4.0——重新思考数据驱动型经济的规则》，载于 https://www.weforum.org/agenda/2022/01/data-4-0-rethinking-rules-for-a-data-driven-economy/。
③ 参见 "Data Economy: Path to prosperity or a dystopian future?"，载于 https://www.un.org/development/desa/en/news/policy/data-economy.html。
④ 参见联合国贸易和发展会议发布的 "Data protection and privacy legislation worldwide"，载于 https://unctad.org/page/data-protection-and-privacy-legislation-worldwide。
⑤ 参见联合国发布的《2018年世界经济和社会概览》，载于 https://www.un.org/development/desa/dpad/publication/world-economic-and-social-survey-2018-frontier-technologies-for-sustainable-development/。

表 12-1　全球各地区国家相关立法及覆盖情况

	电子交易	网络消费者保护	数据隐私保护	网络犯罪
非洲国家（54个）	33（61%）	28（52%）	33（61%）	39（72%）
美洲国家（35个）	31（89%）	25（71%）	26（74%）	30（86%）
亚太国家（60个）	50（83%）	27（45%）	34（57%）	46（77%）
欧洲国家（45个）	44（98%）	35（78%）	44（98%）	41（91%）
最不发达国家（46个）	29（63%）	19（41%）	22（48%）	32（70%）

资料来源：联合国贸易和发展会议（截至2021年12月）。

目前，数据鸿沟仍较小，世界必须携手采取紧急行动来解决这一问题。否则，随着时间的推移，弥合数据鸿沟将变得更具挑战性。[1]

（二）追求更加公平的数据经济

从可持续发展的角度来看，当前全球数据治理格局非常不利于公平的数据资源价值实现和数字红利普惠。目前，大国博弈导致数据流动愈发碎片化，数字经济的发展愈发俱乐部化，数据的全球流动和共享受到较大限制，阻碍了技术交流和进步，造成数据治理赤字。全球数据跨境框架基本由发达国家主导和参与，广大发展中国家的参与度极低。全球数字企业是能够提取或收集数据

---

[1] World Economic Forum. We must bridge the 'data divide' for a more equitable future[R]. 2022.

并有能力进一步处理数据的主体，处于占有大部分数据价值的特权地位。相比之下，那些被视为原始数据的生产者或提供数据来源的人，即平台的用户，其大部分在发展中国家，他们也为数据经济的价值实现做出了贡献，但是并没有获得发展收益。[1]

不论是发达国家还是发展中国家，都应在全球数据要素市场享有平等的待遇。一国不应歧视其数据伙伴国家，也不应歧视本国其他数据要素主体和外国数据要素主体。大部分发展中经济体正处于数字化转型阶段，寻求建立一个更具包容性的全球数据流动体系，从而使更多数字边缘国家和主体能够参与数据市场，并从全球数据流动中获益。帮助和扶持广大发展中国家，让欠发达国家不在数字时代掉队，充分参与数据驱动的新一轮发展，是确保数字红利普惠的关键。数据的国际流动规则应试图确定公平和不公平的情况，劝阻不合理行为以及建议应对措施，特别是通过合理措施及时阻止或补偿不公平数据流动造成的损害。

打破当前的数据治理僵局，在国家层面，我们需要建立新的数据社会契约。低收入国家在数据经济中往往处于不利地位，通常在以下几方面都比较缺乏，包括获取数据并将其转化为有价值的基础设施和技能，人们对数据系统信任的制度与监管框架，公平参与全球数据市场及其治理的规模与渠道。在国家层面，我们应该推动数据的使用和再利用，创造经济和社会价值，同时确保这些价值得到公平分享，并增进参与者的信任，使其相信自己不

---

[1] 联合国贸易和发展会议.2021年数字经济报告——跨境数据流动与发展：数据为谁流动[R].2021.

会因数据滥用而受到损害。[①] 在国际层面,我们需要一个新的国际体系来规范数据流动,以便公平分配跨境数据流动的红利。[②] 这就需要能够实现民主和以人为本的数据治理体系。平衡社会福利、市场创新和数字权利是公平、负责和公正的数据管理机构的核心任务。因此,当务之急是需要一个国际机构协调各方、化解争端,使其不搞"小圈子",促进公平竞争,从全局层面探讨数据治理机制和方针,最大限度释放数据要素的价值;通过推动全球数据共享和技术交流,促进数字技术进步,团结各国共同应对包括贫困、气候变化等全球重大问题的治理挑战。

弥合数据鸿沟并建立公平的数据经济,是不同利益相关者之间团结协作的方向,需要企业、社会和政府之间的长期承诺和全球合作。[③] 数据解锁知识,知识释放力量。这种良性循环必须在政府部门、组织和社区之间强化和共享,从而实现数据价值最大化,促进所有人都可以享受更安全、更光明、更繁荣的未来。[④]

第三节　数据经济学的理论与实践融合并进

数据经济实践推动数据经济学理论创新发展,数据经济学以及传

---

① World Bank. World development report 2021: Data for better lives[R]. 2021.
② 联合国贸易和发展会议.2021年数字经济报告——跨境数据流动与发展:数据为谁流动[R].2021.
③ World Economic Forum. We must bridge the 'data divide' for a more equitable future[R]. 2022.
④ 同上。

统经济学理论又进一步指导数据经济向正确方向发展。因此，推动数据经济学理论与实践融合并进，需要正确认识和把握数据经济中存在的"发展与安全""公与私""当前与长远""局部与整体"之间的关系。

一、数据经济中的"发展与安全"

数据既是全球发展的副产品，也是全球发展的驱动力。[①] 随着数字世界的每一次进步，我们都会解锁近乎无限的数据资源。数据在诸多方面有助于实现联合国 2030 年可持续发展目标（见表 12-2）。当今世界，许多悬而未决的问题的答案隐藏在现存的几乎深不可测的数据宝库中。人们对数据寄予厚望，数据被认为可以帮助人们应对世界上最大的挑战，包括气候变化、不平等、全球卫生和经济韧性等。

表 12-2　数据贡献于 2030 年可持续发展目标的例证

可持续发展目标	数据的作用
目标 1：无贫穷	移动电话服务的消费模式可以提供收入水平的替代性指标
目标 2：零饥饿	众包或在线追踪食品价格有助于实时监控食品供应和质量安全
目标 3：良好健康与福祉	手机用户的移动地图有助于防止传染病的传播

---

① KING R. Predictions 2022: Data can help address the world's biggest challenges-5 experts explain how[R]. World Economic Forum, 2022.

（续表）

可持续发展目标	数据的作用
目标4：优质教育	在线公民报告可以揭示学生辍学的原因
目标5：性别平等	对金融交易的分析可以揭示消费模式和经济冲击对男性和女性的不同影响
目标6：清洁饮用水和环境卫生	连接到水泵上的传感器可以跟踪清洁水的获取情况
目标7：经济适用的清洁能源	智能电表可使公用事业公司增加或限制电、气或水的流量，以减少浪费，并确保高峰时段的充足供应
目标8：体面工作和经济增长	全球邮政运输模式可以提供经济增长、汇款、贸易和GDP等指标
目标9：产业、创新和基础设施	全球定位系统设备的数据可以用于交通管制和改善公共交通状况
目标10：减少不平等	对地方电台内容进行从语音到文本分析，可以揭示歧视问题，并支持政策回应
目标11：可持续城市和社区	卫星遥感可以追踪公园和森林等公共土地或空间的覆盖率
目标12：负责任的消费和生产	在线搜索模式或电子商务交易可以揭示向节能产品过渡的速度
目标13：气候行动	将卫星图像、众包证词和公开数据结合起来，有助于追踪森林砍伐
目标14：水下生物	海上船舶跟踪数据可以揭示非法、无管制和未报告的捕捞活动
目标15：陆地生物	社交媒体监测可以支持灾害管理，提供有关受害者位置、影响森林火灾或雾霾强度的实时信息
目标16：和平、正义与强大机构	对社交媒体的情绪分析可以揭示公众对有效治理、公共服务或人权的看法
目标17：促进目标实现的伙伴关系	将统计数据、移动数据和互联网数据结合起来的伙伴关系，可以更好地实时了解当今这个超链接世界

资料来源：联合国发布的《大数据促进可持续发展》，详见 https://www.un.org/zh/global-issues/big-data-for-sustainable-development。

如何构建全球数据系统，才能不仅确保数据经济价值的实现，

更能够抓住数据对全球发展的真正价值或生产力？这仍是值得关注的问题。① 数据是影响决策的重要因素，是履行责任的原始资料。近年来，各种技术创新带来实时细粒度数据的大幅增加，以及数据准确性的提高，为循证决策提供多元化信息，而且通过人工智能和机器学习，使技术能够帮助人们做出决策。② 这些在数据生成方面的进步创造了各种新的机会。私营部门可以借此强化经济表现，企业可以使用数据推动基于平台的商业模式，刺激经济活动和国际服务贸易。

除了具有经济价值，既有数据还可被重新利用以改善公共政策。一方面，政府可以使用数据来改善规划和政策的设计、执行和评估。大数据揭示出此前在人口汇总数据中看不见的社会差异，这有助于将稀缺资源更好地用于边缘化人群和地区。例如，在非正规经济部门或在家工作的妇女在私人和公共决策中经常被边缘化。另一方面，我们通过数字技术可以获取关于人们生活水平的实时数据，这有助于为弱势群体提供有针对性的援助和干预。③ 在中国全面建成小康社会的过程中，大数据的应用为精准扶贫提供了科学高效的技术手段。利用大数据对贫困户开展预警筛查，可以及时发现可能由重病、教育等导致的支出型贫困，同时，系统深层次地分析县、村、户等多尺度下的致贫原因，为扶贫到村到户提

---

① KING R. Predictions 2022: Data can help address the world's biggest challenges-5 experts explain how[R]. World Economic Forum, 2022.
② 同上。
③ 参见《大数据促进可持续发展》，载于 https://www.un.org/zh/global-issues/big-data-for-sustainable-development。

供强有力的支撑。[1]卫星数据等新的数据来源、新技术和新的分析方法，如果得到适当的应用，可以提高决策的灵活性和效率，可以更好地监测落实可持续发展目标的进展。[2]此外，数据还可以通过多种渠道改善人们的生活质量。个人和社区在数据的支持下获得更多信息和知识，从而能够做出更好的选择和决策，并加强对政府的监督（见图 12-1）。[3]

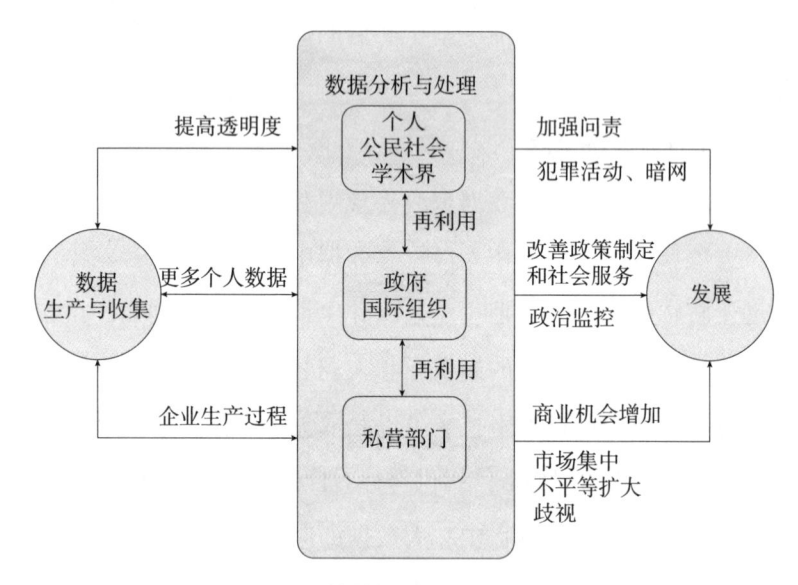

图 12-1　数据推动发展的基本路径图

资料来源：《2021 年世界发展报告》。

---

[1] 参见《数字技术如何助力减贫》，载于 http://f.china.com.cn/2020-08/31/content_76654278.htm。
[2] 参见《大数据促进可持续发展》，载于 https://www.un.org/zh/global-issues/big-data-for-sustainable-development。
[3] World Bank. World development report 2021: Data for better lives[R]. 2021.

数字时代催生出人类对"数字发展权"的需要,"数字发展权"可被理解为国家或个体层面运用数据要素实现人与经济社会全面发展的能力和权利。对此,建立一个全球数据经济生态系统,可以实现隐私权、社会经济发展和技术进步之间的平衡,这也是时代所需。在这个系统中,数据的生产者和消费者以及政府和机构收集、组织和共享各种来源的数据。参与数据经济的主体可以从改善与合作伙伴的协作、加快创新、增加收入中获得明显的益处。[1]这要求我们建立一个敏捷且可互操作的数据治理框架,提供从策略到法规的一系列工具,在保障个人隐私和知识产权的同时允许我们共享数据并从数据中获得回报[2],这些工具可以随着时间的推移而调整。此外,需要开放、高质量的数据集来创建具有包容性和可操作性的解决方案,利用机器学习和其他新兴技术,提高我们大规模交付数字产品和服务的能力。最后,建设促进跨境数据流和知识流通所需的"硬"基础设施和"软"基础设施,以营造更具弹性的经济和更公平的社会。[3]

数据在服务于发展过程中,首先面临的问题与尊重人权有关。 从个人的视角看,因为数据通常代表用户或实体的活动和行为,数据的人权维度是通过查看数据的来源并将其与基本权利和保护联系起来来体现的。无论组织持有多少数据,重要的问题是

---

[1] MIT Technology Review Insights, Capitalizing on the Data Economy, 2021.
[2] 参见 "A Data Economy: The Oil of the 21st Century"。
[3] KING R. Predictions 2022: Data can help address the world's biggest challenges-5 experts explain how[R]. World Economic Forum, 2022.

这如何与基本人权和个人保护联系起来。具体来说，有一些基本的人权宣言，例如联合国颁布的《世界人权宣言》，其中包括隐私权（第十二条），以及与数据相关的其他权利。除隐私保护外，秘书长的数字合作路线图将监视、压制、审查和在线骚扰列为与数据驱动的数字技术相关的重要人权方面的问题。其他与人权相关的权利包括言论自由（第十九条）。[①] 数据可能被控制数据的组织滥用或误用，甚至影响人权，无论是私营部门还是政府，都会影响用户的信任并限制数据驱动可能带来的潜在经济利益。例如在疫情溯源的过程中，对尊重人权的考虑一直是限制使用接触者追踪数字应用程序的一个因素。政策可以很好地确保人权得到尊重，从而获得用户信任。此外，从私营部门的角度来看，在处理数据时，采用保护人权的方法可能有助于在声誉方面建立竞争优势。[②]

从集体的角度来看，个人数据不仅关乎隐私，也可以揭示更多人或组织的信息。从数据的权利视角来看，我们将更加突出地关注这些人权问题，探索如何在处理过程中保护基本人权和个人数据，以及个人如何维护自己的权利并控制此类流程。这种人权保护观点也反映在人工智能、监视和数据处理技术可能造成的与歧视有关的问题上，如在性别和种族方面。此外，监视和数据操纵会影响民主、人权，甚至影响政治制度。对政治的影响还可以转化为对经济的影

---

① 联合国贸易和发展会议.2021年数字经济报告——跨境数据流动与发展：数据为谁流动[R].2021.
② 同上

响，因为经济政策的实施取决于民选的政治当局和政治体制。①

数据所承载的信息往往涉及国家安全和战略利益，以及与国家文化和价值观有关的活动。随着越来越多的活动被编码在数据中，数据流的性质因此成为那些关注安全和执行的人的关注点。确保关键组织（如军队或关键基础设施）产生的数据的安全，在维护国家安全方面至关重要。对数据的这种看法常常与经济观点重叠。例如，具有更强地缘政治优势的国家，其国家安全规则可能与国内组织的商业秘密和知识产权以及重要的国家活动一样重要。随着数据变得越来越普遍，它们还提供了一种追踪犯罪和执法的手段。因此，数据的可访问性和管辖权在执法中变得越来越重要。此外，在某些国家或地区，数据流（例如嵌入某些媒体或应用程序的数据流）可能违反文化或道德规范，或者其政治敏感性可能引起进一步的审查。②

二、数据经济中的"公与私"

数据经济更大程度上偏向于共享特质而非资源稀缺的假设，因此如何建立基于互利的经济学思想是关键。③数字时代的经济生

---

① 联合国贸易和发展会议.2021年数字经济报告——跨境数据流动与发展：数据为谁流动[R].2021.
② 同上.
③ 刘志毅.数字经济学：智能时代的创新理论[M].北京：清华大学出版社，2022.

产方式发生了重大变化，数据经济成为引领当代经济发展的主流，它既为公平正义问题的解决提供了新的机遇、可能和空间，也提出了新的挑战——因为它改变了传统的劳动型经济生产方式的资源分配方式。[1]

私营部门在使用数据的能力和水平方面超过公共和非营利部门，服务于商业价值的数据使用扩大较快，但在应对全球性问题上对数据的使用能力和水平相对薄弱。数据有助于解决政府、社会、企业，以及科学面临的一些最紧迫的挑战。[2] 数据的价值已经在私营部门中显现。当下，在私营部门，大数据分析到处可见，消费者分析、个性化服务和预测分析广泛应用于营销、广告和管理。[3] 例如，成功的企业通过越来越高效和有针对性的广告和产品设计来追求数据价值的实现，2021年全球营销数据市场估值为520亿美元。[4] 但是，在应对气候变化和全球不平等相关的环境和社会挑战方面的数据使用仍然有限[5]，用于全球、地区和国家发展决策的关键数据仍然不足。许多国家仍然无法获得国家所有人口的充足数据，尤其是关于

---

[1] 参见《"马克思主义哲学在数字经济时代的挑战与机遇"高峰论坛举行》，载于 https://www.sinoss.net/c/2022-04-07/621633.shtml。
[2] 参见世界经济论坛2021年8月发布的白皮书《面向数据经济的数据交换框架》，载于 https://www.weforum.org/publications/towards-a-data-economy-an-enabling-framework/。
[3] 参见《大数据促进可持续发展》，载于 https://www.un.org/zh/global-issues/big-data-for-sustainable-development。
[4] KING R. Predictions 2022: Data can help address the world's biggest challenges-5 experts explain how[R]. World Economic Forum, 2022.
[5] 联合国贸易和发展会议.2021年数字经济报告——跨境数据流动与发展：数据为谁流动[R].2021.

最贫穷、最边缘化群体的数据。要消除极端贫困，实现零排放，并在 2030 年之前"不让任何一个人掉队"，就必须关注这些群体。[1] IBM 的一项研究显示，67% 的非营利组织在工作中缺乏数据分析的专业知识。很多时候，医疗、政府、学术界等领域的机构和非营利组织缺乏用数据解决问题的能力。[2] 实现数据的社会价值最大化，有待进一步加强数据共享以及提高公共政策的支持力度。[3]

在私营部门活动中，数据的特殊性很大程度上能够解释数据垄断的兴起。[4] 大多数涉及个人数据的交易对用户来说是不知情的，他们可能甚至不知道交易已经发生，更不用说获得自己的授权了。当进行数据交换时，经济学中所谓的外部性就产生了。其结果是，市场不透明可能导致收集太多数据，而与个人共享的价值太少。[5] 在数据经济中，个人数据的过度集中会赋予少数大公司（如信用评级机构、社交媒体平台和在线零售商）不应有的市场力量，使消费者容易受到各种形式的操纵，包括价格歧视和与获取相关

---

[1] 参见《大数据促进可持续发展》，载于 https://www.un.org/zh/global-issues/big-data-for-sustainable-development。
[2] World Economic Forum. We must bridge the 'data divide' for a more equitable future[R]. 2022.
[3] 联合国贸易和发展会议 .2021 年数字经济报告——跨境数据流动与发展：数据为谁流动 [R].2021.
[4] 参见 "Data Economy: Path to prosperity or a dystopian future?"，载于 https://www.un.org/development/desa/en/news/policy/data-economy.html。
[5] 联合国贸易和发展会议 .2021 年数字经济报告——跨境数据流动与发展：数据为谁流动 [R].2021.

信息或服务有关的歧视①，可能会损害消费者的利益。近几十年来，监管机构倾向于认为，判断企业是否存在垄断的最佳方式是消费者价格是否过高。但是，这种方法可能已经过时了，因为即使在价格低廉的情况下，公司也在使用数据带来的垄断权力，政策制定者仍须进一步了解当今市场的垄断力量。②数字资本主义在切实改变世界的同时，可能会造成更大的不平衡，使得财富、数据越来越集中，这是必须重视的严峻的现实问题。③反之，我们也应看到，平台资本创新了剩余价值的生产方式，其所承诺的"开放、共享、共治"的生态体系能够成为"平台共产主义"实现的可能条件。④

对于公共部门而言，尽管有观点认为"技术是创新的加速器，治理是创新的刹车"，但事实是两者可以被视作"创新的双轮驱动"。计量经济史学家安格斯·麦迪森在《世界经济千年史》中总结了经济发展的三个基本维度，其中包括技术和制度领域的创新。这在数据经济中尤为重要。面对数字经济蓬勃发展中出现的一些新问题，各国政府部门都在制定新的监管规则，寻求平衡发展与规范的最优监管体系。从政策设计阶段就考虑到"信任"和

---

① 参见联合国发布的《2018年世界经济和社会概览》，载于 https://www.un.org/development/desa/dpad/publication/world-economic-and-social-survey-2018-frontier-technologies-for-sustainable-development/。
② TETT G. The data economy is a barter economy[J]. Harvard Business Review, 2021(07).
③ 参见《"马克思主义哲学在数字经济时代的挑战与机遇"高峰论坛举行》，载于 https://www.sinoss.net/c/2022-04-07/621633.shtml。
④ 同上。

"治理",将加速技术和创新在社会中的实施。① 我们如果能够通过必要的保障措施增强各方对数据系统的信心,同时建立一个为所有人提供平等机会的公平竞争环境,那么就可以利用数据来推动经济和社会持续进步。② 向保护和造福人类的创新数据共享解决方案迈进,需要所有参与者的合作,包括数据所有者、数据消费者、数据渠道和监管机构等。③ 由于服务于公共利益的大数据,很多时候是由私营部门收集的,因此公私伙伴关系可能会变得更为普遍且受欢迎,这需要有明确的框架来确定各方的角色和期望,以缩小公共部门和私营部门在数据使用和获益方面存在的差距。④

私营和公共部门都可以收集或生成服务于公共利益的数据,数据所能产生的公共利益是否具有超越国界的影响也是数据跨境流动中的关切之一。数据和数据流在经济和非经济方面存在多维属性,不能以脱节的方式加以解决。在设计数据共享政策以及监管跨境数据流动时,重要的是要区分收集数据的是私营部门还是公共部门,因为它们对数据的处理方式不同。⑤ 公共部门生成的数据通常通过世界各地的多个开放数据计划与更广泛的社会共享。一

---

① KING R. Predictions 2022: Data can help address the world's biggest challenges-5 experts explain how[R]. World Economic Forum, 2022.
② World Bank. World development report 2021: Data for better lives[R]. 2021.
③ RECIO P U. How the data economy can enable data to be fluidly valued and privately shared[R]. Forbes Technology Council, 2022.
④ 参见《大数据促进可持续发展》,载于 https://www.un.org/zh/global-issues/big-data-for-sustainable-development。
⑤ 联合国贸易和发展会议.2021年数字经济报告——跨境数据流动与发展:数据为谁流动 [R].2021.

个国家产生的数据如果可以为其他国家提供社会价值，则需要在国际层面共享数据，以应对全球性挑战。例如，在疫情期间，全球范围内共享健康数据，以应对传染病带来的不良影响以及满足研究需要。国际数据共享也可用于环境目的。[①] 当前，全球正处于数字变革的重要关头，数据治理和监管之间缺乏协调正在阻碍国际数据流动。对此，我们需要建立企业和消费者之间的信任，协调跨地区的法规，以及通过政府和大型组织建立伙伴关系来支持中小企业实现数据跨境流动。

作为数据以及相关服务的载体，通信网络、数据中心等基础设施具有一定的公共服务性质，也有较强的商业性。数据能够成为一种宝贵的经济资源，很大程度上有赖于数字基础设施。依靠数字基础设施实现数据存储、交互和使用，是银行业、信息产业等的各类商业模式运作的基础。[②] 在帮助低收入国家建设数字基础设施时，最重要的是处理好公私合作中的长短期利益平衡分配机制，以及政府之间、当地政府与国家组织之间的友好合作关系。这方面有很多成功案例，比如中国的中兴公司为非洲国家数字基础设施建设发挥了重要的促进作用，累计为超过4亿非洲人提供了网络连接服务。即使是在疫情期间，中兴公司仍克服困难免费为非洲客户升级站点1 500多个，保障了网络通信安全和质量。

---

① 联合国贸易和发展会议.2021年数字经济报告——跨境数据流动与发展：数据为谁流动[R].2021.

② 参见"Everything you need to know about the data economy"，载于https://business.adobe.com/blog/basics/data-analytics。

三、数据经济中的"当前与长远"

数据短期内在不同业务场景中累积迭代，在中长期发挥数据要素价值。当前，全球规模庞大的数据资源的价值潜力还未充分释放，长远来看，在保障安全的情况下，实现数据要素资源价值是各国以及各行各业参与数据要素市场的本质要求。我们需要平衡当前与长远数据要素价值，通过构建数据要素参与收入分配的长效机制，由市场评价贡献、按贡献决定报酬，并科学制定分时间梯度的数据要素价值衡量方法，实现数据要素价值短期与长期兼顾，克服当前数据价值回报率低和不确定性大等问题。

要在长期充分发挥数据广泛而持久的创新促进效应，尤其需要重视数字技术在科研活动中的作用。[1] 在数据经济中，数据可以被同时或反复使用，这意味着数据的循环累积可能呈现倍增效应。在未来，数据比其他生产要素更有可能提高生产力和促进经济长期增长。[2] 长期来看，将数据要素纳入收入分配序列，有助于化"人口红利""成本红利"为"数据红利""创新红利"，对数字经济时代生产关系变革意义重大。[3]

私人部门发行的数字货币在短期内很难构成对现有货币体系的

---

[1] 杨虎涛，胡乐明. 不确定性、信息生产与数字经济发展 [J]. 中国工业经济，2023（04）：24-41.

[2] 参见 "The Economics of Data"，载于 https://www.imf.org/en/Blogs/Articles/2019/09/23/the-economics-of-data。

[3] 王建冬，于施洋，黄倩倩. 数据要素基础理论与制度体系总体设计探究 [J]. 电子政务，2022(02):2-11.

挑战，长期来看各国央行才是数字货币的主导者。[①]虽然近年来私人数字货币逐渐放弃锚定算法的发行方式，通过锚定主权货币为其价值背书，但其面临的发行主体可信度问题仍然没有得到解决。

从长期来看，发展中国家在数据的市场规模、技术追赶成本上具有后发优势，相较于已进入发展平稳期的发达国家具有较大的数据经济发展潜力。但从短期波动来看，发展中国家尤其是一些新兴经济体由于自身经济韧性不足，在面对全球疫情等冲击时很难稳定经济形势，难以为数据经济稳步发展提供有利环境。同时，发达国家的技术封锁和国际霸权也给发展中国家带来了外部压力与安全隐患。发展中国家急需一套应对国内外经济、安全冲击的解决方案，从而助力发展中国家在长期实现数据经济健康发展。

四、数据经济中的"局部与整体"

现实中各种原因造成的"数据孤岛"极大地阻碍了数据潜在价值的释放。随着数据总量快速上升，这些数据蕴藏着服务于经济发展和社会福利的巨大潜能。但是，当前海量数据并没有与应用场景深度融合，对经济增长的贡献还远远不够。问题的关键在于，数据资源仅在各自领域中发挥有限的作用，并没有形成统一的整体，数据对生产力的贡献要在更广泛的流通中形成。[②]数字技术使新的商

---

① 黄奇帆，朱岩，邵平. 数字经济：内涵与路径 [M]. 北京：中信出版集团，2022.
② 同上。

业生态模式不断被构建，尤其是区块链技术带来了去中心化组织的重要变革。数字技术推动组织的边界正在消失，未来的组织将以开放平台以及商业生态体系为主。[①] 在这种趋势下，数据在局部地区和部分机构内部的流动和利用将不断增强，但时代对数据经济发展水平和效率提出的进一步要求，使数据突破局限，在更广阔的范围和更复杂的网络之间充分流动，这将更有利于发挥数据的价值。

发达国家数字技术创新应用对数据提出了海量需求，而发展中国家蕴藏巨大的数据资源和数据经济发展潜力。对于数字化水平较高的发达国家，数字行业蓬勃发展催生对数据的海量需求，发展中国家具有广阔的数字产业试验田，这为双方开拓了更加广阔的数据合作空间。当前，发展中国家依托人口优势和后发优势享有巨大的数据红利，但由于部分国家数字化基础相对薄弱，暂时难以有效实现数据开发利用，导致发展潜力未充分释放。因此，一方面，通过加强数字赋能，满足发展中国家最基本利益关切；另一方面，通过数字发展援助，加速成员国数字化转型，激发数字发展动能。挖掘并实现数据资源价值，逐渐提高数据生产要素的边际收益，保障发展中国家在全球数据市场中具有竞争力，是国际公平正义的体现。我们应致力于促成符合发达国家和发展中国家共同利益的规则和治理体系，突破当前欧美等形成的相对割裂的数据要素跨境流动体系，打通不同数据要素市场壁垒，共同建设全球数据要素市场，统筹利用全球数据资源，满足发达国家

[①] 刘志毅. 数字经济学：智能时代的创新理论 [M]. 北京：清华大学出版社，2022.

更大程度获取数据并实现数据价值的利益诉求。

数据安全逐渐成为国家基于网络和信息安全基础上的全新战略支点，但是更有效地保障全球数据安全需要国际合作。 数据壁垒高墙看似是维持数据绝对安全的基础办法，但数据无法有效利用会阻碍国家和全球前进的步伐，长期来看"因噎废食"甚至可能造成更大的安全隐患。缺乏数据共享和国际合作，将减少数字创新的机会，包括各国将错失各种包容性发展机会。我们需要推动各国合理认识数据"绝对安全与相对安全"问题，有效平衡好数据开发利用和维护数据安全。中国于 2020 年发起的《全球数据安全倡议》，提出了全球数字治理应遵循秉持多边主义、兼顾安全发展、坚守公平正义三原则以及八项具体主张，得到了国际社会的普遍关注。监管机构之间的合作，无论是在国家内部还是在国家与国家之间，对应对与数据流动相关的挑战至关重要。

有必要搭建局部与整体相互促进的全球数据要素市场，探索建立世界数据组织等国际机构。 数据从产生到发生要素作用的过程包括数据采集、数据存储、数据加工、数据流通、数据分析、数据应用、数据消亡等模块，数据交易的场域涉及次国家层面交易试点、国家层面交易市场和全球层面交易市场。探索建立世界数据组织可能会帮助成员国在探索建立区域数据交易中心的基础上，逐步建设全国统一的数据要素大市场。成员国以国际规则加速国内数据治理体系建设，倒逼数据要素市场改革，同时以国内数据交易实践探索，为国际数据贸易规则先行先试提供经验证据。从全国统一数据要素市场到全球统一数据要素市场的建立，异曲同工之处在于打通数据要素价值创造、价值交换和价值实现的全链条。世界数据组织将吸收全球各地数据治理先进理念与实践，以局部创新推动整体数据交易规则建立健全，联通各国数据要素市场，形成国内国际数据要素"双循环"的全球数据市场。世界数据组织持续运转的基础在于成员国积极参与和全球数据共享利用并从中互惠互利。

中国愿同世界各国一道，携手走出一条数字资源共建共享、数字经济活力迸发、数字治理精准高效、数字文化繁荣发展、数字安全保障有力、数字合作互利共赢的全球数字发展道路，加快构建网络空间命运共同体，为世界和平发展和人类文明进步贡献智慧和力量。[1]

---

[1] 参见《习近平向2022年世界互联网大会乌镇峰会致贺信》，载于 https://baijiahao.baidu.com/s?id=1748986287415275176&wfr=spider&for=pc。